입문不二太極拳

# 불이태극권

입문不二太極拳

## 불이 태극권

초판 1쇄 인쇄  2006년 8월 22일

지은이    정암, 리-차오-빈
교정      청성
진행      김수미
펴낸이    김현회
펴낸곳    도서출판 하늘북
출판등록  1999년 11월 1일 (등록번호 제 3000-2003-138)
주소      서울시 종로구 내자동 164-1번지
전호번호  02-722-7484
팩스      02-730-2646
E-mail    hanulbook@yahoo.co.kr
커뮤니티  www.lotuskorea.net
북디자인  design Vita

ⓒ 정암, 2006

잘못된 책은 교환하여 드립니다.
이 책의 내용 및 사진을 무단으로 복제하여 사용할 수 없습니다.

ISBN  89-90883-18-0 03690

값 33,000원

입문不二太極拳

# 불이 태극권

공저
정암 靜岩
리-차오-빈 李朝斌

하늘북

진정(眞精)한 수련(修煉)

# 不二태극권의 참뜻

이 시대의 성인(聖人)이신 남회근(南懷瑾) 선생님(좌)를 모시고 수학(修學)할 때의 저자〔정암(靜岩)〕모습.

### 煉氣不如平心

一個人的身心能夠 在絕對靜止的狀態中，內無思慮妄想憂悲苦惱的打擾；外無動作勞力勉強的加行，不昏昧´不意亂神迷地順其呼吸的自然，過了一個晝夜的時間，所有體能的精力和氣力，便自然而然地恢復到充盈的原來狀態，猶如太陽系統各大行星在一週期回復相同的相對位置。如果能夠 在這種恢復原來充盈狀態的時候，在某一「刹那」之間，呼吸往來的氣機，也就自然地「須臾」止息，達到飽和的程度。此時如能「持盈保泰」，配合心理上眞正的平靜淸虛，纔可眞正做到「煉精化氣」和「煉氣化神」的功效了。

－ 養生至人 南公懷瑾先生《靜坐修道與長生不老》

기(氣)를 연마하는 것은 마음을 평온하게 하는 것만 못하다

사람마다 몸과 마음이 절대의 고요한 상태에 몰입될 수 있는 잠재능력을 갖추고 있다. 때문에 안으로 마음이 생각이나 망상이나 우비고뇌에 흔들림이 없고, 밖으로 몸이 무리한 힘을 쓰는 행동이 없고 처져있지 않은 상태로 호흡이 자연스럽게 되면서 이러한 상태로 하루의 시간이 흐르게 되면 정력과 기력이 자연스럽게 회복되어 원래 충만했던 모습으로 된다.

이것은 마치 태양계의 모든 별들이 한 주기를 운행하게 되면 원래의 위치로 돌아가는 것과 같다. 만약에 이와 같이 원래 정력과 기력이 충만했던 모습으로 돌아오게 되면 어느 한 순간에 호흡으로 왕래하던 기기(氣機)가 자연스럽게 순간의 멈춤이 있게 되어 기운이 몸 안 가득 채워지게 된다.

이때가 바로 능히 지영보태(持盈保泰)하는 시기여서 심리적으로 진정으로 평정청허(平靜淸虛)의 경계와 계합하게 되면 이때서야 비로소 진정으로 연정화기(煉精化氣)와 연기화신(煉氣化神)의 공력의 효과를 얻게 된다.

- 양생(養生)의 대가이신 남회근 선생님께서 저술한 《정좌수도와 불노장생》 중에서

 불이태극권(不二太極拳)의 근본도리(根本道理)를 담고 있는 천(天)·지(地)·인(人)의 《삼위일체도(三位一體圖)》

왕송(王松) 저자 정암박사(靜岩博士)의 고족(高足).

수련(修煉)의 정도(正道)

# 不二 태극권의 참뜻

불이(不二)는 불문(佛門)의 궁극적인 이치이고 태극(太極)은 도가(道家)의 현묘한 뜻입니다. 정암과 리-차오-빈 두 분의 어진 선생은 불문과 도가의 정수(精髓)를 모아 서로 협력해서 불이태극권을 창시했으며 이것을 세상 사람들에게 바친다 하니, 이 수련법은 21세기 인류의 몸과 마음을 건강하게 하고, 평화롭고 행복한 사회를 이루는데 크게 이익 될 것입니다. 바라건대, 두 분의 어진 선생은 인류의 건강한 삶을 위해 정진과 보급에 전념하시기를 기원합니다.

병술년(2006) 이른 봄에 로우-위-례 삼가 쓰다.

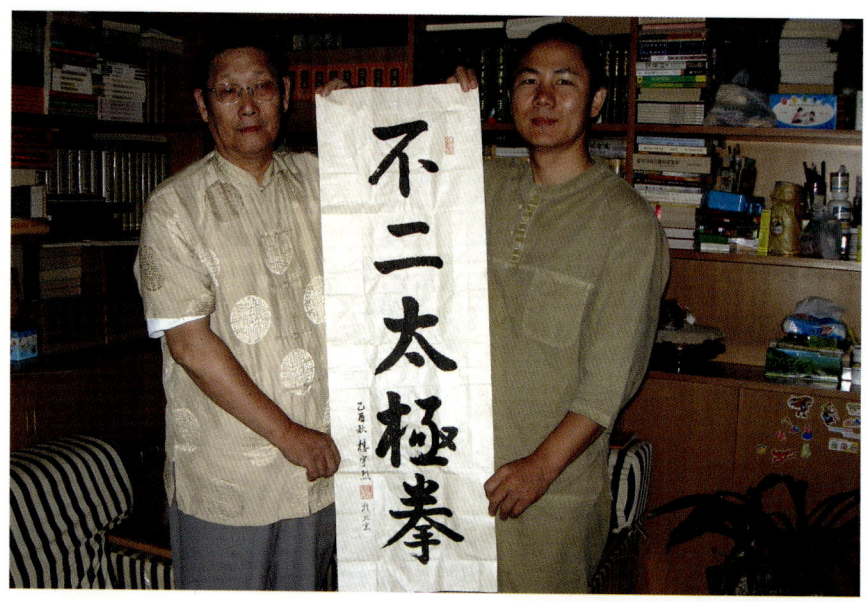

저자(정암)에게 태극사상(太極思想)을 일깨워 주시고 1993~2003년까지 십년 동안 태극권의 원리인 도법자연(道法自然)의 모습으로 석사, 박사과정의 공부를 지도해 주신 로우-위-례(樓宇烈) 교수님께서 21세기 인류의 건강을 위해서 새롭게 탄생한 불이태극권(不二太極拳)의 발전을 격려하시면서 써 주신 제호.

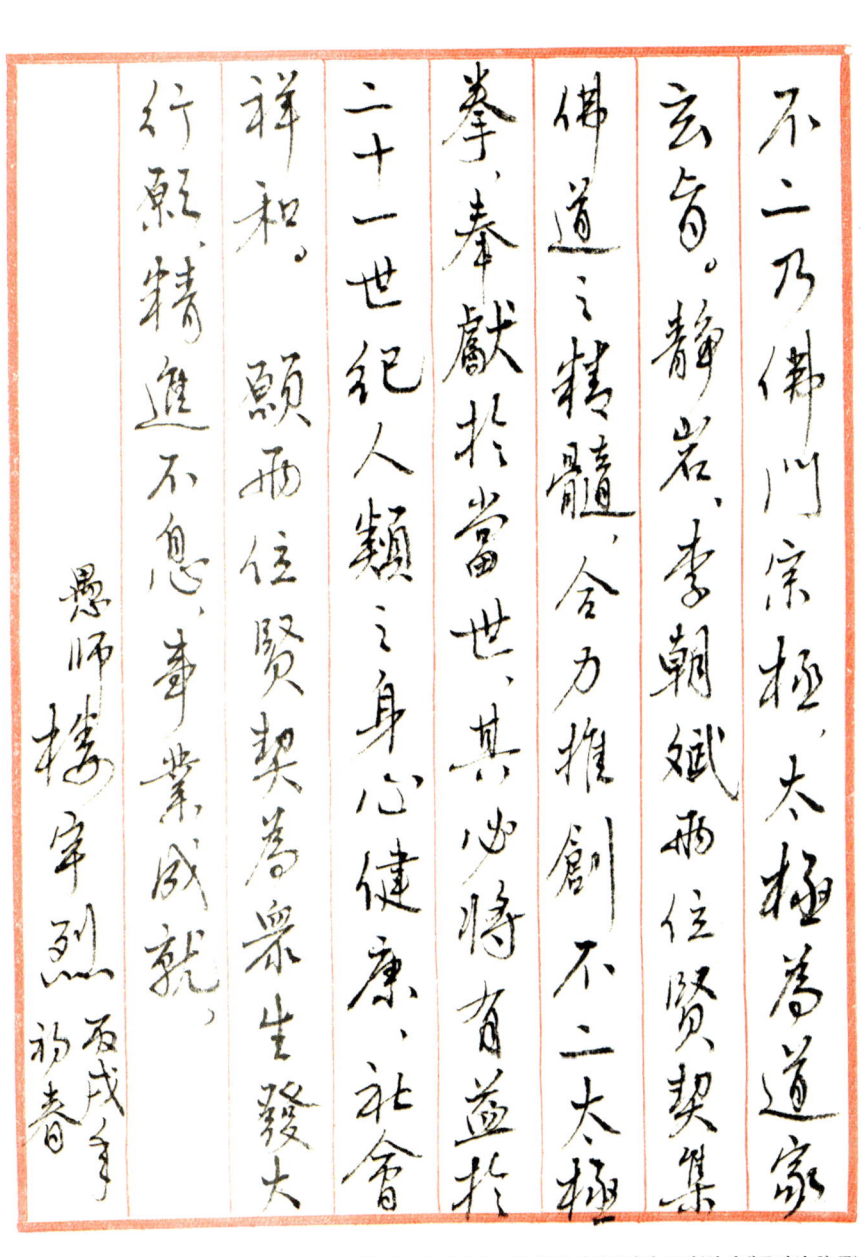

▲ 로우·위·례 교수님께서 써주신 불이태극권의 종지(불이태극권의 참 뜻)

불이(不二)와 태극(太極)

# 쉽게 입문하는 不二태극권

즐거울 때 태극권을 수련하고
행복할 때 태극선경(太極仙境)에 노닌다.

    옛날 무병장수를 누렸던 선인(仙人)들이 즐겨 읊조리던 문구입니다.
    왜 태극권을 배우려 하느냐는 말에 현대인들은 "건강하기 위해서"라고 대답합니다. 사실 우리에게 심신의 건강은 무엇보다 중요합니다. 재물과 권력을 얻는다 해도 건강이 뒷받침 되지 않으면 아쉬움만 더할 뿐입니다. 사랑은 더 말할 여지가 없습니다. 건강한 몸 없이 어떻게 애정의 향수에 젖어 들어갈 수 있겠습니까!
    불이(不二)태극권 수련의 묘미(妙味)는 건강과 철학, 그리고 명상을 함께 얻는다는데 있습니다. 서양에서 전해온 스포츠가 주로 신체의 근육을 움직이게 해서 심신의 건강을 돕는 운동법이라면, 동양에서 만들어진 요가나 선(禪)은 우리에게 심신의 건강뿐만 아니라 정신 내면의 무한한 세계에 노니는 명상의 맛 또한 함께 느낄 수 있게 도와줍니다. 특히 태극권 수련으로부터 오는 행복은 건강과 명상, 우주의 이치를 체득할 수 있는 철학적 안목을 함께 얻는데 있습니다.
    불이(不二)태극권 수련은 동공(動功)과 정공(靜功), 그리고 오도(悟道)로 구성되어 있습니다. 정공인 짠-쭈앙(站樁)과 정좌(靜坐)의 명상(冥想)을 통해서 금단(金丹)을 연마하고, 동공인 타오-루(套路)의 근육운동을 통해서 운기(運氣)를 조율하며, 오도인 경전(經典)의 연구(研究)를 통해서 천리(天理)를 깨닫습니다. 태극권 수련자는 오도, 정공, 동공의 삼위일체(三位一體)를 통해서 천인합일(天人合一)의 선경에 들어가게 됩니다.

장삼풍(張三豊) 진인(眞人)은 삼현(三玄: 노자, 장자, 주역)과 내경(內經) 그리고 세수경(洗髓經)의 이치를 기본원리로 삼아 태극수련법을 체계화해서 수련자로 하여금 곧 바로 불노장생(不老長生)의 선경으로 들어가게 했으며, 송·명(宋明) 시대에는 많은 사람들의 안식법문(安息法門)이 되었습니다. 이렇듯 성명쌍수(性命雙修)의 경절문(徑截門)이던 태극권은 명나라 말엽 장수였던 진(陳)선생이 전쟁에 패하자 고향에 돌아와 싸움에 강한 태극권을 만들었으니, 바로 오늘날 전해지고 있는 태극권의 대표 문파인 진가태극권(陳家太極拳)입니다. 다시 말하면 불노장생의 도(道)를 성취하기 위해 만들어진 태극권이 싸움에서 이기기 위한 태극권으로 바뀐 것입니다.

진가권에서 다시 양가권이 나오고 이어서 오가권, 손가권, 무가권 등 태극권의 많은 문파가 형성되었습니다. 무술로 발전되어오던 이러한 태극권은 근대 아편전쟁 당시 많은 무술의 고수들이 총 앞에 맥없이 쓰러져간 후 무술로 발전해 오던 태극권은 양생을 위한 태극권으로 전향하기 시작했습니다. 싸움에 사용하기 위해 내려오던 무술태극권이 심신건강을 돕는 양생태극권으로 탈바꿈하기 시작한 것입니다.

이것이 바로 오늘날 전해지고 있는 양생을 위한 태극권은 심신건강에는 좋은 효과를 낼 수 있으나, 이미 명상과 철학이 없는 몸놀림뿐인 경우가 많아서 지혜와 양생을 함께 얻기란 쉽지 않습니다. 이러한 아쉬움을 해결하기 위해 많은 태극권 장문인과 태극사상의 전문가를 방문해서 수련하고 연구했습니다.

다행히도 '93년도 가을, 같은 생각을 갖고 있던 리-차오-빈(李朝斌) 선생을 만나 함께 연구하고 수련하면서 장삼풍 진인이 전수한 불노장생과 깨달음을 함께 성취할 수 있는 태극권의 본래면목을 현대인들이 쉽게 배울 수 있게 체계화 하는데 심혈을 기울였습니다.

명사(明師)의 가르침을 기다립니다.

2006년 입춘
저자 삼가 씀

목 차

# 불이 태극권

| | |
|---|---|
| 진정(眞精)한 수련(修煉) | 4 |
| 수련(修煉)의 정도(正道) | 6 |
| 불이(不二)와 태극(太極) | 8 |
| 태극권 기본동작 | 14 |
| 태극권 수련효과 | 30 |

## 지혜편(智慧篇)

### ■ 지혜 1

| | |
|---|---|
| 1. 태극구결(太極口訣) | 38 |
| 2. 동작구결(動作口訣) | 39 |
| 3. 운기구결(運氣口訣) | 45 |
| 4. 정신구결(精神口訣) | 45 |

### ■ 지혜 2 - 경전연구와 진리체득(研究經典與體悟眞理)

| | |
|---|---|
| 1. 삼요연구(三要研究) | 53 |
|   1) 도(道)란 무엇인가!(道是什麽?) | 53 |
|   2) 나(自我)란 누구인가?(我是誰) | 53 |
|   3) 도와 내가 하나가 되는 방법은?(如何進入天人合一境界?) | 57 |
| 2. 6부경전(六部經典) | 58 |
|   1) ≪도덕경≫과 도법자연설 (≪道德經≫ 與道法自然說) | 58 |
|   2) ≪유마경≫과 불이중도설 (≪維摩詰經≫ 與不二中道說) | 67 |
|   3) ≪주역≫과 태극음양설 (≪易經≫ 與太極陰陽說) | 73 |
|   4) ≪장자≫와 소요양생설 (≪莊子≫與逍遙養生說) | 78 |
|   5) ≪세수경≫과 운기금강설 (≪洗髓經≫與運氣金剛說) | 83 |

6) ≪장삼풍어록≫과 대도현기설 (≪張三豐語錄≫與大道玄機說)　　85

## ■ 지혜 3 - 생명양생과 불노장생 (生命養生與長生不老)

1. 생명의 연속성 (生命的連續性)　　89
    1) 현재생만이 존재 (一世生命觀)　　92
    2) 현재생과 미래생의 존재 (二世生命觀)　　107
    3) 과거생과 현재생과 미래생이 모두 존재 (三世生命觀)　　110
2. 몸과 마음의 관계 (身與心的關系)　　112
    1) 몸은 껍데기, 마음은 참나 (身假心眞說)　　112
    2) 보배스러운 몸과 마음 (身心幷重說)　　117
3. 생명의 구성요소 : 정기신 (生命要素 : 精氣神)　　131
    1) 생명의 정수 : 정 (生命的精髓 : 精)　　131
    2) 생명의 기운 : 기 (生命的氣運 : 氣)　　134
    3) 생명의 신령 : 신 (生命的神靈 : 神)　　142
4. 태극수련과 불노장생 (太極修煉與長生不老)　　148
    1) 불노장생의 삶으로 나를 인도하자! (長生不老之路)　　149
    2) 불노장생을 위한 여섯 가지 조건 (長生不老的六種條件)　　150
    3) 불노장생과 양생지혜 (長生不老與養生智慧)　　156

# 수련편 (修煉篇)

## ■ 수련 1 - 정좌수련 (靜坐修煉)

1. 좌법 (坐法)　　174
2. 기혈통창법 (氣血通暢法)　　181
3. 삼단점혈법 (三丹點穴法)　　196
4. 임독순환법 (任督循環法)　　202
5. 보기법 (補氣法)　　206
6. 운기법 (運氣法)　　215
7. 발경법 (發勁法)　　223
8. 명상법 (冥想法)　　229

## ■ 수련 2-108식 타오-루수련(108式套路修煉)

### ◉108식 입문자세 (108式入門姿勢)

| | |
|---|---|
| 입문1 위-뻬이-스(預備式 : 예비식) | 234 |
| 입문2 타이-지-쭈앙(太極樁:태극장) | 235 |
| 입문3 빠오-치우(抱球 : 포구) | 236 |
| 입문4 란-자-이(攬扎衣 : 람찰의) | 237 |
| 입문5 인-양-위(陰陽魚 : 음양어) | 238 |
| 입문6 티엔-뉴-싼-화(天女散花 : 천녀산화) | 239 |
| 입문7 단-비엔(單鞭 : 단편) | 240 |
| 입문8 이-지아오-창-티엔(一脚長天 : 일각장천) | 241 |
| 입문9 위-뉴-추안-수오(玉女穿梭 : 옥녀천사) | 242 |
| 입문10 션-시엔-마-부(神仙馬步 : 신선마보) | 243 |
| 입문11 따오-리엔-호우(倒攆猴 : 도련후) | 244 |
| 입문12 딴-장-투이-펑(單掌推風 : 단장추풍) | 245 |
| 입문13 시예-페이-스(斜飛式 : 시비식) | 246 |
| 입문14 티-쏘우-쌍-스(提手上勢 : 제수상세) | 247 |
| 입문15 진-강-주(金剛柱 : 금강주) | 248 |
| 입문16 바이-허-량-츠(白鶴亮翅 : 백학량시) | 249 |
| 입문17 통-즈-추이-시아오(童子吹簫 : 동자취소) | 250 |
| 입문18 로우-시-아우-부(樓膝拗步 : 루슬요보) | 251 |
| 입문19 이-즈-찬(一指禪 : 일지선) | 252 |
| 입문20 빠오-후-꾸이-산(抱虎歸山 : 포호귀산) | 253 |
| 입문21 하이-띠-전(海底針 : 해저침) | 254 |
| 입문22 장-심-모우-치앙(掌心抹墻 : 장심말장) | 255 |
| 입문23 따-티예(打鐵 : 타철) | 256 |
| 입문24 반-란-추이(搬攔捶 : 반란추) | 257 |
| 입문25 빠오-치우-따이-시(抱球帶膝 : 포구대슬) | 258 |
| 입문26 덩-지아오(蹬脚 : 등각) | 259 |
| 입문27 수앙-펑-관-얼(雙風貫耳 : 쌍풍관이) | 260 |
| 입문28 시아-스(下勢 : 하세) | 261 |

입문29 진-지-두-리(金鷄獨立 : 금계독립)　　　　　　　　　262
입문30 상-부-치-싱(上步七星 : 상보칠성)　　　　　　　　　263
입문31 투이-부-쿠아-후(退步跨虎 : 퇴보과호)　　　　　　264
입문32 완-궁-써-후(彎弓射虎 : 만궁사호)　　　　　　　　265
입문33 우-지-쭈앙(無極椿:무극장)　　　　　　　　　　　266

## ◉108식 동작습득 (108式動作學習)

동작1 : 1~27式　　　　　　　　　　　　　　　　　　　　268
동작2 : 28~47式　　　　　　　　　　　　　　　　　　　302
동작3 : 48~54式　　　　　　　　　　　　　　　　　　　325
동작4 : 55~67式　　　　　　　　　　　　　　　　　　　335
동작5 : 68~85式　　　　　　　　　　　　　　　　　　　355
동작6 : 86~93式　　　　　　　　　　　　　　　　　　　381
동작7 : 94~103式　　　　　　　　　　　　　　　　　　391
동작8 : 104~108式　　　　　　　　　　　　　　　　　　406

## ◉108식 동작교정 (108式動作矯正)

교정1 보법과 방향(步法方向)　　　　　　　　　　　　　414
교정2 수법과 허리(手法腰椎)　　　　　　　　　　　　　415
교정3 눈 (眼隨陽手 目光活現)　　　　　　　　　　　　417
교정4 몸통 (尾閭正中 含胸撥背)　　　　　　　　　　　418
교정5 균형과 속도(五弓合一 連貫圓活)　　　　　　　　419

# ■ 수련3 – 음양수련(陰陽修煉)

수련1.음양수련　　　　　　　　　　　　　　　　　　　420
수련2. 응용　　　　　　　　　　　　　　　　　　　　　422

# ■ 부록　　　　　　　　　　　　　　　　　　　　　　434

# 태극권의 주요자세
## 太極拳主要姿勢

태극권이 여타 운동과 또 다른 특징은 움직임 가운데에서 고요함과 함께 한다는 것이다. 이것은 명상이나 선(禪)이 몸을 움직이지 않게 잡아 매어둔 상황에서 의식을 무분별(無分別)의 깨어있는 마음이 움직이는 것에 비해 태극권은 온몸의 구석구석이 다함께 움직이는 가운데 마음이 고요한 움직임이 없는 명상의 선정에 몰입하게 된다.

타이-지-쭈앙 太極椿    란-자-이 攬札衣    바이-허-량-츠 白鶴亮翅    로우-시-아우-부 摟膝拗步    덩-지아오 蹬脚
시아스 下勢    따-후-스 打虎式    무-지-쭈앙 無極椿

# 1. 타이-지-쭈앙(太極椿 : 태극장)

　태극권 수련의 묘미는 몸이 음양으로 이루어지는 조화로운 동작 속에서 우주의 핵심인 태극을 가지고 즐긴다는데 있다.

　태극권이 여타 운동과 또 다른 특징은 움직임 가운데에서 고요함과 함께 한다는 것이다. 이것은 명상이나 선(禪)이 몸을 움직이지 않게 잡아 매어둔 상황에서 의식을 무분별(無分別)의 깨어있는 마음이 움직이는 것에 비해 태극권은 온몸의 구석구석이 다함께 움직이는 가운데 마음이 고요한 움직임이 없는 명상의 선정에 몰입하게 된다. 이것은 '움직이는 가운데 고요함을 찾는다〔動中求靜〕'이라고 표현한다. 이것은 가능한 것인가? 옛 선인들은 이것을 증명하기 위해 '극한의 전환'이라는 논리를 전개하고 있다. 즉 '큰 것이 크고 커서 극한점에 다다르면 작게 변하고, 작은 것이 너무 작아져서 극한점에 도달하면 커진다〔極大同小, 極小同大〕'는 것이다.

　이와 같이 동(動)과 정(靜)이 서로 어우를 수 있고 음(陰)과 양(陽)이 서로 조화

로울 수 있는 것은 이러한 현상적인 동정과 음양이 모두 태극에서 비롯되었기 때문이다. 그래서 동 속에 정이 있고 정 속에 동이 있으며, 음 속에 양이 있고 양 속에 음이 있게 된다. 이것은 불교 선종(禪宗)에서 강조하는 색(色)이 곧 공(空)이고 공이 곧 색이라는 주장과 일맥상통하다. 단지 우주의 핵심을 바라보는 각도와 표현방식에 차이가 있을 뿐이다.

태극권의 타이-지-쭈앙(太極樁)은 이러한 원리를 체득하기 위한 수련이며, 이러한 원리에 기준해서 형상화된 모습이며, 이러한 태극의 이치와 수련자인 내 자신〔自我〕이 혼연일치 되어 궁극에 도(道)와 하나가 되는 천인합일(天人合一)의 경지에 들어가는 것을 목적으로 하고 있다.

이것은 곧 몸의 형상으로 이루어지는 모양에서 그 속에 자리하고 있는 생명의 본체를 일깨우는 수련으로 본성과 생명을 함께 계합하게 해주는 성명쌍수(性命雙修)의 양생수련법이다.

## 2. 란-자-이(攬札衣 : 람찰의)

손으로 옷자락을 옆으로 감아 맨다는 의미에서 붙여진 이름이다.

외투를 입고 있을 때 수련하는 몸으로 자유로이 임직이려면 기다란 옷이 거추장스러울 수 있다. 특히 발의 움직임을 방해받게 된다.

이러한 외형의 이름에서 느낄 수 있는 것처럼 란-자-이(攬札衣:람찰의)수련을 시작한다는 의미를 내포하고 있다. 이것을 내면의 기운(氣運)의 변화에서 바라보면 한 손이 자신의 몸을 향해서 내장의 기운을 움직이게 하고 또 한손이 땅을 향해서 지기(地氣)를 받아드리는 모양이다. 즉 태극권을 하는 동안 내 몸 안의 기운과 땅의 기운을 서로 교감하게 하는 심리적(心理的)인 의식효과(意識效果)와 기류적(氣流的)인 인지상응(人地相應)을 성취할 수 있도록 만들어준다.

수련을 하는 동안 어떠한 마음가짐으로 하느냐에 따라 양생(養生)효과는 큰 차이가 난다. 마찬가지로 도리에 잘 부합된 방법으로 수련했을 때 역시 심신건강(心身健康)의 큰 효과를 얻을 수 있다.

태극권을 수련하는 동안 외부의 기운이 몸 구석구석의 모공에 와 닿는 기운을 인식하면서 동작이 이어졌을 때 대지(大地)에서 솟아나오는 음기(陰氣)와 허공중에서 와 닿는 양기(陽氣)를 함께 잘 다스리면서 자신의 몸 속 기운과 서로 융합시키어 새로운 에너지를 생성(生成)하게 된다.

움직이면서 옷자락이 몸에 스치는 느낌에서 외부의 기운과 몸 안의 기운이 서로 교감하는 것을 감지하게 된다. 옷은 외기(外氣)와 내기(內氣)의 중간에 놓여 있으면서 이 둘을 서로 조화롭게 되도록 작용한다.

그래서 태극권 할 때 입는 복장은 가능한 살결에 부드럽게 와 닿는 느낌의 천으로 만들어진 것이 좋고 통풍이 잘 되도록 풍성한 느낌의 크기로 입는다.

# 3. 바이-허-량-츠(白鶴亮翅:백학량시)

백학이 날개를 펴서 날라 오르려고 하는 자세이다.

한손의 끝은 하늘을 향하고 또 한손의 장심은 땅을 향하고 있다. 이것은 손가락으로 천기(天氣)를 받아드리고 손바닥으로 지기(地氣)를 받아드리는 모습이다. 몸 안에는 따뜻한 기운과 차가운 기운이 서로 교감하면서 36.5도 좌우의 온도를 유지하고 있다.

일반적으로 장심에 의해서 따뜻한 기운이 운용되고 손가락 끝부분에 의해서 차가운 기운이 운용된다. 그래서 기공으로 상대방의 병을 다스릴 때 열로 인한 질병인 경우 검지로 열기를 다스려주고 냉한 경우 장심으로 보기(補氣)하게 된다. 태극권을 수련하는 중에 손에 이와 같은 한열(寒熱)을 다스릴 수 있는 공력(功力)이 향상되어 진다.

일반적으로 무술수련을 통해서 손에 쌓여지는 공력은 상대방의 몸을 파괴시키는데 사용된다. 반면 태극권으로 만들어지는 손의 공력은 사람의 몸을 이롭게 하는데 사용된다. 물론 태극권 수련으로 얻어진 힘을 상대방을 해치는데 사용되기도 한다. 그러나 이러한 파괴시키는데 사용되는 힘은 소림권, 태권도 등 강권(强拳)수련 운동인 경우 수련하는 처음부터 이러한 파괴시키는 힘 위주로 연마된다.

태극권은 부드러움을 기본으로 하는 운동으로 처음 과정에서는 전신을 부드럽게 형성되는 탄력의 몸매를 만드는데 목적이 있기에 손에 모이는 기운 또한 온화하고 부드러워서 몸을 이롭게 하는데 적합한 힘으로 모인다. 이러한 유연함이 잘 형성되어진 후에 강함이 만들어지게 된다.

바이-허-량-츠 자세에는 태극권 수련으로 학처럼 고귀한 품위를 갖추게 되고 학처럼 백세 건강장수의 인생을 누릴 수 있게 된다는 의미를 함께 내포하고 있다.

태극권의 주요자세

# 4. 로우-시-아우-부(摟膝拗步 : 루슬요보)

무릎은 일생 동안 가장 많이 노동을 하는 곳이다. 발로 몸을 지탱하는데 그 중에서도 무릎관절의 역할이 크다. 갓 태어난 아기가 시간이 흐르면서 움직이기 시작하는데 그 첫 번째의 공간이동 방식이 무릎으로 기어가는 것이고, 그런 다음 일정한 운동량이 축적되면 일어나서 걸어 다니기 시작한다. 서서 걷던 무릎으로 기든 모두 무릎을 기본 축으로 삼아 공간이동이 이루어진다.

무릎을 보듬어 안듯이 발을 꺾으면서 앞으로 억제하듯 움직이는 동작에서 무릎의 힘을 축적시키고 기능을 원활하게 해준다. 신체의 무력(無力)한 현상은 무릎으로부터 시작된다. 무릎이 쇄약해진다는 것은 노화가 시작되어간다는 뜻과 같다. 무릎을 건강하게 단련시키게 되면 체력을 지탱해주는 무릎의 건강뿐만 아니라 오장육부(五臟六腑)의 건강에도 커다란 효과가 있다.

평소의 걸음걸이는 손과 발이 서로 독립적인 관계로 움직이면서 단지 속도의 동작변화에 의한 균형부분만 조화를 이루게 된다. 즉 앞뒤로 움직이는 관계성에서만 손과 발이 협조한다는 것이다. 그러나 태극권 수련에서는 이러한 전후의 동작에서 뿐만 아니라 안쪽과 밖으로 움직일 때도 손과 발이 조화를 이루면서 상호 힘의 보완관계로 작용하게 됨으로써 사지(四肢)의 균형 있는 몸매를 만들면서 전신을 탄력과 부드러움이 함께 조화로운 근육으로 만들어 준다.

무릎이 펴진 상태에서 안과 밖으로 돌면서 자세를 낮추고 일으키는 반복되는 태극권 수련 속에서 중년에서 노년에 이르기까지 30대의 정력이 뒷받침 되는 체력을 얻게 된다.

# 5. 덩-지아오(蹬脚 : 등각)

　한 발로 서서 전신의 균형을 잡고 있기란 쉽지 않다. 태극권처럼 발을 배꼽 높이로 들고 두 손을 양쪽으로 벌려서 기운이 단전으로 모여오게 하는 자세를 취하고 있기란 더욱 어렵다.
　태극권을 수련하다보면 이러한 균형 잡힌 자세로 스스로 익혀져서 호수에 잔잔한 물결이 조화롭게 흐르듯, 바다에 거센 파도가 일정한 거리를 두고 이어오듯 처음 시작되는 위-뻬이-스 동작에서부터 마지막 쇼우-스 까지 흐름이 끊기지 않고 이어지게 된다.
　처음 수련에서는 굳이 발을 높이 들려고 하지 말고 능히 들어 올라가는 정도에서 멈추고 전신의 균형 잡힌 자세에 중점을 둔다. 발을 인위적으로 높이 들어 올리려고 하다보면 척추의 중심이 흩어져서 불안전한 자세가 나온다.
　덩-지아오 수련의 주된 목적은 중심점에서 흔들리지 않고 서 있을 수 있는 몸의 균형 감각을 향상시키고, 한 쪽에 쏠려있는 상황에서도 단전에 기의 중심점이 잘 유지될 수 있으며, 불안전한 모습으로 역반응의 물리작용이 진행되고 있는 조건에서도 마음이 평온함을 유지할 수 있게 하는데 있다.
　손과 발의 기운이 함께 연결되어 작용하는 지점에 눈빛으로 연결되는 의식을 모아 정기신(精氣神)이 삼위일체(三位一體)로 조화를 이루게 함으로써 어떠한 상황에서도 신체와 기운과 마음이 서로 잘 융화되어 생명체의 중심점을 유지할 수 있게 돕는다.
　눈, 손, 발, 허리는 태극권을 하는 동안 신체의 중심역할을 한다. 이 넷이 서로 불가분의 관계를 유지하면서 만들어져 나오는 동작에서 마치 허공에 흰 구름이 노닐듯 가볍고 유연하며 생동감 있어서 유유자적(悠悠自適)한 소요자재(逍遙自在)하는 인생을 참맛[眞味]을 즐길 수 있게 된다.

태극권의 주요자세 23

# 6. 시아-스(下勢 : 하세)

손과 발이 모두 땅을 향해 있는 자세로 의식 또한 눈빛과 함께 지기(地氣)와 함께 하고 있다.

땅 위에서 살아가는 생명체는 땅의 기운에 젖어서 생명 기운을 유지해 간다. 땅에서 나오는 음식물로 곡기(穀氣)를 얻어 생명존재에 필요한 영양분을 얻는다. 살아가는 동안 땅 위에 서고 걷고 앉고 누워 움직이며 지낸다.

땅은 생명체에 명(命)의 기운을 제공한 내 생명체의 근원이기도 하다.

하늘 또한 천기(天氣)의 본성(本性)을 제공한 내 생명체의 근원 중에 하나이다.

본성은 마음의 뿌리이고 목숨(命)은 신체의 근원이다. 신체를 떠나서 마음만을 논하게 되면 죽은 후에 영혼을 이야기하는 것과 같아서 현실의 문제가 되어주지 못한다. 즉 심신건강(心身健康)을 이야기할 수 없게 된다.

마음부분을 제외하고 몸에만 집착하게 되면 죽은 시체를 놓고 이야기하는 것과 같게 된다.

태극권 수련은 살아있는 내 생명을 어떻게 하면 건강하게 할 수 있고 그 살아 숨 쉬는 생명체가 우주의 본체(本體)와 함께 소요할 수 있게 하는데 목적이 있다. 그렇기 때문에 죽음 후에 문제를 중요시하는 전문직업인인 경우에도 살아 숨 쉬는 동안에는 땅에서 생성되어 나오는 지기(地氣)를 몸으로 잘 받아드려야 목숨이 다하는 그날까지 건강한 생명을 부지할 수 있게 된다.

허리와 단전의 중심점에 모여 있는 기운이 족심(足心)과 장심(掌心)으로 이어져서 땅에 서려 있는 기운과 교감하는 시아-스 수련은 동물이 본래 취하고 있는 자세와 같은 유형의 모습으로 지기(地氣)를 받아드리는데 큰 효과가 있다.

태극권의 주요자세

# 7. 따-후-스(打虎式 : 타로식)

사상은 의욕에 의해서 표면화 되고 용기에 의해서 현실화 된다.

본성에 내재하고 있는 무한한 능력이 사상으로 연결되어진 의욕적인 의식에 의해서 내면에서 잉태되어진 개념화된 모습은 무엇인가를 현상의 모양으로 만들어내려는 용기로 인해 현실세계에서 보고 느낄 수 있는 모양으로 구체화 되어 나온다.

손으로 흙을 모아 집을 짓던 과거의 생활공간에서부터 오늘날 수백미터의 높은 공간에서 잠을 자고 음식을 먹는 오늘날의 삶의 환경은 모두 용기가 실려 있는 진취적인 사람들에 의해서 만들어진 모습들이다. 이러한 용맹스러움은 손과 발을 놀려 태극의 무한한 원을 그리면서 도(道)의 세계에 소요하려는 사람들에게도 없어서는 안 될 중요한 정신 중에 하나이다.

옛날에는 지상에서 가장 용맹스럽고 강인한 동물을 호랑이로 보았으며 산길에 접어든 길손들이 호랑이 밥이 되는 신세를 면하고자 다양한 방법을 찾았으며 이상적인 무엇인가의 힘으로부터 보호받고자 우리나라의 경우 산신(山神)을 모시는 민족문화가 만들어졌다.

이러한 두려움의 대상이었던 호랑이를 때려눕히는 용맹스러움을 길려주는 태극권의 동작을 따-후-스의 자세에서 표현하고 있다. 단전에서부터 솟아오르는 유연하고 부드러운 용맹의 힘은 오늘날 불안전한 사회 속에서 자신을 보호해 주는 필요한 능력이다.

'나는 하늘과 함께 태어났고, 만물과 함께 평등하다' 는 성인의 말씀처럼 자신의 존재가치와 변화의 능력을 무한대로 키워서 '하늘과 땅에 내가 제일이다' 는 용맹의식을 갖추고 태극권을 수련했을 때 모든 것을 내 위에 둘 수 있는 진정한 평등정신이 일깨워지게 된다.

태극권의 주요자세

# 8. 무-지-쭈앙(無極樁 : 무극장)

도(道)는 태극(太極)과 무극(無極)으로 나누워지고 무극을 상대성으로 하고 있는 태극에서 음양으로 조화를 이루며 살아 움직이는 생명체가 나오게 된다. 이미 생명으로 존재하고 있는 개체는 시간과 공간의 제약으로 인해서 늙고 병들고 죽어가는 변화의 틀을 벗어나지 못한다.

어떻게 하면 생명을 다시 건강하게 해서 장수의 세월을 보낼 수 있을까? 이러한 해답으로 태극권의 창시자 장삼풍진인은 생명체를 역(逆)으로 만들어가는 수련을 할 것을 권하고 있다. 이것은 자신을 태어났던 곳으로 다시 되돌아가라는 뜻이며 이와 같이 되었을 때 태극이 무극과 조화를 이루는 혼돈(混沌)의 상태가 되어 도(道)와 하나가 된다는 것이다.

마지막 도와 하나가 되게 하는 과정을 순조롭게 하기 위해 무-지-쭈앙을 수련한다. 그래서 자세 또한 타이-지-쭈앙이 손을 가슴높이로 놓아 단전에서 무엇인가의 힘을 탄생시키려는 모습에 비해 무-지-쭈앙은 손을 자연스럽게 내려뜨리고 온몸의 힘을 빼고 전신의 마디마디를 모두 풀어서 흩어지게 하는 모습을 취하고 있다.

태극권을 한 차례 수련할 때마다 타이-지와 무-지-쭈앙의 정신을 함께 일깨움으로써, 항시 도의 본성과 불가분의 관계로 존재하고 있는 생명개체로 하여금 생명이 있게 된 근본을 일깨워주고, 그로인한 수련결과로 현실세계의 현상인 몸과 이상세계의 본질인 마음이 서로 조화를 이루어 천인합일을 성취하게 된다.

선(禪)이나 명상이 마음에 중점을 두어 도를 성취하는 점에 비해 태극권은 몸과 마음을 똑같이 중요시하기 때문에 몸을 떠나서 마음이 존재할 수 없고 마음이 없는 몸 또한 홀로 존재할 수 없다. 마음의 편안함은 몸의 기혈이 순조롭게 운행되고 있기 때문에 가능할 수 있고 몸은 건강한 마음의 의식이 안정되어 평온한 상태에 있기 때문에 가능하다.

다시 한걸음 더 나아가서 진취적인 어감으로 말하면 몸이 곧 마음이고, 마음이 곧 몸이다. 그렇기 때문에 오장육부를 떠나서 분별의식을 찾으려 하지 말고 희노애락(喜怒哀樂)을 떠나서 기혈근육을 분석할 수 없다. 몸과 마음이 다함께 하는 수련이 태극권이다.

# 태극권의 수련 효과

이런 것들은 만성병 환자들에게 중요하다. 태극권을 매일 수련하게 되면 대뇌피질 신경세포의 흥분 조절 능력이 개선되어 신체 각 조직의 신진대사를 촉진시키며 수련자의 기혈 흐름이 점차 왕성하게 되고 정신이 맑고 밝아지며 반응이 민감하게 되어 질병을 예방하고 건강을 유지하는데 커다란 효과를 얻을 수 있다.

신경공능의 향상(增强神經功能)  심장공능의 향상(增强心臟功能)  호흡공능의 향상(增强呼吸功能)
소화공능의 향상(增强消化功能)  관절공능의 향상(增强關節功能)  경혈락맥의 통창(暢通經穴絡脈)

## 1. 신경공능의 향상(增强神經功能)

인체의 여러 가지 활동이 대뇌피질 신경세포의 흥분과 억제에 의해서 조절되는 것과 비교해서 동작의 변화, 그리고 협조와 평형은 중추신경계통에 의해서 지휘된다. 태극권을 할 때는 정신을 집중하고 의식을 단전에 모으며 잡념을 없앴다. 마음이 고요한 상태에서 의념을 사용할 것을 요구한다.

이렇게 하게 되면 일관된 의식의 지배하에 사람의 사상이 시종일관 동작에 집중하여서 대뇌의 다른 기타 종류의 의식 작용의 간섭을 받지 않아 전신의 각 기관 계통의 변화와 협조하는 동작 속에서 정신이 한곳에 집중할 수 있다. 이로 인해서 신경계통이 자아 의념의 공제를 받는 능력의 향상으로 의식이 신속하게 그리고 정확하게 각 기관 계통에 변환 동작의 신호를 전달하고 접수할 수 있게 된다.

태극권 수련의 깊이가 향상됨에 따라 근육의 수축과 확장의 교체 그리고 전환능력도 증가되고 신경계통활동 과정의 균형성과 영활성 그리고 자아의념 공제능력도 강화되며, 신호전달의 속도가 더욱 빨라지고 정확성도 높아지며, 신경계통의 공능을 부단히 개선할 수 있다.

의식과 운동을 서로 결합한 수련방법은 수련하는 가운데에 대뇌피질 중추와 제2호 신경계통이 고도로 흥분 집중된 상태에 있어서 피질의 기타 부분으로 하여금 억제상태에 처하게 한다. 이렇게 하면 대뇌가 충분한 휴식을 하게 되어서 인체의 피로를 빨리 없앨 수 있다.

대뇌의 충분한 휴식은 질병이 있는 신체의 각 부위를 자극하여 병의 독소를 파괴시키며, 고급중추 신경공능을 회복하고 개선하며 더욱이 내장기관의 병환을 빨리 회복시키고 개선하게 되며, 어떤 부위의 상태에 있어서는 차차 병의 정도가 낮아지고 더 나아가 완전히 회복하게 된다.

이런 것들은 만성병 환자들에게 중요하다. 태극권을 매일 수련하게 되면 대뇌피질 신경세포의 흥분 조절 능력이 개선되어 신체 각 조직의 신진대사를 촉진시키며 수련자의 기혈 흐름이 점차 왕성하게 되고 정신이 맑고 밝아지며 반응이 민감하게 되어 질병을 예방하고 건강을 유지하는데 커다란 효과를 얻을 수 있다.

그리고 태극권을 수련할 때에 눈이 손을 따라 움직이게 되고 자세가 멈출 때는 앞의 먼 곳을 바라보게 된다. 이러한 연습이 오래되면 눈이 움직일 때마다 온몸의 기혈이 함께 움직이게 된다. 따라서 시력신경과 동안신경이 규칙적으로 단련되어 시력을 보호하고 회복하는 효과를 얻을 수 있다.

## 2. 심장공능의 향상(增强心臟功能)

태극권을 수련할 때에 발생하는 근육과 관절 운동이 인체 각 부위의 모세혈관을 개방하고 정맥임파의 흐름을 가속화하여 심장의 부담을 감소시켜준다. 한편 태극권에서 복식 호흡을 통해 기를 단전으로 모으는 연습은 호흡할 때에 격막과 배의 근육이 수축과 확장 운동을 하여 복부 압력을 지속적으로 개변시켜주는 효과가 있다. 즉 복부 압력이 증가될 때 복공의 정맥은 압력을 받아 피를 우심방에 수입시키고 복부 압력이 감소될 때 혈액을 복공으로 흘러들어가게 한다.

호흡운동은 심장영양 혈관의 공능을 향상시키고 혈액순환을 촉진하여 심장근육의 영양작용을 강화시키고 심장영양과정을 개선한다. 이렇게 함으로써 심장과 혈관, 임파계통의 건강을 유지하는데 큰 도움이 된다. 태극권을 수련한 뒤에 혈액 가운데에 백단백질 함량이 증가되고 구단백과 콜레스테롤의 함량이 확연하게 감소되어 동맥경화를 예방하는데 커다란 효과가 있다.

## 3. 호흡공능의 향상(增强呼吸功能)

태극권 수련 중에 복식호흡을 함으로써 기가 아래로 가라앉고, 동작과 호흡의 협조 속에 호흡이 점차적으로 깊고 길게, 가늘며 부드러워지게 되어 복부의 튼튼함과 흉부의 큰 폐활량을 보존하게 된다. 다시 말하면, 운동으로 인한 가슴의 긴장상태를 복부로 전의시켜 가슴이 넓고 편안하게 되고 복부는 부드럽고 견실하게 된다.

이런 작용들은 폐조직의 탄력성을 보존하고 호흡기관의 근육을 발달시키고 폐활량을 증가하고 폐의 통기와 환기 공능을 향상시키며 심장의 활동능력을 개선시키는데 커다란 작용을 한다. 그러므로 태극권수련을 지속적으로 유지하는 사람은 호흡의 횟수가 감소되고 폐활량이 보통사람들보다 커지며 수련을 하는 중에 호흡이 거칠어지지 않는다.

## 4. 소화공능의 향상(增强消化功能)

신경계통이 내장기관의 조절과정을 개선하여 줌으로써 격막의 근육과 배 근육의 수축과 확장 운동이 간장과 위장 소장 그리고 대장을 스스로 안마해주는 작용을 일으키게 된다. 이로 인하여 장·위·간·신장이 스스로 조절하는 능력을 갖게 되어 간장 안의 혈액 순환을 촉진시키게 되며, 위와 장의 탄력적인 움직임과 소화, 흡수력 등 다방면의 능력을 향상시킨다.

또한 신장의 분비능력을 증강시키고 체내의 신진대사를 개선시킨다. 그러므로 태극권을 지속적으로 수련하는 사람은 식욕이 증진되고 변비 등이 줄어들며 혈액 속에 콜레스테롤의 수치가 낮아진다.

# 5. 관절공능의 향상(增强關節功能)

상·하, 좌·우 앞뒤로 도는 태극권의 타원형의 움직임들은 온 몸 각 부분의 모든 근육군과 근육섬유질을 운동시키고 몸이 반복적으로 도는 움직임 가운데 근육이 일반 운동을 할 때에는 닿지 못하는 곳까지 모두 뻗어서 움직일 수 있게 한다.

태극권의 이러한 특수한 동작들을 오랜 세월 수련하게 되면 근육들이 수련할수록 부드러워지고 탄력성이 풍부해지며 수축능력이 증가된다. 근육의 수축이 골격을 잡아당기는 작용과 신진대사의 강화가 뼈의 혈액공급을 개선하는 작용으로 말미암아 골격의 구조와 기능에 양호한 변화를 일으키게 되고 골격의 질량도 견고하게 된다.

이러한 작용의 결과 골격이 부러지거나 구부러지거나 눌리는 등의 여러 가지 부작용을 방지한다. 관절주위의 근육인 관절랑과 관절인대 등이 서로 견고해지고 부드러워져서 영활성을 갖게 된다.

그러므로 태극권을 지속적으로 수련하는 사람은 골격이 견고해질 뿐만 아니라 관절도 부드러워져서 근육활동의 협조성이 강화되어 동작 요령을 빨리 습득할 수 있으며 태극권의 수준이 높아진다.

다른 운동과는 달리 관절이 다치거나 근육이 상하는 등의 부작용이 극히 드물어 다리의 힘이 쇠약해져가는 중년의 시기에도 태극권의 수련은 나이가 더 들어 노인이 되어서도 3~40대의 건강한 하체의 힘을 유지할 수 있게 해주는 좋은 운동이다. 노인 중에서도 양호한 건강상태라면 매일 적당한 태극권 운동으로 활기찬 생활을 유지할 수 있으며 특히 하체의 노화 방지에 커다란 효과를 볼 수 있다.

# 6. 경혈락맥의 통창(暢通經穴絡脈)

　전통 의학에서는 인체의 건강과 경락의 기 순환이 서로 밀접한 관계에 있다고 한다. 그래서 전통 의학에서 병을 치료할 때에는 기와 혈을 아울러 다스리는 것을 근본으로 삼는다. 태극권수련이 어느 일정수준에 도달하게 되면 일반적으로 배의 우는소리, 손가락 마디가 쑤시고 저려오는 현상, 몸이 부어오는 현상, 침으로 쿡쿡 쑤시는 감각이 생긴다. 전통 의학에서는 이러한 현상을 몸 안에 기가 움직이는 과정에서 발생하는 것으로 보고 이러한 과정 속에서 경락의 기가 순조롭게 통창한다고 한다.

　태극권의 수련 가운데 허리의 기운으로 온 몸을 이끌며 머리 위에 현묘한 기운을 얹고 기를 단전으로 모으는 의식의 집중수련 과정들이 있다. 이러한 것들은 모두 임맥·독맥·대맥·충맥을 단련하는 중요한 요소들이다. 허리로 온몸을 이끄는 수련은 머리위에 현묘한 기운이 모이고 기가 단전으로 모이는 상태에서 순조롭게 이루어지며, 허리부위를 팡쑹하여 수직의 모습으로 부드럽게 좌우 앞뒤로 천천히 움직이며 상체와 하체의 동작을 이끈다.

　이러한 동작 속에서 자연스럽게 임·독맥이 단련되고 허리 주변을 둘러싸고 있는 대맥이 팽창하게 되며 신장부위가 충실하게 된다. 이와 같은 수련이 오랜 기간 이어질 경우에 대맥주변의 근육살이 풍만해져서 소복부의 충맥과 함께 기운이 왕성하여지는 것을 느낄 수 있게 된다. 전통의학에서 "생명의 근원으로 보는" 신장이 견실하게 되면 정이 충족해지고 기가 충만해져 정신이 맑아지고 눈이 밝아진다.

　이상에서 말한 바와 같이 태극권 수련은 의식과 동작 그리고 호흡의 이 세 가지가 동시에 서로 조화를 이루는 일종의 삼위일체식 운동이다. 이 태극권 수련은 힘이 왕성한 시기의 청년들에게도 잘 맞을 뿐만 아니라 특히 중·노년, 부녀자, 뇌의 활동이 많은 사람, 체질이 약한 사람에게 커다란 효과가 있다.

　연습을 할 때에 본인의 체질과 상황을 고려해서 수련에 입문하면 먼저 쉬운 것으로부터 들어가 그 다음에 어려운 것을 익히고 간단한 동작의 자세로부터 시작하여 세밀한 자세를 한 가지씩 갖추어 나아간다. 일반적으로 아침저녁으로 한차례씩

수련하는 것이 좋으며 매번 20~30분 정도의 수련시간이 적당하다. 힘이 왕성한 사람인 경우에는 한번 할 때 한 두시간의 운동량도 괜찮다.

이와 같이 운동할 경우에는 체질의 증강 뿐만이 아니라 태극권의 공력 또한 향상시킬 수 있다. 만성 환자인 경우도(신경쇠약, 신경통, 고혈압, 심장병, 위염, 장염, 폐병, 간병, 신병, 허리부위의 쇠약, 풍습, 관절염 , 당뇨병, 유정, 치질 등) 큰 치료 효과를 기대할 수 있다. 그러나 병이 큰 경우에는 반드시 전문의사가 안배 하는 적당한 운동량을 따라야 한다.

### 쿤둔 이야기

남해의 황제인 조, 북해의 제황인 홀, 중앙의 제황인 쿤둔 세 친구가 있었다.

조와 홀이 만나 외눈했다.

"중앙의 황제 쿤둔은 사람이 잘돼 있고 복도 많고 세상을 이롭게 할 사람인데, 우리가 보기에 불쌍하더라. 사람은 일곱 구멍이 있는데, 눈도 없고 코도 없고, 귀도 없더라. 우리가 쿤둔에게 일곱 구멍을 만들어주자."

그렇게 그 둘이 쿤둔에게 일곱구멍을 만들어주고 돌아와 쿤둔이 이제 자신들에게 고마워 할 것이라 생각했다.

그런데 쿤둔이 7일 만에 죽었다. 이야기에서 중앙은 본성을 말한다. 북해 남해는 몸과 기의 형상적 부분이다.

몸이나 기에는 변화를 줄 수 있다. 하지만 마음에는 색이나 모양을 만들려고 해서 안 된다. 자신의 의식에 색을 주입하여 모습을 인위적으로 인식시키려 하면 마음에 흠집이 생기게 된다.

쿤둔은 중국 현대 기공에서 한결같이 썼던 말이다. 쿤둔은 몸이 만들어지기 전에 나라는 정신의식과 몸이 결합되기 전에 정신의식이 뚜렷하게 만들어지기 전의 혼 말하는 것이다.

우주가 만들어질 때의 혼돈의 상태를 쿤둔이라고 한다. 수련의 마지막 단계가 바로 이 혼돈의 상태이다.

중국 기공에서 가장 중시여겼던 말이 쿤둔이고, 장자를 가장 중시하는 이유이다.

**일러두기**

- 깊이 있는 정통 108식을 처음 태극권에 입문하는 사람도 쉽게 혼자서 배울 수 있도록 책의 내용을 효과적으로 구성했다.
- 정좌수련은 매일 또는 일주일에 한 번 조용한 방에서 실행하고 수련내용은 본인이 선별해서 하면 된다. 먼저 차훈득기를 한 다음 정좌수련에 들어가면 전신의 기혈을 원활하게 통창시키는데 큰 도움이 된다.
- 108식 타오-루수련은 먼저 입문과정의 33자세를 익힌다. 이 자세가 완전히 습관화된 다음 습득과정을 연마한다. 습득과정의 전체 내용을 쉬지 않고 할 수 있게 되면, 이어서 교정과정을 익힌다.
- 경전연구는 하루에 십 분씩이라도 매일 습관적으로 음미하게 되면 자연스럽게 경전과 친근감이 생기게 되고 시간이 지나면서 때때로 경전의 이치가 자신의 본성과 계합하면서 천일합일(天人合一)의 선경(仙境)에 노닐게 된다.
- 오늘날 한국과 중국은 문화, 경제, 정치 등 다방면에서 교류하고 있으며, 앞으로 양국의 관계는 더욱 밀접하게 발전되어갈 것이라고 많은 전문가들이 말하고 있다.
- 이 시대를 살아가고 있는 우리는 태극권의 종주국인 중국의 언어문화에 대해 알고 있다는 것은 큰 힘이 되어주며, 특히 태극수련자인 경우엔 더욱 그러하다.
- 이러한 시대적 편리성을 고려해서 태극권의 전문용어는 중국어 발음을 그대로 사용하였고 가로 안에 한문을 함께 표기했다.
- 태극수련과 연관된 용어의 의미를 깊은 차원에서 이해할 수 있도록 중요한 용어는 가로 안에 한문을 넣었다. 책 안의 어느 한 부분을 선택해서 읽는 경우의 편리를 위해 중요한 용어는 반복되어도 대부분 내용에 한문을 첨가했다.

입 문 不 二 太 極 拳

# 지혜 편

지혜 1. 태극구결 太極口訣 | 지혜 2. 경전연구와 진리체득 經典研究眞理體悟 | 삼요연구 三要研究 | 6부경전 六部經典
지혜 3. 생명양생과 불노장생 生命養生不老長生 | 생명의 연속성 生命連續性 | 몸과 마음의 관계 身與心的關係 | 생명의 구성요소 : 정기신 生命要素 : 精氣神 | 태극수련과 불노장생 太極修煉不老長生

智 慧 篇 1

지혜 1

# 태극구결 太極口訣

구결(口訣)을 통해서 태극권의 이치를 체득한다. 태극수련의 운용법을 담고 있는 내용으로, 많은 뜻이 짤막한 문구로 함축되어 있다. 그 이유는 글로써 알기 쉽게 풀이해 놓으면 수련자로 하여금 의욕을 상실케 하는 경우가 생길 수 있기 때문이다. 수련은 머리로만 하는 것이 아니다. 그 방법을 이해했어도 직접 수련을 했을 때 효과가 온다. 음식을 말로만 그 맛을 논해서는 안 되듯 태극수련 또한 한 동작씩 쌓아올려야 한다.

태극구결 太極口訣　　동작구결 動作口訣　　운기구결 運氣口訣　　정신구결 精神口訣

## 1. 태극구결(太極口訣)

　　구결(口訣)을 통해서 태극권의 이치를 체득한다. 태극수련의 운용법을 담고 있는 내용으로, 많은 뜻이 짤막한 문구로 함축되어 있다. 그 이유는 글로써 알기 쉽게 풀이해 놓으면 수련자로 하여금 의욕을 상실케 하는 경우가 생길 수 있기 때문이다. 수련은 머리로만 하는 것이 아니다. 그 방법을 이해했어도 직접 수련을 했을 때 효과가 온다. 음식을 말로만 그 맛을 논해서는 안 되듯 태극수련 또한 한 동작씩 쌓아올려야 한다.

　　이렇게 해서 태극수련이 잘 될 수 있게 안과 밖이 갖추어지면 그 다음부터는 오성(悟性)에 의존함이 크다. 수련자는 바로 앞 계단만 보고 가는 것이 좋다. 처음부터 끝까지 수련하는 구체적인 방법을 다 알고 난 다음 태극동작수련에 들어가려 하면 의욕이 이미 질려있어서 쉽게 되지 않는다.

　　몸 동작 중에서도 안에 감추어진 부분은 수련자 자신의 감각에 의해서만 판단이 가능하다. 더욱이 몸으로 쉽게 느껴지지 않는 기(氣)의 작용은 설명을 듣거나 글을 보면서 이해하기 힘들며, 특히 마음 쓰는 부분은 더욱 힘들다. 그래서 구결(口訣)을 스승 한 분이 설명해주면 듣는 수련생들의 이해하는 바는 각양각색이다.

이러한 여러 가지 내용들을 고려하여 선인(先人)들이 구결로 지도하는 방법을 택했다. 많은 태극수련과 연관되어 있는 구결 중에서 처음 태극에 입문해서 수련하는 사람에게 도움이 될 수 있는 내용으로 모두 23개의 문구를 만들었다. 그 중에서 앞의 8개 문구는 해설을 두었고, 나머지는 기(氣)단계 수련자에게 도움이 되는 부분이어서 여기에서는 해설을 두지 않는다.

## 2. 동작구결(動作口訣)

1. 練太極時 全身放鬆 呼吸自然 存想臍下 (연태극시 전신방공 호흡자연 존상제하)

예비식(預備式)에서 하는 동작과 마음가짐이다. 호흡을 자연스럽게 하면서 태극수련을 한다. 의식이 호흡으로 갈 필요는 없다. 이러한 호흡법은 제1단계와 제2단계에서 적용된다. 호흡을 자연스럽게 두고 태극수련 할 때와 호흡을 의식하면서 태극수련 할 때의 양생효과는 다르다. 처음 태극수련을 할 때는 반드시 자연호흡으로 시작해야 한다.

만약 호흡을 의식하게 되면 동작에 긴장이 생겨 태극수련에서 가장 중요한 방송(放鬆)을 하는데 방해를 준다. 몸동작 연마가 이미 완성된 뒤, 그리고 하체의 힘도 함께 뒷받침이 될 때, 그때 가서 호흡에 맞추어 몸동작이 따라간다. 이것은 제2단계까지의 수련 완성이 없으면 이루기 힘들다. 제하(臍下)는 하단(下丹)을 의미한다.

2. 每個動作 始而意動 繼而內動 然後形動 (매개동작 시이의동 계이내동 연후형동)

예를 들어 운수(雲手)를 한다고 생각해 보자. 그러면 먼저 의식에서 운수(雲手)의 동작이 이루어지고, 그 다음 의식으로 형성되어 있는 운수(雲手)의 모양이 그대로 안(氣, 몸안, 허리)으로 전달된다. 그리고 안에 있는 운수(雲手)의 모양이 비로소 우리가 볼 수 있는 모양으로 만들어져 나온다. 계속 연마하면, 이 셋의 과정이 하나인 것처럼 동시에 표현되어 나온다.

의식으로 몸을 끌고 몸 밖으로 나타나는 외형뿐만 아니라 몸 안 구석구석을 다 관찰한다. 수련이 되면 될 수록 동시에 몸의 여러 곳을 관조할 수 있으며, 그 수련되는 정도가 뼈 속 골수에서 움직이는 생기(生氣)를 느낄 정도가 되면 가히 몸이 마음과 합일이 되는 기초를 쌓았다 하겠다. 즉 몸수련의 완성된 모습이라고도 할 수 있다.

이러한 의(意)—내(內)—형(形)의 동작이 순일하기까지 선인(先人)의 태극수련 세월은 보통 10년에서 30년이다. 매일 10시간 이상의 수련으로 우리가 행동을 할 때 의식과 동작을 구분 짓지 않아도 자연스럽게 조화를 이룬 모양을 만들어 낼 수 있다. 그러나 이것은 습관화 된 것이기에 그렇다. 새로운 것을 접할 때 그 정교함을 요하는 정도가 크면 클수록 신중해진다. 그렇지 않으면 잘못될 수 있기 때문이다. 태극수련이 그렇다.

양생수련 동작들은 가장 신중함을 요구하는 자세들로 구성되어 있다. 그래서 온 의식을 몸 구석구석에 보내어 관찰하게 해야 된다. 이러한 관찰이 잘 이루어지고, 몸 동작 또한 원만해지면, 의식이 함께 하지 않아도, 동작은 순일해진다. 그러나 이러한 상태에 와 있어도 태극수련을 할 때 의식으로 몸과 기를 인도해야 한다. 반드시 의식의 작용에 의해 기와 몸이 움직이도록 더욱 견고하게 습관화 해야한다. 그래서 의식의 운만 띄워도 기와, 몸이 일사불란하게 말을 듣도록 말이다.

우리는 태극수련하는 자세를 분명히 알아야 된다. 생활(生活) 속에서 외부로부터 들어오는 경계(五根)를 잘 순화(淨化)하고 내부에서 일어나는 오장육부 등 각 기능(生理)을 원활하게 하여, 마음(一心)이 늘 관조(觀照)하는 모습을 태극수련을 통해 갖추어 나가야 한다.

도교(道敎)에서는 이러한 태극수련, 도인수련 등을 통해 금생에 죽지 않고 그대로 신선이 되는(長生不死) 것이 가장 큰 목표이다. 그리고 티베트 불교에서는 금강유가(金剛瑜伽), 관상(觀想), 만트라 등 다양한 수행을 통해 금생에 지금 이 몸을 가지고 그대로 성불하는(卽身成佛) 것이 목적이다. 그리고 선종(禪宗)에서는 지금 사유하고, 이야기하고, 차 마시고, 잠자는 마음 그대로 깨닫는(卽心成佛) 것이 목표이다. 사실 양생과 이러한 수행은 둘이 아니다. 서로 일맥상통 한다. 단지 수련하는 이가 무엇을 목표로 두고 하느냐에 따라 달라진다.

근대 우리나라의 고승 경허스님의 수제자 수월(水月)스님께서는 늘 후학들에게 일깨워 주신 말씀이,

"화두를 들던, 아미타불을 하던, 독경을 하던, 하늘 천 땅 지를 하던, 일념(一念)으로만 하라. 일념(一念)이 끊이지 않고 순일하면 바로 깨달음으로 이어진다."

그렇다. 불교, 도교, 기공, 나아가 일상생활(日常生活)속에 어느 한 행위의 방법도, 그 모습에 차별성이 존재하지는 않는다. 수련하는 이라면, 그 수련에 일심(一心)으로 몰두해야 된다.

양생수련은 인간이 본래 갖추고 있는 생명체(生命體)의 능력을 최대한 잘 보존될 수 있게 한다. 사람은 다양한 능력을 갖추고 있다. 불교수행을 하면 성불(成佛)할 수 있는 기본 인자인 불성(佛性)을 갖추고 있다. 도교수행을 하면 신선(神仙)이 될 수 있는 원기(元氣)를 갖추고 있다. 기독교를 신앙하면 천국(天國)을 갈 수 있는 영혼을 갖추고 있다. 이와 같이 한 인간은 무수한 능력을 갖추고 있다. 단지 자신이 그러한 능력을 사용하고자 하는 신심(信心)이 없기 때문에 그 사람들에게는 이러한 것들이 하나의 공상(空想)으로만 남는다.

도인양생수련(導引養生修練)에서 주(主)로 삼는 능력개발의 대상은 생명체(生命體)의 능력 부분이다. '인체가 본래 지니고 있는 생명력(生命力)은 얼마만큼 긴 시간 유지될 수 있을까?' 그리고 '그 기간 동안 어느 정도의 건강한 심신(心身)을 유지할 수 있을까?' '어떻게 그와 같은 능력을 향유할 수 있는가?'이다. 즉 ㄱ 수련의 목적과 범위를 이 생명이 있는 동안(今生)과 우리가 살고 있는 환경(地球)에 한정하고 있다.

수련을 하다보면, 특히 좌선 등 고요한 상태의 수행에서 자발동공(自發動功)이 오기 쉽다. 중국 현대기공에서는 자발동공(自發動功)을 하나의 주된 공력(功力)으로 삼아 수련하는 문파가 많다. 그들 중에는 자발동공(自發動功) 수련법만 가지고 수련 지도, 질병치료 등 기공활동을 하는 문파도 있다. 사실 소림취권은 자신이 본래 닦아놓은 공력(功力)과 이 자발동공(自發動功)이 결합되어 나오는 하나의 능력이라고도 볼 수 있다.

의식(意識)이 육체(肉體)를 인도할 생각을 일으키지 않고 잠재적으로 활동하는 기에 육체를 맡기면 어느 한 시점에서 몸이 자발적으로 움직이기 시작한다. 그 움직이는 힘이 강하면 의식으로 중단시키려는 생각을 일으켜도 몸이 말을 듣지 않는 경우도 발생한다. 어떤 사람의 경우에는 땅을 굴러다니고, 고함치고, 울고, 몸에서 피가 나도록 벽에 부딪치고, 심지어 졸도하는 이도 있다.

이러한 와중에 일어나는 현상을 자신이 아는 경우도 있고, 전혀 모르는 사람도 있다. 소수이긴 하지만 이러한 자발동공(自發動功) 수련 중에 고층에서 뛰어내려 죽는 경우도 발생했다. 자발동공(自發動功)에는 장점과 단점이 있다. 몸에 막혀있는 기혈(氣血)을 통창시켜 건강한 몸을 만들어주는 반면 깊은 수련을 하고자 할 때 삼매(禪定三昧)에 들어가는 것을 방해한다. 즉 공력향상에 방해가 된다.

3. 含胸拔背 沈肩墜肘肘 松沈直竪 尾閭正中 (함흉발배 침견추주 송침직수 미려정중)

몸의 동작 중에서 가장 많이 틀리는 부분 중에 하나가 이 함흉발배(含胸拔背)이다. 특히 운동을 많이 한 사람일수록, 가슴근육이 발달되어 있는 사람일수록 이 부분이 틀리기 쉽다. 함흉이 되면 발배(拔背)가 자연스럽게 이루어진다. 즉 가슴과 등은 서로 함께 움직인다.

모든 동작에서 팔꿈치가 어깨를 넘지 않는 것 또한 중요하다. 팔꿈치가 허공 중에 떠 있으면 안 된다. 강권동작에 골반은 뒤로 빠지고, 허리는 안으로 들어가는 자세가 많다. 아랫배를 내밀어도 그와 같은 현상이 일어난다. 그러나 태극수련 할 때에는 시종일관 허리와 골반이 함께 수직에 가깝게 되어있어야 한다. 즉 아랫배를 위안으로 당겨 올려 자연스럽게 회음에 힘이 가고 허리도 함께 원만하게 한다. 다시 말해 백회에서부터 회음까지 자연스럽게 흘러내려야 한다. 목에서 꼬리뼈까지 근 수직의 자세가 될 때 흘러내리는 자연스러움이 유지된다.

태극권동작 가운데에 척추의 꼬리뼈를 가운데로 맞추어 놓는 수련동작이 있다. 꼬리뼈를 시종일관 정면을 향하게 하는데 이러한 자세를 통해서 자신의 중심을 안정시키며 힘이 뻗어 나오는 능력을 강화시키고 앞으로 나아갈 때 뒤로 물러날 때 왼쪽으로 돌 때 오른쪽으로 돌 때 정(靜) 가운데에서 자세를 취할 때 시종일관 명문의 팽쑹과 수직의 자세를 유지하게 해 준다.

4. 對稱協調 連貫圓活 意欲向上 必先寓下(대칭협조 련관원활 의욕향상 필선우하)

5. 意欲向左 必先右去 前去之中 必有後撐(의욕향좌 필선우거 전거지중 필유후탱)

　　허리의 좌우 45각도 회전에 의해 태극수련의 자세가 나온다. 이것은 몸이 지니고 있는 한계성이다. 그래서 좌로 가면 반드시 우로 돌아와야 한다. 위로 가면 반드시 아래로 내려와야 한다. 앞으로 가면 반드시 뒤로 돌아와야 된다. 이것을 대칭(對稱)이라고 한다.

　　극(太極)의 원리는 각(角)이 없고 원(圓)으로 모든 동작을 이루어낸다. 비록 몸은 허리 회전의 한계성 때문에 동작의 제한을 받지만 이 한정된 범위 안에서 무한하고 제한 없는 회전이 이루어진다. 이러한 회전의 기본 원리가 이 구결 내용이다.

　　만약 오른쪽으로 가는 힘(陽)을 다시 왼쪽으로 향하고자 할 때, 음(陰)의 허(虛) 부분이 다시 양(陽)의 실(實)이 되어 움직인다. 동작과 동작 사이에는 각이 생기게 되는데, 음양의 양극단에서 허리를 조화롭게 전환시킴으로써 각(角)을 원(圓)으로 만든다. 만약 태극수련 중에 원으로 바뀌지 않는 각이 존재한다면 분명 이 동작의 이어짐은 허리의 자연 발생하는 탄력에 의지하지 않고, 인위적으로 만들어 낸 것임에 틀림없다. 이렇게 인위적으로 만든 동작은 그 순간 의(意)—기(氣)—요(腰)—신(身)의 기운 흐름이 끊어지게 된다.

6. 神聚於眼 神氣活現 目光如電 威而不猛(신취어안 신기활현 목광여전 위이불맹)

　　보통 육안(肉眼)의 눈으로 보는 것은 간(看)이라 하고 심안(心眼)의 눈으로 보는 것을 관(觀)이라 한다. 태극수련 중에는 간(看)과 관(觀)이 함께 이루어진다. 눈은 주로 손(食指)을 주시한다. 그 이외의 모든 사물의 인식은 관(觀)으로 이루어진다.

　　관(觀)은 간(看)과 그 성격이 다르며 간(看)을 포함하고 있다. 간(看) 또한 마찬가지이다. 관(觀)의 범위 안에서만 간(看)할 수 있다.

여기에서 가리키는 목(目)은 간(看)의 육안(肉眼)을 말한다. 안(眼)은 관(觀)의 심안(心眼)이다. 심안(心眼)이 신기(神氣)로 충만(充滿) 할 때 육안(肉眼)이 번개불처럼 빛이 난다. 그러나 이러한 빛남 가운데에서도 위엄함(慈德)이 있되 맹수처럼 사납게 이글거리는 독살스러움은 없어야 한다.

### 7. 手眼爲活 足定根基 五弓合一 旋轉靈活 (수안위활 족정근기 오궁합일 선전영활)

눈과 손은 살아 있어야 한다. 눈이 손에 가 있을 때 손은 살아있다. 눈과 손이 함께 하고 있어도 다리의 힘이 뒷받침되어 있지 않으면 눈과 손의 기운은 서로 떨어지게 된다. 태극수련을 할 때 오궁(五弓 : 丹, 湧泉, 勞宮)이 서로 하나인 것처럼 움직여야 한다. 이렇게 될 때 영활(靈活)한 동작이 나올 수 있다.

### 8. 骨節松開 相連不斷 上下相隨 內外相合 (골절송개 상련부단 상하상수 내외상합)

뼈와 관절이 모두 팡쑹(放松)되어 하나 하나 열려있어야 한다. 그리고 이러한 뼈와 관절, 관절과 관절이 서로 연결되어 있어야 한다. 또한 동작과 동작이 서로 끊어지지 않아야 한다. 우리는 평소에 근육을 팡쑹(放松)시키는 것도 쉽지 않다. 관절의 팡쑹(放松)은 근육에 비해 더욱 어렵다. 뼈의 팡쑹(放松)은 관절에 비해 더 어렵다. 근육을 한가닥 한가닥 분리해 놓는다면 조금은 이해할 수 있을 것이다. 그러나 하나의 목뼈를 부분부분 분리한다면 이해할 수 있겠는가?

이러한 내용은 인체 해부학에서도 논하지 않는다. 그러나 태극수련이 원만하게 이루어지려면 이와 같이 되어야 한다. 다시 말해서 태극수련을 구결(口訣)에 맞게 하다보면, 자연히 이와 같이 된다. 그리고 이와 같이 골(骨), 관절(關節) 등이 팡쑹(放松)되었을 때, 동작과 동작이 서로 원만하게 연결된다.

운기구결은 기(氣) 운용에 대한 이치를 밝히고 있어서 《운기 不二태극권》에서 설명하고 정신구결은 지혜를 체득하는데 도움이 되는 구결이어서 《지혜 不二태극권》에서 설명한다. 여기에서는 이미 숙련된 수련자를 위해 구결의 원문만 기재하여 참고하도록 한다.

# 3. 운기구결(運氣口訣)

9. 以意行氣 以氣運身 虛領頂勁 氣沈丹田
10. 勁起脚跟 主宰於腰 通於脊背 形於手指
11. 源動腰脊 腰爲中軸 力有脊發 達於手指
12. 能輕則松 能松則快 能蓄能發 滔滔不絶
13. 一合一開 一虛一實 一蓄一發 一吸一呼
14. 開合虛實 配合呼吸 輕靈圓轉 中氣貫足
15. 先求開展 後求緊湊 精練已極 極小亦圈
16. 由松入柔 積柔成剛 剛復歸柔 柔剛相濟
17. 似松非松 似柔非柔 似剛非剛 忌僵忌滯
18. 久練純熟 剛柔互運 外似棉花 內如鋼條
19. 陰中有陽 陽中有陰 陰中有陰 陽中有陽
20. 開中有合 合中有開 開中有開 合之再合
21. 由實變虛 由虛變實 虛實滲透 忽隱忽現

# 4. 정신구결(精神口訣)

22. 屛除雜念 無思無慮 心靜氣和 形神合一
23. 道法自然 養生無心 浩福人類 實現淨土
24. 心淨用意 意動形隨 動中求靜 身心不二

지혜 2

# 경전연구와 진리체득
## 硏究經典與體悟眞理

태극진인들이 경전의 도리를 함축하여 구결을 만들었기 때문에 구결의 원류인 경전의 이치를 밝게 깨달아 알게 되면 구결의 이치에도 밝아지고 상단(上丹)의 지혜(智慧)와 하단(下丹)의 정력(精力)이 함께 조화를 이루면서 중단(中丹)에서 풍겨 나오는 인류사회를 위하는 자애(慈愛)로운 정신이 긴 세월 이어지는 불노장생(不老長生)의 삶을 영위할 수 있게 한다.

삼요연구. 도(道)란 무엇인가! | 나'自我'란 누구인가! | 도와 내가 하나가 되는 방법은? 6부경전 六部經典, 《도덕경》과 도법자연설
《유마경》과 불이중도설 | 《주역》과 태극음양설 | 《장자》와 소요양생설 | 《세수경》과 운기금강설 | 《장삼풍어록》과 대도현기설

    태극권은 '강함이 약함을 제압한다' 는 보편적인 사물의 이치를 반영한 무림계를 그 지각부터 변화시킨 유승강(柔勝强 : 부드러움이 강함을 제압함)의 진면목을 보여준 대표적인 내가수련법(內家修煉法)이다. 사물이 변화되어가는 현상 속에서 인생의 가치를 찾으려는 범인(凡人)들과는 달리, 그 사물이 나오게 되고 존재하게 되는 내면의 모습을 관찰하고 체득하면서 인생을 달관하며 초월적 세계에서 소요자재(逍遙自在)하던 선경진인(仙境眞人)들에 의해서 부드러움이 강함을 제압한다는 이치가 드러나 보이면서 세인을 보다 승화된 인생세계로 인도하였는데, 그 중에서 대표되는 인물이 태극권을 창시한 장삼풍(張三豊) 진인(眞人)이다.

    사물을 진실 그대로 바라볼 수 있는 안목이 갖추어진 상태에서 수련했을 때 몸과 마음의 건강뿐만 아니라 태극권의 실력 또한 빠르게 진전된다. 그래서 옛 진인들은 이치가 담긴 구결(口訣)을 만들어 후학을 지도할 때 구결을 함께 전수하여 몸동작 내면의 이치를 체득하도록 일깨웠다. 구결은 뜻을 함축하여 낭송하기 쉽게 만들어 놓은 문장이다.

    어떻게 보면 도(道)에 대한 막연한 개념으로 만들어진 내용이 많아서 배우는 수

련자마다 그 뜻을 달리 해석하는 경우가 발생하여 다양한 문파가 형성되었고, 같은 문파 안에서도 뜻을 분별하는 견해들이 다양해 훗날 수련자들에게 어떤 태극의 문으로 들어가야 할지, 어떤 주석을 원리로 삼아 수련해야 할지, 혼동을 야기하게 되었다. 오늘날 많은 사람이 태극권 수련 속에서 참 인생을 발견하려고 하지만 이 쪽 태극권을 배우면 저 쪽의 문파의 것이 더 좋은 것 같고, 다시 그 뜻을 배우면 정도(正道)인가 아닌가 의심이 생기게 되고, 그러면서 전통인 태극권의 원류를 찾는 수련자가 늘어나고 있다.

이미 현상으로 드러나 있는 수많은 수련법 중에서 그 진실을 가리려고 하는 것은 어리석은 일이다. 심신의 건강만을 목적으로 할 경우에는 어느 태극권을 수련해도 그것을 실현할 수 있다. 구태여 부질없는 분별로 인해 몸과 의식이 따로 구분되어진 심리로 태극권을 수련하게 되면 그나마 건강 효과마저 얻지 못하게 될 수 있다. 만약 태극권을 단순한 건강운동 수준을 넘어 인생관 우주관 등 인식철학의 깨달음까지 이르는 길로 삼고 있다면 당연히 성현의 가르침이 담긴 경전과 벗하면서 태극수련에 들어가야 한다.

태극진인들이 경전의 도리를 함축하여 구결을 만들었기 때문에 구결의 원류인 경전의 이치를 밝게 깨달아 알게 되면 구결의 이치에도 밝아지고 상단(上丹)의 지혜(智慧)와 하단(下丹)의 정력(精力)이 함께 조화를 이루면서 중단(中丹)에서 풍겨 나오는 인류사회를 위하는 자애(慈愛)로운 정신이 긴 세월 이어지는 불노장생(不老長生)의 삶을 영위할 수 있게 한다.

그렇다면 어떠한 사유체계 속에서 경전을 보아야 할까?
첫째, 의식(意識)이 청정(淸淨)한 상태를 유지하면서 성현의 말씀이 담긴 경문을 풀어나간다.
청정한 의식에는 고정화된 관념이 없고, 한 생각을 지속할 수 있는 집중력이 있어, 의식에 와 닿는 사물의 진면목을 파악할 수 있다.
누구나 자신만의 고정화된 관념을 형성하고 있다. 이러한 관념 때문에 자아(自我)에 집착하게 되고, 어떤 사물을 인식할 때 고정화 되어 있는 한쪽 면만을 고집하게 되어 그 대상의 다른 부분 또는 전체에 대해 이해하기 어렵게 된다. 이와 같은 고정된 의식에 의해 자신의 생각만이 옳다는 편협한 사고의식이 만들어지고 이러한 의식은 사회의 모순과 투쟁 그리고 전쟁과 같은 인류 참사를 일으키게 되는 근본 뿌리가 된다.

고정의식이 남아 있는 상태로 경전을 연구하게 되면 경전의 내용을 자신의 의식 수준에서 이해하게 되기 때문에 경문을 보고 있는 자신이 시험관이 되어 그 경문의 뜻을 본인이 평소 주장하던 관점에 맞추어서 이해하려 하게 되고 그것에 부합하지 않는 부분은 필요 없는 내용으로 빼버리거나 심지어 그 부분은 잘못된 것으로 인식하는 경우가 발생한다. 결국 "경문에서 참뜻을 찾아내자"는 경전을 보는 근본취지를 망각하게 된다. 그래서 경전을 탐구할 때는 먼저 자신의 머릿속에 이미 고정화되어진 관념을 내려놓고 의식이 한 곳에 집중할 수 있게 해야 한다.

의식의 집중은 태극권 수련에서 뿐만 아니라 마음 수양을 근본으로 삼는 명상과 선(禪)수행, 기(氣)를 매개체로 수련하는 요가 등 어느 문파에서나 제일 중요시하는 것 중에 하나이다. 의식의 집중에 대해서는 '선정(禪定)', '지(止)', '삼매(三昧)', '정(靜)', '현(玄)' 등 다양한 용어로 표현하고 있으나, 그 뜻하는 바의 본질은 일맥상통한다.

선정은 인도에서 유래한 수행법으로 3000년 전부터 요가수행자들에 의해 전해 내려오던 것이 2500여 년 전에 불교가 세상에 나와 이것을 근본수행법의 뿌리로 삼게 되면서 불교 중심의 수행법으로 인식되어졌다. 사실 '선정'에 대한 요가와 불교에서의 이해가 서로 다른 면이 적지 않다.

불교 안에서도 부파불교의 유부학파(有部學派)를 중심으로 한 인도선(印度禪)과 인도에서 만들어진 반야공관(般若空觀) 사상의 경전을 바탕으로 한 중국선(中國禪)의 사이에도 커다란 이해의 차이가 있다.

지혜와 상대되는 것으로 선정을 말하고 선정과 지혜의 쌍두마차에 의해 깨달음을 성취한다는 불교의 주장과는 달리 요가에서는 선정 그 자체를 수행의 종착지로써 범아일여(梵我一如)를 성취하는 핵심내용으로 삼고 있다. 불교는 지금 살아 숨쉬는 자아(自我)의 입장에서 과거, 현재, 미래의 모든 것을 풀어가는 방법을 선택했다면, 요가는 원초에서부터 앞으로 해탈할 때까지의 자아(自我)를 하나로 묶어서 인식하기 때문에 지금 현세의 자아는 전체 시간에서 비추어 보았을 때 천만분의 일도 되지 않는 지극히 짧은 순간이어서 큰 의미가 없다고 인식한다.

　이와 같이 자아의 중심점을 어느 시점에 두느냐에 따라 지금의 '나'를 중요시하는 정도가 달라진다. 요가에서는 과거 수없이 많은 생애 동안 쌓인 업이 무한하기에 금생에 아무리 노력한다 해도 그 업을 크게 변화시키기 어렵다고 본다. 그래서 부유하게 태어난 사람은 부유한 신분으로 살아가고, 비천한 가문에서 태어나면 평생 머슴노릇 하면서 생활하는 것이 당연하다는 것이다.

　이러한 사회문화현상은 공자의 사상을 전해 받은 우리나라에서도 당연시 되었으며, 특히 공자사상을 국가 운영의 기본이념으로 삼았던 조선시대에는 그러한 구분이 더욱 뚜렷해서 양반과 쌍놈이라는 이분화된 사회문화가 형성되었다.

　불교는 요가처럼 과거 무수겁의 윤회를 인정하면서도 현세의 자아에 대한 인식을 달리했다. 비록 과거의 업에 의해 나의 지금이 존재하지만 만약에 오늘날의 내가 대 개혁을 일으키게 되면 설사 노비의 신분으로 태어났어도 귀족의 삶을 영위할 수 있게 되고, 우둔하게 태어났으나 총명한 자가 될 수 있다는 것이다.

　그만큼 지금의 자아를 중요시 한 것이다. 이같은 시각의 차이는 유가사상이나 요가사상이 우주의 본질을 중심점으로 삼아 자아가 세상에 존재하게 된 이치를 풀어가려고 한 반면 불교는 모든 사물 각각의 입장에서 자아의 문제를 풀려고 한데서 생겨났다.

　선정에 대해서 인도선과 중국선은 자아의 본질을 깨달아 불도(佛道)를 성취한다는 이념은 서로 일치하지만 그 깨달아 가는 방법과 목적지에 대한 이해는 서로 다른 면이 있다. 인도선에서는 선정의 목적이 내가 존재하는 현실세계를 떠나서 열반을 성취하는데 있는 반면, 중국선에서는 지금 내 몸이 존재하는 현세의 삶 속에서 열반을 성취하는데 목적이 있다. 그래서 중국선은 현세 사회와 더욱 밀접하게 접근하면서 생활선(生活禪)을 주장하게 되었으며 다선일여(茶禪一如)의 다도정신 또한 그러한 맥락에 속한다. 관(觀)의 상대 용어인 지(止)와 삼무(三無)의 의미를 지닌 삼매는 인도선에 가까운 의미로 많이 쓰인다.

　공자의 사상을 기본이념으로 삼고 있는 유학(儒學)에서는 정(靜)을 마음수양법으로 삼고 있다. 특히 당나라 말엽부터 부각되기 시작한 맹자의 천부설(天賦說)에 근거해서 타고날 때 부여받은 네 가지의 천부정신을 개발하여 드러내는 방법으로　정좌(靜坐)를 제시하고 있다.

둘째, 삼무(三無)의 경지에서 경전의 참뜻을 체득한다.

태극수련에서는 마음이 삼무의 정신으로 안정되어 있는지 그 여부에 따라 수련의 효과에 큰 차이가 생긴다. 삼무란 의식 속에 행위하는 자, 행위로 발생한 개체를 받는 자, 행위자와 받는 자의 사이에 오가는 개체를 뜻한다.

이것을 태극수련에 응용하여 다음과 같이 이해할 수 있다. 행위자는 태극수련을 하고 있는 자신을 의미한다. 받는 자는 태극수련으로 형성되는 수련효과를 얻게 되는 자신을 뜻한다. 오가는 개체는 태극수련으로 형성되어진 공력(功力)을 뜻한다.

A란 사람이 B란 사람에게 C란 물건을 전달했을 때 우리는 이러한 현상을 쉽게 이해할 수 있다. 왜냐하면 주고받는 사람이 서로 다르고 오가는 개체가 가시적으로 분별할 수 있는 물질로 구성되어 있기 때문이다.

그러나 태극수련에서는 A와 B가 동일한 사람이기 때문에 혼동을 가져올 수 있다. 그렇다면 태극수련을 하는 자와 그 수련효과를 얻게 되는 자는 동일한 사람인가? 우리는 단순하게 당연히 같은 한 사람이라고 말하게 된다.

물론 눈으로 보고 있는 육체의 입장에서 판단한다면 그렇다고 할 수 있다. 그러나 《주역》에서 강조한 모든 '만물은 변화한다'는 이치에서 보게 되면 1초 전의 나와 1초 후의 나는 같다고 할 수 없다. 분명히 변화된 모습이다. 이런 경우 마음은 불변하기 때문에 몸이 변화되어진다 해도 내 생명의 삶이 존재하고 있는 동안은 잉태될 때부터 죽을 때까지 나의 주체는 하나로서 변함이 없다고 한다. 과연 그러한가? 높은 차원의 선경(仙境)에 들어가는 것을 목표로 태극수련을 하는 사람의 경우에는 이러한 문제를 깊이 있게 사유하며 정진해야 한다.

장삼풍 진인이 강조한 '태극으로 회귀하기 위해 역수련(逆修煉)을 해야 한다'는 도리를 사유하다 보면 마음 또한 몸처럼 변화하는 역(易)의 범주에 속해 있다는 것을 알게 된다. 이처럼 몸과 마음이 끊임없이 변화해 가는 현상 속에서 성(性)과 명(命)을 함께 수련하여 천인합일(天人合一)의 경지에 도달하기 위해서는 삼무의 정신이 바탕이 된 의식에서 태극수련이 이루어져야 한다.

셋째, 경전의 현상분별(現象分別)을 태극음양의 기본 틀로 형성되어 있는 '나'라는 생명체의 입장에서 전개시킨다.

경전은 마치 기름의 원유와 같아서 그것을 바로 생활 속에서 사용할 수 있는 것이 아니라 경전을 보는 사람의 의식을 통해서 새롭게 형상화된 것이 사물에 비추어져 쓰임이 있게 되는 것이다. 그런 까닭으로 백 명이 경전을 보면 백 가지의 색깔이 나오게 된다. 단지 그 분별하는 폭이 크고 작은 차이가 있을 뿐이다.

어떤 목적으로 경전을 보느냐에 따라 경전에서 나타나는 색깔이 달라진다. 그것은 경전이 담고 있는 뜻이 변화된 것이 아니라 경전을 보는 사람의 의식이 서로 다르기 때문이다. 마치 천 사람이 있으면 천 사람의 얼굴이 서로 다른 것과 같다. 즉 법에는 높고 낮음의 차별이 없는데 사람에 따라 깊고 낮은 근기의 차이가 있는 것이다.

태극수련에 도움이 되는 방향으로 경전을 연구하기 위해서는 경전공부를 하는 동안 몸이 숨을 쉬고 있어 생명체가 살아서 존재하고 있는 것처럼 경전 내면에 흐르고 있는 이치가 현상계에 직접 와 닿는 기운에 의식이 계합하여 경전과 내가 하나가 되도록 해야 한다.

다시 말하면 경전의 도리를 제 삼자의 입장에서 인식분별하면 경전에 담고 있는 기운이 직접 내게로 직접 와 닿지 않는다. 이것은 나와 이치를 둘로 구분짓게 하여 경전이 태극수련자인 나에게 도움이 되는 것이 아니라 오히려 정기신(精氣神)이 삼위일체로 순조로운 기운을 형성하지 못하게 하고 수련자의 대뇌를 분별의식으로 가득 채우게 함으로써 기공(氣功)의 작용을 방해한다.

머리로만 경전을 습득하는 수련자의 폐단을 막기 위해 적지 않은 스승들이 제자들에게 경전을 보지 못하도록 했으나 수련자 자신의 몸과 마음을 다 바쳐서 의지할 스승이 없이 태극의 선문(仙門)에 들어가려는 현대인의 경우 경전연구는 없어서는 안 될 반드시 필요한 수련이다.

어떤 경전으로 공부해야 될까?

태극수련에 도움이 될 수 있는 경전은 생명체가 지니고 있는 동정(動靜)·강유(剛柔) 등 가시적으로 보고 느낄 수 있는 것과, 유무(有無)·음양(陰陽) 등 우주의 변화하는 이치를 담고 있는 것, 그러면서도 막연한 개념의 논리에만 그치지 않고 태극수련을 하는 자신의 정기신(精氣神)으로 이어지는 체험에 직접적으로 도움을 줄 수 있는 것이어야 한다.

　이러한 내용을 담고 있는 경전이 적지 않으나 태극수련을 할 때 일어날 수 있는 다양한 문제를 극복하는데 도움이 되면서 동시에 태극 수련자가 쉽게 접근할 수 있고 평생 동안 반복하면서 보아도 그 진리(眞理)의 세계에서 끊임없이 심신양생법(心身養生法)의 깊이를 체득할 수 있는 도법자연설(道法自然說)의 《도덕경》, 불이중도설(不二中道說)의 《유마경》, 태극음양설(太極陰陽說)의 《주역》, 소요양생설(逍遙養生說)의 《장자》, 운기금강설(運氣金剛說)의 《세수경》, 대도현기설(大道玄機說)의 《장삼풍어록》 등 여섯 부 경전의 해제(解題)와 태극입문수련에 직접적으로 도움을 줄 수 있는 경문을 선별해서 그 뜻을 함께 실었다.

　이러한 경전에 담긴 참뜻을 연구하는 과정에서 세 가지의 요체인

"도란 무엇인가?"

"나란 누구인가?"

"어떻게 하면 나와 도가 계합할 수 있는가?" 하는 의문으로 마음을 일깨우면서 경전을 연구해야 한다.

　세 가지의 요체(要諦)가 밝게 비추어진 마음상태를 유지하면서 경전을 보았을 때, 경문에 현(玄)의 모습으로 존재하는 이치가 곧바로 태극수련자의 본심(本心)과 계합되어 수련자로 하여금 현문(玄門)으로 들어갈 수 있게 징검다리의 역할을 하게 된다.

### 사람의 기운(양생점)을 살려주는 방법

　기를 통해 양생점을 살리는 방법에 있어 신체의 접촉을 요하는 경우 시술을 받는 사람은 지극히 애정적인 마음을 갖고 있어야 한다. 시술자의 경우 지극히 마음을 평정하고 있어야 한다.

　시술을 준비하는 과정에서 시술자의 신체와 시술받는 이의 신체가 접촉되지 않아야 한다. 이는 시술 과정에서 피시술자의 의식이 분산되지 않게 하기 위해서이다. 받는 자의 자세는 편안한 자세여야 한다. 그러나 명상하고 있는 상태는 아니어야 한다. 주변환경 역시 피 시술자의 정신을 편안하게 하기위해 조명, 음향, 향 등 모든 부분이 편안해야 한다.

# 1. 삼요연구(三要研究)

1) 도(道)란 무엇인가!

 태극수련자가 도(道)의 개념을 의식에 두지 않고 있다면 이것은 마치 기둥 없이 집을 짓는 것과 같다. 기둥 없는 집이 존재할 수 없듯 도를 떠난 태극수련이란 있을 수 없다.

 무엇이 도(道)인가?
 태극수련으로 대도(大道)를 성취하고자 할 경우에는 어떻게 해야 하는가?
 이 문제를 풀기 위해 옛날이나 지금이나 수 없이 많은 수련자들이 노력하고 있다. 도를 찾는 간절한 마음이 함께 하는 태극수련은 충만한 기운으로 가득한 소요자재의 삶을 실현시키는 원동력이 되어주며, 언제 어디서나 행주좌와 어묵동정(行住坐臥 語默動靜) 어떠한 상태에서도 도와 함께하는 깨어있는 평온한 심신을 유지할 수 있게 해준다.
 그렇기 때문에 태극수련자는 도를 떠나서 존재할 수 없고, 도 또한 태극수련자를 떠나서 홀로 존재할 수 없다. 나(自我)의 성취란 곧 도와 함께 하는 것이며 나와 함께하는 '도'만이 생명력을 지닌 살아있는 기운으로 작용할 수 있게 된다.
 도는 나와 함께 한다. 나와 함께하는 그 무엇인가의 힘이 바로 도이다.
 나는 누구인가? 나는 힘의 작용으로 존재하고 있는 생명이다.
 생명이란 살아 숨 쉬는 명(命)을 의미한다.
 명은 성(性)이 비추어진 모습이다.
 성은 나(자아)의 본체이다.
 '나'는 누구인가?

2) 나(自我)란 누구인가!

 우리가 생존하고 있는 사회문명은 '나(自我)'라는 존재로부터 비롯된다. '나'라는 개체를 떠나서는 사회현상의 그 무엇도 발생할 수 없다. '나'란 바로 사회가 존재하게 되는 가장 기본요소이다.

청소년기가 되면서 자신의 존재에 인식하고 번민하며 사회화하려는 노력을 끊임없이 하게 된다. 그러한 진보적인 사유의식이 없이 짐승처럼 육감의식(肉感意識)으로만 생활하다보면 성인이 되어서도 사회 속에서 피동적인 인간으로 전락하여 인간이 향유할 수 있는 본성(本性)과 계합이 이루어진 삶을 실현하기 어렵게 된다.

우리가 '나'라고 할 때 나의 중심이라 할 수 있는 본성은 무엇인가! 본성이 무엇인가를 알기 위해서 '자아'의 존재가 언제부터 시작되었으며 그의 끝점이 어디인가? 이 문제를 명확하게 알게 된 것을 선가(禪家)에서는 생사를 초월한 대도(大道)를 깨우쳤다고 하고, 도가(道家)에서는 불노장생(不老長生)하는 진인(眞人)의 경지에 도달했다고 한다.

본성의 뿌리와 본성의 지속과정 그리고 본성의 종착점이 어디인가에 대해서 동양과 서양의 관점이 서로 같지 않다. 태극권 수련에서 지혜의 일깨움은 본성의 진면목을 확연히 알게 되는 그 자체이기 때문에 태극수련으로 오는 소요양생의 효과를 보다 크게 할 수 있도록 태극수련의 주체인 자아의 본질을 분명히 알아야 한다.

'자아의 본성은 무엇인가?'를 깊이 있게 체득하기 위해서는 인도의 윤회문화와 중국의 혈연문화를 이해하는 것이 태극지혜를 얻는데 큰 도움을 준다.

인도에서 발생한 불교가 중국으로 들어와서 그 토양에 안착하기까지는 많은 세월과 시련을 겪었다. 그러한 요인 중에는 서로 다른 문화를 배경으로 하는 원인도 작용했지만 그 중에서도 정치와 가족에 관한 사회제도의 차이점이 가장 큰 원인이었다.

먼저 중국의 전통 가족관을 보면, 나와 조상, 나와 후손이 서로 불리될 수 없는 관계를 형성하고 있다. 조상이 선행(善行)을 했으면 그 좋은 과보가 나에게 오게 되고, 내가 좋은 일을 하면 그것이 후손에게 좋은 과보를 물려주게 된다. 즉 가족 중에 좋은 일을 하거나 혹은 나쁜 일을 하게 되면, 그 과보를 그 당사자가 받기도 하고 또는 후손 중에 누군가가 받게 된다는 것이다.

그러면 '나'는 죽으면 어떻게 되는가? '나'라는 존재는 몸과 함께 없어진다. 영혼이 존재하지 않는 것이다. 그렇기 때문에 윤회하는 실체가 없어서 다음 생이 존

재하지 않게 된다. 그래서 중국 전통문화에서는 혈연을 중요시 한다. 혈(血)이란 곧 육체이며, 육체는 자신의 생명체 중에서 물질에 속한 부분이다. 나의 몸은 부모님에게서 물려받은 것이기 때문에 머리카락 하나라도 임의로 자르게 되면 불효가 된다는 것이다. 부모가 세상을 떠나면 그 육신을 가장 좋은 명당에 안치해야 그 죽은 몸이 편안할 수 있게 되어 후손에게 좋은 영향을 주게 된다는 것이다.

지금 현세만이 존재하기 때문에 살아있는 동안이 제일 중요하다. 죽은 다음 몸이 썩고 마지막에 뼈도 다 부패해서 사라져 없어지게 되면, 그때는 '나'라는 존재가 이 우주공간에서 완전히 없어지게 되는 것이다. 그러나 수양이 높았던 사람이거나 혹은 깊은 원한이 맺혀 죽은 사람은 사후에 그 육신의 흔적은 없어지더라도 그 혼백은 떠도는 귀신으로 존재하고 있을 수 있는 것이다. 이와 같이 현세를 중시하기 때문에 이 현세의 세상을 다스리는 황제의 권한은 절대성을 지니게 된다.

그러나 불교의 발원지인 인도의 가족관은 중국과 크게 다른 면이 있다. 인도인의 전통 관념은 인과응보와 자업자득, 그리고 윤회해탈이다. 나의 행위로부터 만들어지는 그 무엇인가가 주변에 영향을 주게 되면 반드시 그 대가를 내가 받게 된다는 것이다. 그 업보를 받는 대상이 자신이며 다른 사람이 대신할 수가 없다. 이것이

'자신이 지은 업은 자신 스스로 받게 된다'는 자업자득의 뜻이다. 그래서 그 지은 업은 남은 금생 중에 받기도 하지만 남는 것은 죽은 다음으로 이어져 미래의 새로운 생애에 받게 되는 것이다.

다시 말하면, 내가 죽은 뒤 육신은 없어지지만 영혼은 계속 남아서 다음 생으로 이어지며, 다시 또 다음 생으로 이어진다. 이와 같은 윤회의 삶은 삼계(三界)를 해탈하고 나서부터는 더 이상 이어지지 않게 된다.

그러면 나라는 존재가 언제 생겨나서 어떻게 윤회하고 있으며, 또 어디까지 가야 그 윤회가 끝나는 것인가? '과거에도 백 천 만 억겁을 윤회하여 왔고, 앞으로도 그와 같이 많은 세월이 지나야 해탈할 수 있다'고 한다. 이것은 곧 자신과 연관된 세월 속에서 지금 살고 있는 이 현세는 지극히 작은 일부분의 시간에 불과하기에 이 기간 동안에 아무리 많은 선업을 쌓는다 해도 그것이 자신의 전체 업에 큰 작용을 할 수 없다는 것이다.

금생의 삶이 크게 중요한 것이 아니며, 긴 여정에 잠시 몇 걸음 밟는 것과 같은 것이다. 그래서 죽은 뒤의 자신에 대해 더 많은 관심을 갖게 되며, 살아있는 동안에도 다음 생을 위한 희생을 더 중요시 하게 된다. 육신은 영혼이 잠시 안주하고 있는 것과 같은 존재이며, 영혼에 비교해서 보면 몸은 하찮은 물건에 불과한 것이다. 그래서 죽고 나면 육신은 잘 간수할 필요없는 귀찮은 것이기에 화장을 하여 없앤다. 이러한 자아윤회의 관념(종교의 영원성을 믿는 의식의 세계관)으로 인하여 현세에 군림하는 황제의 권한이 중국의 황권에 비해 상대적으로 약하다.

생명 본질의 지속성에 대한 인도와 중국의 전통 관념의 차이성을 이해하면서 경전을 연구하게 되면 경전 속에 전개되어 있는 '나'에 대한 설명을 보다 정확하게 체득할 수 있게 된다. 우리나라의 전통문화에는 불교와 함께 따라 온 윤회관(輪廻觀)과 유가(儒家)의 혈연관(血緣觀)이 함께 전승되어 내려오고 있기 때문에 이 둘의 생명관(生命觀)을 명확하게 이해하고 있지 않은 상태에서는 경전에서 전개하고 있는 무아(無我), 자아(自我), 유위(有爲), 무위(無爲), 성(性), 명(命), 태극(太極), 무극(無極), 음양(陰陽), 동정(動靜), 강유(剛柔), 색(色), 공(空), 도(道) 등 '나'와 연관되어 있는 용어의 개념을 정확하게 이해하기가 쉽지 않다.

'나'라는 존재에 대한 인식이 어떤 형태로든 형성되어지면 그 다음은 그러한 자아(나)와 우주의 본체인 도가 서로 계합할 수 있도록 태극수련에 임해야 된다. 계합(契合)이란 서로가 융합하면서도 그 본연의 속성이 그대로 존재하고 있는 것을 의미한다.

### 3) 도와 내가 하나가 되는 방법(天人合一)은?

요가명상에서는 자아를 놓아버린 대선정(大禪定)의 상태에서에서 범(梵)과 아(我)가 하나가 된다고 말한다. 범은 천(天)의 의미로 우주의 핵심을 뜻한다. 불교의 선(禪)에서는 선정과 지혜가 함께 조화로운 상태에서 불도(佛道)가 성취된다고 한다.

태극수련에서는 정기신수련으로 성(性)과 명(命)이 함께 금단(金丹)의 힘으로 불노장생(不老長生)하며 소요자재하는 선경(仙境)에 있게 된다고 한다. 이러한 경지를 가리켜 천인합일(天人合一)이 성취되었다고 한다. 불노장생의 의미를 더욱 극대화해서 장생불사(長生不死)라고 일컫는다.

불노장생이 늙지 않고 오래도록 산다는 의미라면 장생불사는 오래도록 살면서 죽지 않는다는 뜻으로 영생한다는 의미와 상통한다. 영생하는 주체가 마음인지 아니면 몸인지에 대해 태극수련의 중심체인 도교에서는 그 선을 분명하게 긋고 있지 않다. 그러나 도교의 주된 경전을 분석해 보면 수련의 요체를 대체로 성명쌍수(性命雙修)에 두고 있기 때문에 몸과 마음이 함께 도와 계합하는 심신양생(心身養生)의 장수(長壽)를 누릴 수 있다는 점은 분명하다.

---

#### 명과 실

요황제가 나라를 다스리는 일을 쉬고 싶어 대를 이을 사람을 찾아 가던 중 허유를 만나게 되었다. 요임금은 허유에게, "태양과 달이 비추게 되면 촛불이 의미가 없고, 곡식을 심는데 제때 비가 오면 물을 댈 필요가 없다. 내가 지금까지 나라를 다스리는 일은 촛불을 켜고 밭에 물을 댄 것과 같았다. 그러나 이제 당신을 만났으니 나의 일은 소용이 없다."고 말한다.

이에 허유가 말하기를, "이미 당신으로 인해 나라가 태평한데 내가 이름을 보태어서 무엇 하겠는가?"라고 말하고 산으로 들어간다.

## 2. 6부경전(六部經典)

### 1) 《도덕경》과 도법자연설(道法自然說)

　노자(老子)는 중국 춘추시대의 위대한 철학자이자 사상가이며 선진도가(先秦道家)의 창시자이다. 뒷날 중국 한민족(漢民族)의 종교인 도교(道敎)의 교주로 추앙되었다.
　종교의 주요 인물로 추앙되면서 그에게 전설이 가미되었고 당나라 현종은 노자를 태상현원황제(太上玄元皇帝)로 칙명했으며, 송나라 진종은 그를 태상노군혼원상덕황제(太上老君混元上德皇帝)로 칭호하였다. 그래서 도교신앙을 하는 사람들은 그를 우주에서 가장 높은 옥황상제 그 다음으로 힘을 지닌 태상노군(太上老君)으로 받들고 있다.
　노자의 생애에 대한 학계의 다양한 설이 있으며 아직까지도 확정적으로 결정된 바가 없다. 어떤 이들은 그를 태사담(太史儋)이라 부르며, 또 어떤 이들은 그를 노래자(老萊子)로 보고 있다. 그러나 많은 학자들이 노자를 《도덕경》을 지은 춘추시대의 이이(李耳)로 보고 있다.
　사기(史記)의 《노자한비열전(老子韓非列傳)》에 다음과 같이 기록하고 있다.
　『노자는 촉고현(지금의 하남성 녹읍동) 이향 곡인리 사람이다. 성은 이(李)씨고 이름인 이(耳)이며 자는 담(聃)이다. 주(周)나라 때 도서관을 관리하는 사관(史官)이다.』
　유학(儒學)의 창시자인 공자(孔子)가 노자를 방문해서 도의 이치에 대해 여러 가지를 묻고 집으로 돌아와 그를 다음과 같이 평가했다.
　"노자는 새와 같다. 나는 그가 날고 있는 걸 보았다. 노자는 물고기와 같다. 나는 그가 헤엄치며 노는 것을 보았다. 노자는 짐승과 같았다. 나는 그가 걸어가는 모습을 보았다.…… 나는 더 이상 그에 대해 알 수가 없었다. 그는 용이 되어 바람과 구름을 타고 하늘로 올라갔다."
　전해 내려오는 기록에 의하면 주나라의 관리로 오래 머물러 있었는데 주나라 정권이 나날이 쇠퇴하는 것을 보고 주나라를 떠나 서쪽 국경지대를 지나고 있을 때 서쪽 관문을 지키고 있던 수장인 윤희(尹喜)가 노자에게 말하기를,
　"어른께서 장차 운둔하려 하시니 저를 위해서 가르침을 주십시오."

이때 노자는 5000여자의 도(道)와 덕(德)의 뜻을 담은 글을 남기고 푸른 양(靑羊)을 타고 떠난 다음 더 이상 자취를 알 수가 없었다고 한다.

《노자》는 중국 철학서 중에서 가장 유명한 저술 중에 하나이며 도교의 제일 경전으로 칭송되면서 《도덕경》으로 불린다. 《도덕경》은 모두 81장으로 구성되어 있으며 《덕경》, 《도경》, 《노자》, 《도덕경》, 《노자도덕경》 등으로 불리다가 지금은 《도덕경》 또는 《노자》로 통용되고 있다.

노자 《도덕경》의 철학에서는 우주에서 가장 높은 차원인 본체에 대한 개념을 도(道)로 표현하고 있다. '도(道)'는 본래 지름길 또는 도로를 뜻한다. 그래서 송명(宋明) 시대 이학(理學)의 대가인 주자는 "도(道)란 마치 큰길과 같다"고 말했다.

노자는 '도'라는 용어를 빌려서 우주만물의 근본이치와 운행규율을 표현하고 있다. 《도덕경》의 전체내용을 개괄하여 보면 도는 크게 세 가지 뜻으로 함축되어 있다.

첫 번째 도란 아직 뚜렷한 현상이나 모습으로 드러나기 이전의 원초적인 혼돈 상태로 만물이 만들어져 나오는 가장 기초적인 상태를 의미한다.

두 번째 도는 자연계의 운동이며 사물이 변화되는 기본규율이다.

세 번째 도는 볼 수 없고 들을 수도 없으며 만질 수도 없어서 사람의 감각으로 판단해 알 수 있는 것이 아니다. 그래서 노자는 무위(無爲), 무상(無常), 무형(無形) 등의 부정적인 단어로 '도'를 형용하고 있다.

뒷날 노자의 도에 대한 개념을 해석하는데 그 종류가 헤아릴 수 없이 많아서 《도덕경》의 주석서만 해도 몇 백 가지에 이른다. 그러나 주석한 목적이나 내용으로 분류해 보면 그것을 크게 두 가지로 나누어 볼 수 있는데, 우주의 이치를 사유하고 인지하는 철학적인 입장에서 주석한 것과 내적인 수련으로 신선이 되는 체험적인 입장에서 주석한 것이다.

《도덕경》을 철학적 입장에서 연구한 대표적인 주석은 위나라의 왕필(王弼)이 집필한 《노자주(老子註)》이다. 그리고 한나라의 하상공(河上公)이 주석한 《노자도덕경장구(老子道德經章句)》는 수련의 입장에서 주석한 글들을 대표한다. 태극권의 사상원류 중에 하나인 노자 《도덕경》을 깊이 이해하는데 있어서 하상공과 왕필의 주석은 큰 도움이 된다. 지혜와 명상 그리고 기운이 함께 조화를 이루는 불이(不二)의 태극수련을 성취하는데 도움을 줄 수 있는 경문의 이치를 이해할 수 있도록 해설을 붙였다.

《도덕경》 제1장[1]에는 태극수련의 근본사상인 도(道)에 대한 요지가 직설적으로 표현되어 있다. 이처럼 짧은 문장 속에서 노자는 도와 이해하는 규율도표와 도에 계합할 수 있는 수련방법을 절묘하게 모두 설명하고 있다는 점이다.

'누가 도의 이치를 알려 하고, 누가 도의 이치에 계합하려 하는가?'

'누구'는 바로 태극수련을 하는 자신이다. 자신의 마음으로부터 태극수련을 통해 대도를 성취하겠다는 의식이 생겨나서 《도덕경》을 보게 되는데, 이러한 생각을 무욕(無欲)과 유욕(有欲)이라 한다. 무욕은 명(名)이라는 개념을 통해서 도의 이치를 알게 되고, 유욕은 현(玄)이라는 경계를 통해서 도의 문에 들어가게 된다.

제1장의 구성내용으로 보아 노자는 '도의 이치를 먼저 알고 난 다음 도에 계합하는 수련을 해야 된다'고 강조한 것을 알 수 있다.

형이상학의 정신문명을 연구하거나 수련하는 이들은 우주의 본질을 손바닥에 있는 물건을 보듯이 환히 꿰뚫어 알고 싶어 한다. 이러한 바램을 성취하기 위해 경전을 보게 되는데 사실 경전 속에는 그에 대한 본질이 진실 그대로 담겨 있지 않다. 단지 '문자'를 빌어 진실을 가능한 사실 그대로 인식할 수 있도록 개념으로 표현하고 있을 뿐이다.

명제라고 표현하기도 하지만 정확한 표현은 아니다. 경전에 나열된 문구로 구성된 개념이란 도의 이치를 가능한 정확하게 이해하도록 도와주는 보조수단인 것이기에 경전을 삶의 길잡이로 삼아 존중하고 귀하게 여기는 것은 당연한 일이나 그 경전을 진리인양 절대화해서 신봉하는 것은 잘못된 것이다. 이러한 개념의 미궁에 빠지는 것을 염려해서 왕필은 "뜻을 얻으면 언어를 놓아버려라" 했고, 하상공은 "경전을 보면서 양생의 도리를 찾는다"고 강조하고 있다.

옛 시대에 진리를 탐구하는 것은 전체 인류의 10분의 1도 안되는 소수만의 특권

---

1) 道可道, 非常道. 名可名, 非常名. 無名天地之始, 有名萬物之母. 故常無欲以觀其妙, 常有欲以觀其徼. 此兩者同出而異名, 同謂之玄, 玄之又玄, 衆妙之門. (제1장의 전부)

이었다. 그러나 21세기를 살고 있는 절대 다수는 중·노년이 될수록 명상수련과 이치탐구를 겸행한 심신양생을 하려는 사람들이다. 하지만 현대인들은 어릴때부터 개념이라는 틀속에 갇혀진 지식을 통해서 사물을 이해하는 습관이 몸에 배어 있어서 무엇 하나를 받아들이는데도 먼저 스스로 분석하고 판단한 다음에야 가부를 결정한다.

현대인들의 마음은 복잡한 분별의식 속에서 형성되었기에 바른 길을 안내해 주는데도 원숭이처럼 의심하는 습관에 젖어있어 과거 사람들에 비해 도를 성취하기가 더욱 어렵다. 이렇게 분별의식에 익숙한 현대인들을 보고 탄식하는 이가 많다. 일부 종교가나 지식인들은 현세를 말세라 탄식한다. 그러나 이런 생각은 세상을 한쪽에서만 바라본 결과 나타나는 부정적인 관념이고, 경전의 바른 이치를 이해하고 바른 도리를 체득하게 되면 지금 이 시대를 살고 있는 우리가 선조들보다 더 좋은 때를 만나서 태어났다는 것을 느끼게 될 것이다.

지금 세상이 좋다는 것을 단 한 가지 예만 보아도 알 수 있다. 태극권 수련자가 대도의 이치를 알고자 한다면 《도덕경》을 읽으면서 그 뜻을 음미하면 된다. 물론 보는 사람에 따라 이해의 깊고 낮은 정도는 있다. 그러나 옛날 그 수많은 수행자들은 글을 몰라 경전 자체를 볼 수 없었으니, 혜능선사(慧能禪師)와 같은 한 두 분을 빼 놓고 누가 가능했겠는가! 그러나 지식을 바탕으로 사유하는 습관이 형성되어 있는 현대인들은 수련과 함께 경전의 이치를 탐구함으로써 건강한 몸과 청정한 마음을 갖고 소요하는 즐거움이 이어지는 나날을 영유할 수 있다.

욕(欲)은 욕(慾)과 상통하는 말로 욕심 또는 탐욕이라 해서 일반적으로 나쁘게만 인식되는 경우가 많다. 그러나 《도덕경》에서는 사람이 욕심이 있기 때문에 도의 이치를 이해하는 연구도 할 수 있고 도와 계합되는 수련도 할 수 있다고 제1장에서 뚜렷이 밝히고 있다.

사람의 의식 속에 자리 잡고 있는 하고자 하는 의욕은 자연스러운 것인데 그 욕망(慾望)을 자신의 본심으로 잘못 인식하여 집착하는 전도망상(顚倒妄想)이 문제인 것이다. 무엇이 전도망상인가? 명(名)을 도(道)로 잘못 알고 있는 것이다. 지식인들이 경전을 공부하면서 문자의 주화입마(走火入魔)에 빠지게 되는데 대다수가 언어의 경계를 넘지 못하고 그 언어를 도(道)로 신봉하고 있기 때문에 그러하다. 이것은 종

교에서 말하는 "우상에 빠져있다"는 모습과 다를 바 없다.

무욕을 통해서 무극의 이치와 계합하게 되고 유욕을 통해서 태극의 경지에 들어가게 된다. 하상공은 현(玄)을 천(天)이라 하고, 왕필은 현(玄)을 명(冥)이라 표현하고 있다. 현을 명으로 해석한 왕필의 사상을 계승한 곽상(郭象)이 이 둘을 합하여 현명(玄冥)으로 표현하면서 후대 도가철학자(道家哲學者)의 소요처(逍遙處)가 현명지경(玄冥之境)이 되었고, 현을 천으로 해석한 하상공의 도리는 뒷날 도교수련자(道敎修煉者)가 도달하고자 하는 천인합일(天人合一)의 절대경지(絶對境地)로 자리 잡게 되었다.

> 사람은 땅에 법(法)하고
> 땅은 하늘에 법(法)하며
> 하늘은 도에 법(法)하고
> 도는 자연에 법(法)한다.[2]

법(法)은 법칙을 뜻한다. 사람은 땅의 법칙으로부터 형성된다. 이것은 사람이 땅과 가장 가깝게 존재하고 영향을 받는다는 것을 의미한다. 땅은 하늘의 영향을 받는다. 하늘은 도의 영향을 받는다. 도는 홀로 존재하여 자유자재 하는 것이 아니고 자연의 영향을 받는다. 이것이 도법자연이다.

이것을 더 한층 깊게 인식하게 되면, 사람은 땅이 있어서 존재하게 되고, 땅은 하늘이 있어서 존재하게 되며, 하늘은 도가 있어서 존재하게 되고, 도는 자연이 있어서 존재하게 된다. 이것은 같은 의미의 다른 각도에서 풀어보게 되면, 사람이 땅에 존재하고 있기 때문에 땅이라 하고, 땅이 하늘에 존재하고 있기 때문에 하늘이라 하고, 하늘이 도에 존재하고 있기 때문에 도라 하고, 도가 자연에 존재하고 있기 때문에 자연이라고 한다.

이것은 속해 있는 것과 포용하고 있는 것의 관계성의 입장에서 분석한 것으로 상대성의 도리를 바탕으로 삼고 있다. 즉 사람은 땅과 상대적인 것이고, 땅은 하늘과 상대적인 것이며, 하늘은 도(道)와 상대적인 것이고, 도는 자연과 상대적인 것이다. 만약에 사람이 없다면 땅을 말할 수 없고, 땅이 없다면 하늘을 말할 수 없으며, 하늘이 없다면 도를 말할 수 없고, 도가 없다면 자연을 말할 수 없게 된다.

그렇기 때문에 자연은 사람과 연계될 수 있으며, 이러한 내면에 함축하고 있는 이치를 일깨워 장자(莊子)는 나와 하늘은 동등하다고 주장한 것이며, 순자(荀子)는 사람이 자연을 다스릴 수 있다고 강조했으며, 이것은 곧 자연법인(自然法人)을 주장한 것이다. 이러한 변화관계의 속성으로 비추어 보았을 때 사람, 땅, 하늘, 도, 자연은 모두 평등한 관계임을 알 수 있으며, 더 나아가 우주의 만물이 모두 평등한 관계로 형성되어 있다는 도리를 《노자》에서 밝히고 있음을 알 수 있다.

도는 항상 무위여서 유위에 드러나지 않는 바 없다.[3]

무위(無爲)의 마음으로 태극수련을 할 때 비로소 온 몸의 관절 마디마디가 이완(弛緩)되어 전신(全身)의 기혈(氣血)이 통창하며, 이러한 수련과정의 반복에서 정기신(精氣神)이 조화를 이루면서 성명쌍수로 천인합일에 도달하게 된다는 중요한 이치

---

2) 人法地, 地法天, 天法道, 道法自然. (제25장의 일부분)
3) 道常無爲而無不爲 (제37장의 일부분)

를 담고 있는 대목이다.

'무위'는 생명의 본성에서 나오는 무분별의 마음으로 태극에서 음양으로 구분되기 이전의 모습이다. 도에서 무극과 태극이 분리되어 나왔지만 이때까지는 생명체라는 분별의식이 존재하게 되는 개체가 생성되어있지 않은 상태이다. 잉태되고 태어나서 많은 것을 분별의식하게 되면서 사람의 인지능력은 발달되고, 한편으로 생명의 근원인 본성과는 점점 거리를 두게 된다. 특히 자신이 실현하고자 하는 욕망의 목적을 외부 환경에 두고 있기 때문에 내면에 존재하고 있는 생명의 근본줄기와는 의식이 잘 와 닿지 않게 된다.

즉 가족, 친구, 동료, 직장, 사업, 애완견, 화초, 재물 등 외부 환경에 자신의 의식이 팔려간 상태로 살아가고 있는 것이다. 이러한 삶은 시간이 흐를수록 중년에 접어들고 노년이 되어갈수록 소외감과 공허감으로 인해 생명존재의 가치를 상실하게 되고 자신의 현실로부터 만족스런 생활을 영위할 수 없기 때문에 둔해지는 의식과 망가진 육체 속에서 그나마 현실을 바로 볼 수 있는 능력마저도 상실하게 되어 자신뿐만 아니라 주변 사람들에게도 불편한 존재로 남게 된다.

이러한 생노병사(生老病死)라는 자연의 법칙에서 오는 근본 문제를 풀기 위해서 옛 성인들은 자신의 의식을 안으로 모아서 그 속에서 본성과 계합하는 소요자재의 인생을 실현할 것을 강조하고 있다. 요가(Yoga), 선(禪), 단(丹) 등 수행의 목적이 안으로 본성을 일깨우는데 있으며 태극수련 또한 본성과 함께 하는 몸의 움직임을 강조하고 있다.

이처럼 현실의식이 본성과 함께 하면서 사물과 접했을 때 그 의식은 무위적인 본성(本性)과 유위적인 생명(生命)이 함께 조화를 이루면서 성명쌍수(性命雙修)의 운기(運氣) 속에 천인합일(天人合一)의 선경(仙境)에서 소요(逍遙)의 삶을 영위하게 된다.

사람이 태어나서 기혈이 순조로울 땐 몸은 부드럽고 탄력있다.
나이가 들어 죽음으로 다가서게 되면 뻣뻣하게 굳어진다.
풀 나무도 생기 있을 때는 부드럽고 윤기 있다.
그러나 죽음에 다다르면 메마르고 거친 모습으로 드러난다.
이렇듯 딱딱해지면 죽어가는 무리에 속하고

부드럽고 탄력 있으면 건강한 사람에 속한다.
연약하고 부드러움은 강인하고 단단한 것을 이긴다.[4]

약(弱)과 유(柔)는 유연함과 연약함을 뜻한다. 노자의 말에 의하면 이와 같은 부드러움과 나약함이 강함을 이긴다는 뜻이다. 일반적인 상식으로는 강함이 당연히 약한 것을 제압하기 때문에 약육강식(弱肉强食)이라는 고사성어도 있다. 강함이 사회를 지배할 수 있으며 가족 중에서 가장의 힘을 누리게 된다.

노자는 강함과 약함의 의미를 물[水]에 비유했다. 물은 부드러우면서도 약하기 때문에 누구든 물을 쓰고 싶으면 마음대로 사용할 수 있다. 물은 자신이 상대방의 마음에 따라 사용되어 지는 것에 대하여 불만이 없다. 물을 쓰는 자의 분별의식에 따라 그와 같이 되어주려고 한다.

그러나 자신을 비워버리고 상대방의 생각에 따라 쓰이는 물은 결국은 상대방의 존재에 자신의 모습으로 동화시켜 간다. 사람의 몸은 70% 이상이 물 성분으로 구성되어 있다. 동물과 생물 등 살아서 숨 쉬는 생명체의 몸은 많은 부분이 물 성분으로 구성되어 있다. 이처럼 물은 주변 환경의 필요에 의해 작용하지만 모든 것을 자기화 한다.

노자가 물과 유약(柔弱)을 함께 보았던 주된 뜻은 물은 낮은 곳으로 흐르면서 구석구석 닿지 않는 곳이 없다는 데 있다. 이것은 사회인의 태도로써 자신을 낮추어서 도심(道心)으로 세상을 바라보면 천하(天下)가 환히 들여다보인다는 입장에서 말한 것이다. 노자가 강조한 부드러움이 강함을 이긴다는 의미는 태극수련을 할 때 반드시 중요시해야 할 부분이다.

물질로 구성되어 있는 육체는 근육이 팽창될수록 힘을 발휘한다. 근육의 팽창은 몸에 강한 힘을 주었을 때 가능하게 된다. 만약에 몸에 힘을 주는 운동을 하지 않고 맥 풀린 모습으로 지내게 되면 전신의 근육이 무력해져서 걷기도 힘들게 되고 심지어 서고 앉는 것조차 숨이 차는 경우가 생길 것이다.

---

4) 人之生也柔弱, 其死也堅强. 萬物草木之生也柔脆, 其死也枯槁. 故堅强者死之徒, 柔弱者生之徒. (제76장의 일부분) 弱之勝强, 柔之勝剛. (제78장의 일부분)

태권도나 소림권 등이 육체의 근육과 관절에서 나오는 힘과 탄력을 연마한다면, 태극권은 마음과 몸을 융합시키면서 그것이 건강한 생명체로 존재할 수 있게 해주는 기공(氣功)을 연마한다.

기(氣)의 공력(功力)을 쌓기 위해 수련하면서 근육에 힘을 주게 되면 태권도나 소림권처럼 육체의 근육기능이 강화되고 기의 공력은 연마되지 않는다. 만약 기의 공력을 얻고자 수련하면서 요가의 명상이나 선의 사유에 몰입하게 되면 영성의 지혜를 얻게 되지만 기의 힘을 발현하기는 쉽지 않다.

이처럼 기수련(氣修煉)은 까다로운 것이다. 입문하기가 쉽지 않다. 그러한 주된 원인은 평소 생활 속에서 자아의 생명체를 몸과 마음으로 이분화해서 인식해왔기 때문이다. 마치 자신을 몸과 마음으로 분리할 수 있는 것처럼 생각하면서 살아온 것이다. 만약 몸과 마음이 둘로 분리되었다면 특별한 경우를 제외하고는 이미 죽은 자가 아니겠는가!

그래서 노자는,

『살아있는 자의 몸은 부드럽고 유연하며, 이미 죽어서 송장이 된 몸은 굳어서 딱딱하고 강하다.』고 재차 강조한다.

태극수련의 일차적인 목적은 어떻게 하면 살아 숨 쉬고 있는 이 생명체를 가능한 건강하게 오래도록 살아갈 수 있게 할 것인가에 있다. 그와 같은 삶을 실현시키기 위해서 태극수련법이 만들어지게 되었고 그 도리에 맞추어 수련해온 적지 않은 사람들이 그 목적을 실현하여 소요의 삶을 맛보았던 것이다.

### 노자《도덕경》과 함께 소요의 삶을!

노자《도덕경》은 태극수련을 통해 심신양생을 성취하려는 현대인에게 큰 길잡이가 되어 주는 좋은 경전이다. 문장이 길지 않고 문맥이 단순하면서도 깊은 뜻을 함축하고 있어서 구결처럼 생각하고 외우게 되면 태극수련 중에 경전의 뜻이 와 닿는 묘미를 음미할 수 있게 된다.

이 책에는 입문수련자의 편리를 위해 간단한 문장을 선별하여 이해를 돕는 해설을 붙인 것이고, 《도덕경》은 그 전체 내용이 태극수련으로 대도(大道)를 성취하는데 필요한 요체만을 모아 놓은 글이어서 평소생활 속에서 삶의 지혜를 필요로 할 때

그 해답을 줄뿐만 아니라 안심(安心)의 즐거움도 함께 배려해 줄 것이다.

2) 《유마경》과 불이중도설(不二中道說)

불이(不二)라는 용어는 《유마경》에서 나온 개념으로 모든 것을 구분 짓지 않고 평등하게 대한다는 의미이다. 이것은 《도덕경》에서 주장한 무위이무불위(無爲而無不爲)라는 의미와 상통하는 뜻이다. 태극수련을 하는 동안 이러한 불이의 정신을 항시 일깨우고 있을 때 음과 양, 동과 정, 개와 합, 강과 유 등 수없이 많은 이분법으로 구성되어있는 개념에 집착하지 않고 곧바로 태극의 문으로 들어갈 수 있게 된다. 지혜와 명상과 건강이 함께 성취되는 태극수련이 될 수 있게 하기 위해 태극권의 이름을 불이태극권으로 정했다.

시끄럽고 번잡한 도시 환경 속에서도 가족과 함께 하는 세속적인 삶을 영위하면서 즐거움과 괴로움, 행복과 불행, 이상과 현실 등의 상대적인 갈등을 해결하면서 본성과 함께 하는 깨어있는 일상의 생활을 유지할 수 있는 불이의 지혜를 밝혀 주는 《유마경》은 신통묘용(神通妙用)의 종교적인 색체가 농후하면서도 이러한 이상의 세계를 현실의 자아분별로써 능히 섭수할 수 있는 방향으로 사유의 틀을 형성하고 있다.

내 자신과 내가 존재하고 있는 곳이 청정한 국토이며, 남녀, 귀천 등을 차별하지 않고 모든 사람들이 평등하다는 메시지를 강하게 전달하고 있는 《유마경》은 불교에 속해 있는 경전이면서도 이미 그 종교적인 색깔에서 초월했으며, 무한한 깨달음의 지혜를 밝히고 있으면서도 우리가 존재하고 있는 이곳에서 세상 사람들이 평소생활 속에서 함께 할 수 있는 등불이 되어 주고 있다.

> 모든 사물의 법상을 잘 알아서 본성의 자리에서 부동자재(不動自在)한다.
> 모든 법에는 고정된 모양이 없다.[5]

잘 분별해서 아는 자(能善分別)와 분별되어지는 법의 모양(諸法相) 그리고 항시 변함없이 본래모습을 그대로 지니고 있는 본성(第一義, 不動)은 태극수련자가 늘 깨어 있으면서 알아차려야할 내용이다. 불변하는 나의 주체(본성)가 있다고 긍정하는 것이나, 모든 사물을 잘 판단해서 적응해야 된다는 의식은 대부분 사람들이 잘 알고 있다. 그러나 모든 법이 고정되어진 모습이 없으니 그것에 집착하면 번뇌가 생기고 세상이 혼란스러워진다는 이치를 중요시하는 사람은 많지 않다.

물이 흘러 내려가면서 무수히 많은 모양으로 변화하듯 법이란 특성 또한 그와 같이 시시각각으로 변화한다. 문제는 사람들이 이와 같이 변화되어지는 법의 현상을 나의 본성으로 잘못 인식하고 있다는 점이다. 지금 내 앞에 선명하게 존재하고 있는 물체라도 그것이 시간의 흐름에 따라 변화되어 그 법의 속성이 이미 달라진다.

태극수련자는 이러한 법의 실상에 대한 밝은 안목을 지니고 있어야 한다. 오늘 수련 중에 형성된 기운이 내일에도 존재하고 있을 것이라고 생각해서는 안 된다. 어제 명상수련 중에 느껴졌던 중맥(中脈)의 기운이 지금에도 존재할 것이라고 생각해서는 안 된다. 이러한 기운은 이미 사라졌을 뿐만 아니라, 이러한 기(氣)에 대한 법상(法相)이 존재하고 있으면 정기신(精氣神)을 조화롭게 수련하는데 방해가 된다.

---

5) 能善分別諸法相, 於第一義而不動.(제1〈불국품〉중에서) 一切諸法, 亦復如是, 無有定相.(제7관중생품 중에서)

태극수련에서 기의 연마는 주로 몸의 기혈을 순조롭게 하여 의식과 몸이 함께 건강하도록 인도하는데 목적이 있다. 기수련으로 심신의 양생이 순조로워지면 태극수련의 다음단계로 명상과 지혜가 함께 어우러지면서 본성을 깨우치는 과정에 들어간다. 이러한 수련과정에서도 모든 법에 고정화된 상(相)이 없다는 도리는 명상에 들어가는 문표이며, 지혜를 체득하는 밝은 눈이다.

> 침대에 누워있던 유마거사가 문수보살이 문 앞에 온 것을 보고
> 반가워하면서 몸을 반쯤 일으키며 말한다.
> "잘 오셨소. 문수보살이여!
> 오는 바 모습 없이 그대가 왔구려!
> 보는 바 모양 없이 내가 보고 있소!"
> 문수보살이 대응한다.
> "그렇습니다. 거사님!
> 만약에
> 내가 왔다 한다면 이것은 오지 않은 것이며
> 내가 갔다 한다면 이것은 가지 않은 것입니다.
> 왜냐하면
> 온 바도 온 곳 없이 왔고
> 간 바도 간 곳 없이 가기 때문입니다.
> 오고 감이 이러해서
> 보는 사람 또한 보는 바가 없는 것입니다."[6]

앞 문장이 내면에 흐르고 있는 의식분별의 입장에서 법의 이치를 설명한 것이라면, 이 단원의 문장은 육안으로 보고 느낄 수 있는 물질현상계에서 법의 변화성에 대한 이치를 밝히고 있다. 내가 이곳에서 저곳으로 옮겨갈 때 옮겨간다는 의식이 없이 가야하고, 누군가가 저곳에서 이쪽으로 오고 있을 때 "저기에서 이쪽으로 오

---

6) 時, 維立言;『善來, 文殊師利! 不來相而來, 不見相而見.』文殊師利言;『如是, 居士! 若來而更不來, 若去而更不去. 所以者何來者無所從來, 去者無所至, 所可見者更不可見.』(제5문수사리문질품 중에서)

고 있다"는 생각이 없이 그 오고 있는 것을 인식해야 한다는 뜻이다. 왜냐하면 그 움직임은 동서남북 어느 쪽으로든 변화되어지는 것이며, 그것을 바라보고 있는 지점에 따라 어디론가 움직인다는 변화를 고정화 시키게 되기 때문이다.

태극수련할 때 내 발이 앞으로 행할 때 그 앞으로 향해가는 발을 보고 앞으로 향하고 있다고 인식하게 되면, 본래 앞뒤 좌우의 분별이 없는 기운의 흐름을 의식이 고정화시킴으로써 본성과 하나가 되어 움직이는 기의 순환을 막게 된다.

이러한 이치는 처음 타오-루 동작을 익히는 과정에서 적용되는 것이 아니라 입문, 습득, 교정의 과정을 모두 마친 다음 완성된 자세로 태극수련을 할 때 법에 대한 원리를 일깨워주는 이같은 정신을 지녀야 된다는 것을 뜻한다.

"사리불이여! 어찌 앉아 있는 것만이 선 수행이라 하겠소?"
"세상사(世上事)를 하면서도 선경(禪境)이 함께 여일(如一)한 것이 진정한 선 수행이요."
"번뇌를 끊지 않고도 열반에 들어가는 것이 진정한 선수행이라오!"7)

명상은 사유(思惟)를 돕는 방법의 일종으로 주로 요가나 참선 등 본성을 찾고자 하는 수행자들에 의해서 발전되어 왔다.

명상수련을 통해서 크게 세 가지 효과를 얻게 된다.

첫째, 지혜를 얻게 된다.

불교의 선(禪)수행자나 요가의 명상수행자들이 영원성(永遠性)의 진아(眞我)를 찾기 위해 명상법을 많이 사용했다. 무엇을 통하여 참 나를 찾을 수 있는가? 지혜의 힘을 통해서이다. 지혜란 분별의식을 떠난 초월적인 마음의 힘으로 금강(金剛) 또는 칼날 등에 비유된다. 무명(無明)에서부터 시작되어진 업(業)의 뿌리를 송두리째 베어버린다는 의미를 지니고 있다.

태초의 '자아'가 존재하게 된 그 뿌리부터 뽑아버린다는 수행정신으로 인간이 불확실성 속에서 살아가야만 하는 제약성을 벗어나고자 하는 욕망이 극한에 도달

---

7) 夫宴坐者,不於三界現身意,是爲宴坐;不起滅定而現諸威儀,是爲宴坐;不捨道法而現凡夫事,是爲宴坐;心不住內亦不在外,是爲宴坐;於諸見不動而修行三十七品,是爲宴坐;不斷煩惱而入涅槃,是爲宴坐.(제3제자품 중에서)

했을 때 나오게 되는 수행정신이라 할 수 있다. 그래서 가족과 주변의 모든 것을 버리고 현실을 떠나서 그 참 나의 세계를 추구해 갈 수 있는 것이다.

둘째, 건강을 얻게 된다.

명상을 할 때에는 의식을 이완시키고 신체의 모든 근육과 관절 그리고 오장육부 등 내장기능을 완만하게 풀어놓은 상태이기 때문에 몸의 기능이 활성화되고 의식이 정화된다. 몸이 고요한 상태에 놓여 있을 때 기능을 회복하거나 성장하게 된다. 그래서 일반적으로 잠을 잘 때 하루 동안 바쁘게 움직였던 신체는 휴식을 취하게 되어 신진대사가 원활하게 되면서 생기를 되찾게 된다.

일반적으로 잠자리에 들기 전 키와, 일어난 후의 키를 재어 보면 정상인인 경우 1cm~3cm큰 것을 확인할 수 있다. 이것은 잠을 자는 동안 키가 커진 것이 아니라 하루 동안 움직이면서 몸의 위축되어 있던 부분이 수면을 취하는 동안 이완되어 다시 정상으로 온 것이다. 이처럼 몸과 의식이 휴식을 취하고 있을 때 몸의 기혈이 활성화되는데 명상을 하는 동안에도 이와 같은 효과를 얻게 된다.

셋째, 공력을 얻게 된다.

공력(功力)은 크게 마음의 공력과 몸의 공력으로 나누어진다. 몸의 공력에는 창으로 찔러도 몸이 상하지 않거나, 220v의 전류에 감전되어도 타지 않으며, 몇 십일 동안 음식을 먹지 않아도 굶주림에 허덕이지 않는 등 몸의 반응으로 보여지는 힘이다. 마음의 공력은 무엇을 알아맞히는 힘, 몸과 떨어져있는 사물을 움직이는 힘 등, 의식작용과 연관되어 나오는 힘이다.

이때 몸의 공력은 마음작용을 떠나서 존재할 수 없고, 마음의 공력 또한 몸에서 움직이고 있는 의식 활동을 떠나서 존재할 수 없다. 몸과 마음은 손의 양면과 같이 서로 분리되어 존재할 수 없는 것이다. 이러한 힘을 얻기 위해서 명상을 하는 경우도 있으나, 양생 또는 지혜를 얻고자 명상하는 과정에서 뜻밖에 공력의 현상이 나타나는 경우가 있다. 이럴 경우 공력의 반응을 지혜롭게 처리해야 하며 자칫 그 힘에 의식이 빨려가거나 집착하게 되면 기병(氣病)을 얻게 된다.

정신착란, 현실의 사물 이외의 다른 무엇을 보게 되는 것, 몸의 어느 부위가 아픈데 병원에서는 정상으로 진단이 나오는 것, 조용히 명상을 하고 싶은데 몸의 어느 부위가 저절로 움직여 명상을 방해하는 것, 무엇인가의 기운에 자신의 의식이 빨려 가는 것 등은 모두 기병에 속한다.

이런 현상이 시작될 경우 스승의 가르침으로 잘 풀어내어야 한다. 만약에 그렇지 못할 경우 그 후유증이 자신의 남은 삶을 고통스럽게 만들게 되고 주변 사람들에게도 부작용을 야기할 수 있게 된다.

《유마경》은 웅대한 신통묘용을 전개하고 있으면서 동시에 '자아'와 '법'에 대한 진실한 모습〔實相〕을 밝히고 있다. 때문에 태극수련자의 의식을 《장자》의 세계처럼 무한대로 키워주어 가슴을 활짝 열고 우주를 무대 삼아 웅지를 펼칠 수 있게 한다. 또한 《도덕경》처럼 현묘한 대도(大道)의 이치를 체득할 수 있는 묘문(妙門)을 열어두고 있다.

원전으로, 범어본(梵語本), 티베트어본〔西藏語本〕, 한어본(漢語本)이 있으며, 원래 일곱 차례의 한역이 이루어졌으나 현존하는 것은 지겸(支謙), 구마라즙(鳩摩羅什), 현장(玄奘)이 번역한 것으로 그 중에서 구마라즙의 역본이 가장 많이 읽혀지고 있다. 원전으로 연구하실 분은 우리나라의 고려대장경본이 잘 되어 있고, 우리 글로 번역되어진 《유마경》으로 보아도 그 뜻을 체득하는데 문제가 없다.

### 대종사

진리를 깨우쳐서 모든 도가 만물과 화합이 되고 어느 곳에도 있지 않음이 없고 무엇도 능히 할 수 없는 것이 없는 사람을 대종사라고 한다. 하늘과 사람이 서로 부딪히지 않고 죽음과 삶이 함께하는 천일합일이 성취되어 사는 사람이다. 장자는 진인이라는 표현으로 이런 사람을 말하기도 했다.

도라는 것은 유정무신 무위무형이다. 도에는 유와 무가 있다. 곽상주에서 무위는 다음과 같다. 무정이 있는 정을 무위라 하고, 즉 시비가 끊긴 마음에서 나온 행위를 무위라 하고, 무상이 있는 믿음을 무형이라고 한다. 사람은 자신이 사랑하는 사람이 자신을 전과 같이 여전히 자신을 사랑하고 있다는 믿음을 갖고 있다. 이는 죽은 송장이 살아있다고 믿는 믿음과 같다. 무상이 있는 신이 바른 믿음이다.

현자들의 삶의 인식방법은 일반인의 인식방법과 차이가 있다. 이러한 도리는 전해 내려오고 있으나 받을 수 있는 것이 아니다. 다시 말해 전해 내려오는 도는 있으나 이것을 깨우치고 자기 것으로 받아들이는 것은 남이 줄 수 있는 것이 아니다.

# 3) 《주역》과 태극음양설(太極陰陽說)

《주역(周易)》은 《역(易)》 또는 《역경(易經)》이라고도 칭한다. 그러나 단 한자의 《역》이라고 말할 때는 넓은 의미로 상고시대 때부터 내려오는 역에 관한 책을 말하고, 《주역》은 주나라 때 만들어졌다는 의미로 '역'의 앞에 '주'를 붙여 《주역》이라 한다.

또 하나의 학설은 '주'라는 것은 보편적이고 광범위한 뜻으로 '역'의 도리가 천하의 모든 사물에 영향을 미친다는 뜻으로, '주'는 나라이름을 뜻하는 것이 아니라는 것이다.

진한(秦漢)시대에 유학자(儒學者)들에 의해 《주역》을 경서에 포함시켜 《역경(易經)》이라 부르게 되었다. 경(經)은 성인들이 하신 말씀을 모아둔 책으로 곧 진리를 뜻한다. 고대사회에서는 나라를 다스리는 사람들이 성인의 말씀을 모아둔 경전을 자신과 사회를 다스리는 길잡이로 삼았다. 2000년 전 중국을 처음 통일한 진시황 때부터 《주역》을 세상을 다스리는 이치로 삼고 개인의 삶을 행복하게 이끌어주는 길잡이로 삼은 것이다.

역의 역사에 대해 《주역·계사전(繫辭傳)》에서는 오랜 옛날 성왕인 복희씨(伏犧氏)가 창조했다고 기록되어 있다. 복희씨가 만들었다는 8괘(八卦)는 역의 초기 단계로 세상의 이치를 비교적 간단하게 표현하고 있다.

신농씨(神農氏)와 황제(黃帝)를 거쳐 하상주(夏商周) 세 나라에 이르러서는 역이 매우 발전하였다. 문헌에 의하면 신농씨의 역을 연산(連山)이라 했고, 황제의 역을 귀장(歸藏)이라고 불렀다.(또 한 설에는 한(漢)나라 역을 연산이라고 부르고, 은(殷)나라의 역을 귀장이라고 불렀다.) 주나라에 이르러서야 역을 주역이라고 불렀다. 주나라 문왕(文王)이 연을 만들었으며 연을 추연이라 부르며, 학충 또는 발전의 의미를 뜻한다. 공자에 이르러서 재정리하여 열편의 전주문자를 만들었다. 그 열편을 십익(十翼)이라고 부르며 역전(易傳) 혹은 대전(大傳)이라고 부른다.

익(翼)이란 본래 있던 경문을 이해하기 쉽게 도와준다는 뜻이다. 후세에 십익과 역을 함께 병행하여 사용하게 되었다. 십익은 단전(彖傳) 상·하, 상전(象傳), 문언전, 계사전(繫辭傳), 설괘전(說卦傳), 서괘전(序卦全), 잡괘전(雜卦傳)의 7가지로 구성되었는데 단전, 상전, 계사전은 상하의 두 편으로 나뉘어져 있어서 이것을 합하여 십익이라 한다.

이러한 학설에 대해 반대하는 학자들도 있다. 그들은 복희씨와 신농씨의 세상이 너무 오래 전이라서 사실의 여부를 확인하기가 어려우며, 역이라는 명칭이 주역이라 부르게 된 것으로 보아 주나라 때 역이 만들어진 것으로 보아야 한다고 주장한다. 심지어 어떤 학자들은 주역이 전국 진한시대(戰國秦漢時代)의 방사(方士)들에 의해 만들어진 것으로 십익 또한 공자가 만든 것이 아니라고 주장한다.

어쨌든 《주역》을 누가 만들었든 확실하게 인정해야 될 부분은 주역이 2000년 전부터 중국지식인들의 통치이념과 안심인명의 근거가 되었다는 사실이다.

《주역》은 한 부의 특별한 철학저서이다. 주역은 우주 삼라만상의 무궁한 변화규율을 설명하고 있으면서 길흉화복을 미리 예측해 알 수 있는 도리를 함께 담고 있다. 주역은 신(神)의 기운에 의지하는 단순한 직감능력에 근거하는 것이 아니라 우주를 음과 양으로 나누어서 그 둘이 서로 변화를 이루면서 다양한 현상들이 나오는데 음양이 나오게 된 그 원뿌리를 태극(太極)이라고 했으며, 음(陰)과 양(陽)이 다시 변화해서 나오는 모양을 대소(大小)를 나누어서 그것을 사상(四象)이라 하고, 그로부터 재차 변화를 일으켜 나온 모습이 8괘(八卦)가 되고 8괘가 또 변화를 일으켜 64괘의 기본 틀이 만들어진다.

인간과 관계되는 우주만물의 모든 변화가 이 64가지의 기본 틀로 서로 함축 연관되어 있기 때문에 먼저 마음을 고요히 하고 심신이 안정된 상태에서 64개의 점괘 중에서 하나를 뽑아 자기가 알고자 하는 미래의 변화에 대해 예측하는 것이다. 이것은 미신행위를 반대하는 가장 지성인이라고 하는 사대부들에 의해서 행하여진 미래 판단 방법으로 고차원적인 인지능력(認知能力)을 발달시켜 줬을 뿐만 아니라 항상 불안정한 사회현상 속에서 살아가는 자신에게 삶의 안전보장을 해주는 작용 또한 적지 않았다.

태극권 또한 주역의 음양학설(陰陽學說)을 주된 근거로 해서 만들어진 신심양생(心身養生)의 수련법이다. 주역에 대한 수많은 주석서 중에서 가장 대표적인 주석서를 송나라 신유학의 대가인 주자(1130~1200)가 지은 《주역본의》이다. 주역본의는 4권으로 구성되어 있으며 1권과 2권은 역경부분으로 64괘를 설명하고 있다. 3권과 4

권은 십익의 내용으로 십익 안에서 연관된 원문을 선별해서 설명하였다.

'역'의 의미는 변화를 뜻하고 《주역》[8]은 변화의 이치를 담고 있다. 우주에는 많은 변화가 있는데 《주역》은 인간과 관련된 변화의 이치를 담고 있다. 그래서 사대부들은 《주역》의 괘를 통해서 그날의 해야 할 바를 알고자 했다. 괘점을 보기 전에 먼저 마음을 고요하게 하며 동시에 희노애락를 떠난 맑은 마음가짐을 지녔다. 이러한 까닭에 괘로 점을 보는 과정이 또한 정신수양을 향상시켜주는 역할을 했다.

일반적인 점은 피동적인 괘를 보는 것이다. 그러나 주역을 통해 보는 점은 자신이 괘를 내고 그 운명을 받아들이는 능동성과 피동성을 같이 갖고 있다. 수행자는 점을 보지 않아야 하는데 그 이유는 능동성을 상실하지 않게 하기 위해서이다.

《주역》은 전체 4권으로 이루어져 있으며 앞의 2권은 점을 보는 괘에 대한 해설

---

8) 《주역》에서 태극권과 관계된 주요한 사상을 담고 있는 원문: 『動靜有常, 剛柔斷矣.』 『剛柔相摩, 八卦相盪.』 『剛柔相推, 而生變化.』 『上下無常, 剛柔相易.』 『立天之道, 曰陰與陽 ; 立地之道, 曰柔與剛.』 『一陰一陽之謂道.』 『是故《易》有太極, 是生兩儀, 兩儀生四象, 四象生八卦.』

이고 뒤의 2권은 계사(繫辭)로서 주역의 이치를 풀어놓은 이론이다. 태극수련자는 주로 뒤의 2권을 연구하면서 태극의 묘미를 키워간다.

"하늘은 높고 땅은 낮다."

"동과 정은 서로 함께 한다."

태극수련 중에서 타오-루수련은 동중정(動中靜)의 원리를 바탕으로 형성되어 〔動〕과 고요함〔靜〕이 서로 조화를 이루면서 서로 이어져 있어야 하는데 강(剛)과 유(柔)가 서로 분리되어 있게 되면, 동은 동으로만 있게 되고 정은 정으로만 존재하게 되어 정기신(精氣神)의 조화가 이루어지도록 작용하는 기운이 발동하지 않게 된다. 이 것은 곧 변화가 없는 불역(不易)을 의미한다.

다시 말하면, 순리에 어긋나는 행동으로 기운이 제대로 움직일 수 없게 된다는 뜻이다. 이렇게 불역하게 되면 이치에 거스르게 되어 결국 피해를 받게 된다. 모든 길흉화복(吉凶禍福)은 이와 같이 이치에 순응하고 거슬림으로써 나타나게 된다. '역'의 순리에 따라 강과 유가 서로 마찰하고 혼합되며, 움직임 속에서 고요함이 존재하게 되고 고요함 속에서 움직임이 생겨나게 되며, 음과 양이 교차하는 이러한 변화 속에서 8괘가 나타난다.

태극에 입문하는 수련자에게는 강(剛)과 유(柔)가 매우 중요하다. 신체 내부의 강유의 변화에 따라 형체 밖으로 보이는 동작에 정과 동이 만들어지게 된다. 이것은 곧 동과 정을 내재하고 있는 의식의 작용에 의해서 신체에 강과 유가 생성되어지는 것과 같은 의미이다.

도가에서는 정(靜)과 기(氣)와 신(神)의 수련을 통해서 금단(金丹)을 형성해서 신선이 되는 것을 목적으로 한다. 《주역》에서 정과 기는 물질을 형성하는 것이고 그곳에서 귀신이 노닌다고 한다. 그로 인해서 만물에 변화가 생기며, 그러한 변화의 이치를 통해서 귀신(마음)의 정황을 알게 된다. 다시 말하면 정과 기는 집을 형성하고 있으며 그 속에서 신은 변화를 일으키며 생명체를 주제한다는 것이다.

《주역》에서 하나의 음과 하나의 양이 같이 있는 상태를 도(道)라 한다. 이것은 음과 양이 서로 조화되어 있는 것만이 진실한 도라는 뜻이다. 사실 음양이 함께 되어 있지 않는 사물은 존재하지 않는다. 단지 그 음양의 조화로움이 어느 정도인지에 차이가 있다. 때문에 모든 생명은 음양으로 형성되어 있으며 변화를 일으킨다.

우주 또한 살아 움직이는 생명체로 본다.

이러한 음양의 조화가 잘 이루어져 있는 모양을 선(善)이라 하고 그런 모양이 성취되어 결정체로 있는 것을 성(聖)이라 한다. 인자(仁者 : 도를 깨우친 자)는 그것을 보고 그로부터 모든 것이 인(仁)하다는 것을 안다. 공자는 인으로의 회귀를 주장한다.

음과 양은 예측해서 알 수 있는 것이 아니다. 정확하게 음과 양을 구분지울 수 없는 것이다. 때문에 음과 양을 고정화해서는 안 된다. 음과 양을 고정화되어 있지 않고 예측할 수 없는 상태로 존재하는 것이 신(神)이다.

'역'의 모든 근원은 태극에 있고 태극에서 음과 양이 생겨나며, 음양이 다시 대소(大小)로 변화해서 사상(四象)이 나온다. 사상에서 팔괘(八卦)가 나오고 팔괘에서 다시 64괘가 나오며, 64괘에서 모든 현상이 나온다. 그래서 《주역》에서는 사회와 인생의 모든 변화를 64괘로 풀어낼 수 있다는 것이다.

형이상학(形而上學)은 도(道)이고, 형이하학(形而下學)은 기(器)이다. 하늘의 도를 음양(陰陽)이라 한다. 음양의 이치를 아는 것을 하늘의 이치를 알았다고 한다. 땅의 이치를 강유(剛柔)라 한다. 사람의 도를 인의(仁義)라 한다. 이 세 가지를 합해서 삼재(三才)라고 한다. 천지인(天地人) 중에 가장 중시여기는 것이 인(人)이다. 그로 인해 중국은 현실주의적인 성격을 띤다.

《도덕경》이 내면의 근본적 변화의 이치를 말하고 있는 반면에, 《주역》은 태극권의 동(動)적인 면을 말해주고 있다. 《도덕경》은 무위자연을 말하고 있고 《주역》은 태극음양을 말하고 있다.

---

### 표주박(음에서 양이 나오는 이치)

위나라 재상 해자가 왕에게 표주박 씨를 선물 받아 집에 심었다. 그런데 이 표주박이 자라서 보니 그 크기가 상당했다. 해자는 이를 바가지로 쓸 수도 없으며 물건을 담는 그릇으로 쓸 수도 없어 고민하다 이를 깨뜨려 버렸다.

이에 장자가 해자를 비난했다. 이 표주박을 허리에 메고 물에서 놀면 얼마나 재미있겠는가라고 말했다. 똑 같은 내적인 힘을 갖고 있지만 그것을 어떤 용도로 쓰는가에 따라서 그 사용되는 효과의 크기가 달라진다.

## 4) 《장자》와 소요양생설(逍遙養生說)

장자의 이름은 주(周)이고 전국시대 송나라 몽(河南 상구현 동북) 사람이며, 시기에 대해서는 여러 설이 있으나 대략 2300년 전 사람으로 추정되고 있다. 촉나라 유왕이 장자의 뛰어남을 알고 사신을 보내어 재상으로 오실 것을 청했으나 장자는 이에 응하지 않고 홀로 재야에 묻혀 여생을 보냈다.

도교에서는 장자를 성인으로 모시면서 그의 말을 모아 편집한 《장자》[9]를 《남화진경(南華眞經)》으로 이름하였다. 중국 역사에 있어서 도가(道家)가 유가와 함께 중국 문화의 중심 역할을 하게 되는데 장자의 공헌이 절대적이라 할 수 있다. 그래서 사람들은 도가사상을 말할 때 《노자》와 《장자》를 한데 묶어 '노장'사상이라 부르기도 한다.

장자의 우주관은 노자의 천도우주관을 계승 발전시켰으며 그의 주장은 다음과 같다. 우주만물(宇宙萬物)은 단지 자취의 흔적으로 만들어진 모양일 뿐이며 그러한 모양이 나오게 된 근원은 감각(感覺)과 관념(觀念) 그리고 시공(時空)에 제한받지 않는 범위의 하나의 초월적 본체(本體)인 도(道)다.

도의 본체는 무한해서 어느 때나 어느 곳에나 존재하지 않는 곳이 없다. 심지어 개미, 모기, 기왓장, 오줌, 똥에 이르기까지 그 속에 도가 있다. 하늘과 땅 그 사이의 모든 곳에 도가 존재하게 된 까닭은 그러한 물질들이 모두 도로부터 만들어졌기 때문이다. 그렇기 때문에 도라는 것을 확실히 깨우쳐 알게 되면 삼라만상의 모든 차별성을 타파하게 되어 나(我)는 하늘(天)과 땅(地)과 함께 공존하며 만물과 하나가 되어서 다함도 없고 다해짐도 없고 태어남도 없고 죽음도 없는 절대자유를 얻게 된다. 이것을 말하여 소요유(逍遙遊)라 한다.

인생의 고뇌, 번뇌, 고달픔, 무료함, 더 나아가서 '생과 사' 라는 큰 제약 속에서 해탈을 얻어 자유자재한 삶을 소요라 말하며, 이러한 삶을 영위하는 자를 일컬어 장자는 진인 또는 득도한 사람이라 불렀다.

태극수련의 궁극적인 목적이 몸의 건강뿐만 아니라 마음의 해탈을 통해서 생사

---

9) 《장자》에 나타난 태극양생과 연관된 주요내용 : 『墮枝體, 黜聰明? 形去知, 同于大通, 此謂坐忘.』『天地與我並生, 而萬物與我爲一.』『至人無己, 神人無功, 《拏蠶》.』『緣督以爲經, 可以保身, 可以全生, 可以養, 可以盡年.』

를 초월하는데 있기 때문에 그 근본이념에 있어서는 사실 장자의 생각과 같다. 태극권의 중심개념은 태극이며 위로는 도(道)가 있고, 옆으로는 무극(無極)이 있으며, 아래로는 음양(陰陽)과 동정(動靜) 그리고 강유(剛柔)가 있다. 이러한 태극권의 전반적인 중심개념의 뜻이 《장자》에서 모두 전개되고 있기 때문에 어떤 학자들은 태극권의 중심사상이 장자에서 왔다고 주장한다.

《장자》를 연구하는데 보완할 만한 주석서는 곽상(郭象)이 지은 《장자주(莊子註)》이다. 곽상은 위진시대의 유명한 한학자이며 특히 장자의 이치에 통달한 사람으로 후대 사람들이 《장자》를 공부하는데 있어 그의 저술은 가장 중요시되는 보충교재가 되었다. 현재 통용되는 《장자》는 곽상의 주본으로 모두 33편이며 내편 7편, 외편 15편, 잡편 11편으로 구성되어 있다. 학술계는 일반적으로 내편은 모두 장자의 말이고, 외편과 잡편은 모두 장자의 제자나 후대 사람들이 기록한 것으로 인식하고 있다.

태극권을 수련할 때 가장 중요한 부위는 허리이다. 그 중에서도 허리의 중심축을 형성하고 있는 요추는 같은 척추의 구성요소인 흉추와 경추에 비해서 생명을 유지하는데 중요한 작용을 하고 있다.

척추와 연관된 경락을 독맥(督脈)이라 한다. 독맥의 위치에 대해서 두 가지 설이 있다. 하나는 척추 바깥쪽을 따라 연결되어 있다는 설이고 또 하나는 요가의 차크라처럼 몸 안의 중심점을 타고 올라간다는 설로 이때의 독맥은 중맥과 일치한다.

곽상이 《장자주》에서 말한 것처럼 독은 중(中)의 뜻으로 장자가 말한 독맥이란 바로 중맥을 말한 것이다. 연(緣)은 순조롭다는 뜻으로 중맥이 순조롭게 잘 흐르고 있다는 뜻이다. 경(經)은 지속의 의미로 중맥의 기운이 순조롭게 지속되어진다는 것이다. 중맥이 이처럼 순조롭게 운기되어지고 있을 때 몸이 건강하며 생명이 온전하여 오래도록 행복하게 살 수 있다. 태극수련으로 가장 먼저 영향을 받는 경락이 장자가 말한 중맥이다.

《장자》에 보면 가장 재미있게 사는 사람, 가장 초월적인 삶을 사는 사람, 가장 능력 있는 사람을 지인(至人) 신인(神人) 성인 장자는 어떤 칭호의 사람을 선호했는가? 《장자》 전체의 문장을 분석해보면, 지인을 가장 많이 강조했다. 무엇을 기준으로 구분했는가? 무명, 무공, 무기로서 구분했는데 무명(無名)인 사람을 성인, 무공

(無功)인 사람을 신인, 무기(無己)인 사람을 지인이라 한다. 성인은 사회적인 입장에서 부르는 명칭이다.

이름은 혼자 존재할 때는 의미가 없다. 이름은 다른 사람과 구분 짓기 위해 만들어진다. 만약 두 사람만이 존재해도 이름은 필요 없다. 그러나 세 사람이 존재하면 이름이 필요하다. 그래서 셋 이상을 대중이라고 한다. 대중은 사회단체를 의미한다. 사회가 존재하면 서로 간에 위 아래와 상하가 결정된다. 단체에 직위가 생겨나는 것이다. 누군가는 이끌고 또 누군가는 따라간다.

사회를 이끌어가는 입장에 있는 사람은 사회를 이롭게 하려 할 때 명예를 가장 중요시 여긴다. 자신의 이름이 사회에서 깨끗하게 남는 것을 중시한다. 명예에 살고 명예에 죽는다는 말이 있다. 명예는 이름을 뜻하고 사회 속에서 자신의 존재를 의미한다. 그런데 장자는 사회에서 자신의 이름이 존재하지 않는 것을 성인이라고 한다. 유교에서 성인은 가장 덕스러운 임금을 말한다. 요임금과 순임금이 그러하다.

이렇듯 모든 사람이 다 알고 있으며 좋은 쪽으로 영향을 미치는 이를 성인이라 한다. 그러나 장자는 아무도 이 사람을 알지 못하고 사회에 이름조차 존재하지 않는 사람을 성인이라 한다. 신인은 공력이 없는 사람이다. 공력은 초능력을 말한다. 그러한 큰 힘을 지닌 사람을 일반적으로 신인이라고 한다. 그러나 장자는 반대로 공력이 없는 사람을 신인이라 한다.

지인은 무기(無己), 즉 '자기'라는 자체가 없는 것이다. 기(己)는 생명체를 말하며 독립적으로 존재하는 자신이다. 장자는 이러한 자기가 없는 사람을 지인이라 한다. 이것을 다시 풀어서 말하면 성인은 사회 사람에 의해 성인이라 불린다. 자신이 성인이라 하는 것이 아니고 사회 사람이 존재함으로 자신이 성인이라 불린다. 신인 역시 사회 사람이 자신에게 신통력이 있는 사람 또는 도를 깨우친 사람이라 해서 일컬어지는 것이다. 지인은 개인적인 것이다.

쉽게 말하면 태극수련에서 신인과 지인은 직접적 관계성이 있다. 수련으로 기력이 향상되어 공력이 커질수록 신인이란 이름에 가까워지는 것이다. 마음과 몸을 구분할 때 몸에 초월적 능력이 있는 사람을 신인이라 한다.

지혜로 도(道)를 깨우쳐 생사(生死)를 해탈하는 사람을 지인이라 한다.

심신건강만을 추구하게 되면 범인(凡人)이다.

태극수련으로 심신건강 뿐만 아니라 기의 공력 또한 함께 얻게 되면 신인(神人)이라 한다. 태극수련으로 심신건강 뿐만 아니라 기의 공력을 함께 얻게 되고, 더 나아가 지혜까지 충만하게 되면 지인이라 할 수 있다. 건강, 공력, 지혜를 함께 성취하는 사람을 양생(養生)의 지인(至人)이라 부른다.

장자가 말한 형상은 마음의 형상으로 사람의 외모를 뜻하는 것이 아니며, 바로 양생을 하는 사람의 마음속의 분별의식을 뜻한다. 이것은 곧 자신의 형상을 만족할 때 양생을 성취할 수 있다는 것이다.

철학은 우주관(우주의 생김을 있는 그대로 아는 것)과 인식론(자신의 직관과 의식으로 우주를 아는 것)으로 나눠진다. 우주관은 객관적이고 인식론은 주관적이다.

《장자》의 제1편 〈제물론(齊物論)〉은 우주관(宇宙觀)과 인식론(認識論)을 동시에 설명하고 있다. 이것은 장자철학의 핵심이다. 제물(齊物)은 우주관이고 제론(齊論)은 인식론이다. 종교의 신앙 또는 수행은 실천론(實踐論)으로 이 세 가지는 철학의 기본구조이다.

우주관에 대한 대표적인 용어가 피차(彼此 : 이것과 저것)이다. 인식론의 대표적인 말이 시비(是非 : 옳고 그름)이다. 장자는 물화(物化)를 통해 이러한 이치를 밝히고 있다. 도가 통하면 모두 하나가 된다. 하나가 된다는 것은 성품이 하나가 된다는 것이며 형상이 하나가 된다는 뜻이 아니다. 본성이 하나로 계합된다고 하는 것이다. 장자의 도통과 불교의 도통은 깨달음을 얻는다는 뜻에서 같다. 그러나 장자는 사람중심의 깨달음의 성취를 말한다.

불교는 사람 중심으로 말하지만 천상은 너무 즐거워서 깨달음을 성취할 수 없고 지옥은 너무 고통스러워서 깨달음을 성취할 수 없다고 한다. 중도인 인간 세상에서만이 깨달음을 성취할 수 있다고 한 것이다.

장자와 같은 이는 사람이었을 때 깨달음을 얻는다는 것이다. 장자는 사람만이 깨닫는다고 하는 것이고 불교는 사람뿐만 아니라 동물과 식물 역시 사람을 통해 깨달을 수 있다고 하는 입장의 차이가 있다. 만물이 나와 함께 하나이다. '나와 하늘은 하나이다.'라는 인내천사상(人乃天思想)의 원류가 장자에 표현되어 있다. 천지가 나와 함께 생겼다는 것이다. 진화론에서는 천지가 만들어지고 환경이 갖춰진 후 그것을 바탕으로 사람이 태어났다고 말하지만, 장자는 하늘과 땅이 나와 함께 생겨났다고 말한다.

나를 하늘과 땅과 하나로 보는 장자의 정신은 태극수련자에게 매우 중요한 마음가짐이다.

"마음이 가는 곳에 기가 따라가고 기가 가는 곳에 혈이 따라 간다(意到氣到, 氣到血到)"는 기공수련의 구결처럼 천지의 맑은 기운과 하나되는 큰마음(大心)으로 수련했을 때 양생의 효과 또한 크게 나타난다.

태극권의 창시자인 장삼풍은 태극권 동작수련뿐만 아니라 고요히 앉아 마음을 맑히고 기를 순화시키는 정좌수련을 강조했다. 정좌 수련의 방법이 장자에는 좌망(坐忘)이라고 표현되어 있다. 즉 고요히 앉아 모든 것을 다 잊어버린다는 뜻이다. 무엇을 잊어버리는가? 자취를 잊어버린다는 뜻이다. 자취는 자신이 살아가면서 의식의 변화에 의해 기억되어진 것이다. 그러한 의식 속의 기억을 모두 잊어버린다는 것이다. 그것을 잊다보면 결국 자취가 붙은 몸의 의식마저 없어지는 것이다.

망(忘)이란 선(禪)에서 말하는 방하착(放下着), 즉 놓아버린다는 뜻과 같다. 나와 법, 나와 연관된 모든 것을 다 놓아버리는 것이다. 마음이 이처럼 무분별(無分別)의 상태일 때 비로소 천인합일의 경지에 이를 수 있다. 태극수련은 궁극적 목표가 천인합일에 있다. 나와 하늘이 하나가 될 때 몸과 마음으로부터 오는 모든 고통, 고뇌, 번뇌가 없어지며 '나'라는 생명이 존재하게 된 생사(生死)의 뿌리까지도 뽑아버리는 초월적인 소요자재의 인생을 실현할 수 있게 된다.

### 견우와 연숙의 이야기

견우가 연숙에게, "내가 저작거리에서 황당무계한 말을 들었다."
"고서산에 신인이 살고 있는데 그의 피부가 빙설처럼 곱고 자태가 처녀와 같다. 밥도 먹지 않고 청량한 바람을 먹는다. 아침에 대나무 잎에 맺힌 이슬을 마시며 구름을 타고 다니며 그의 정신이 만물에 구애받지 않고 자유스럽다고 하더라."
이에 연숙이 말하기를, "그것은 허황된 것이 아니다. 눈이 먼 사람은 인체의 아름다움을 보지 못하고, 귀가 먼 사람은 천지의 천둥소리를 듣지 못한다. 만물을 보라 만물의 자유자재 한 모습을 알 것이다."
장자는 이 황당무계한 것을 무극이라고 말했다. 사람들은 자신의 의식이 미치지 못하는 부분의 내용을 듣게 되면 의식의 한계에 부딪혀 그 내용을 인정하지 못하고 겉돌게 되고 그것을 실체로써 받아들이지 않으려는 경향을 갖고 있다. 장자는 이러한 의식의 한계를 지적하고 있다. 명상을 하면서 가장 먼저 깨뜨려야 할 것이 바로 의식의 한계를 넘는 것이다.

## 5) 《세수경》과 운기금강설(運氣金剛說)

인도에서 온 달마대사가 중국 숭산 소림굴에서 9년 면벽을 마치고 소림사 대중들에게 몸으로부터 입문해서 불도(佛道)를 성취하는 《역근경》과 《세수경》을 전수했다고 전한다.

소림무술은 《역근경(易筋經)》의 이론 근거에 의해 먼저 근골을 연마한 다음 《세수경(洗髓經)》의 수련으로 몸 안의 세포 하나까지도 모두 정화시켜서 마지막에 금강불괴지신(金剛不壞之身)을 성취하게 된다.

태극권의 창시자인 장삼풍 진인이 어릴 때 소림사에 귀의해서 소림무술을 연마하고 다시 무당산에 은거하면서 부드러움에서 나오는 강한 힘을 연구하고 수련해서 내가권(內家拳)을 창립했는데 그 중에 태극권이 포함되어 있다.

《역근경》이 강인한 근골을 만드는데 중점이 있다면 《세수경》[10]은 경문에 보이는 바와 같이 기(氣)의 순환을 중심으로 대도(大道)를 성취하는 내용이어서 태극수련에서 강조하는 운기(運氣)의 부드러움과 일맥상통하는 점이 많다. 다시 말하면 태극수련법이 만들어지는데 《세수경》의 운기법이 많은 부분 인용된 것이다.

장삼풍이 선도(仙道)와 불도(佛道)를 동일시하면서 강조한 불이정신(不二精神)에 내재된 의미를 되새겨볼 때 불교의 선문화(禪文化)와 함께 소림무술의 운기법은 분명 도교수련법에 상당한 영향을 주었을 것이다.

《세수경》은 비교적 짧은 문장으로 〈총의편(總義篇)〉에 이 경이 나오게 된 의의가 서술되어 있고, 이어서 〈무시종기편(無始鐘氣篇)〉, 〈사대가합편(四大假合篇)〉, 〈범성동귀편(凡聖同歸篇)〉, 〈물아일치편(物我一致篇)〉, 〈행주좌와입수편(行住坐臥立睡篇)〉, 〈세수환원편(洗髓還原篇)〉의 여섯 문장으로 구성되어 있다.

우주에는 지리(至理)가 있는데 그것을 귀로 듣고 눈으로 보아서는 계합하기가 어렵다. 그러한 지극한 이치를 우리 몸의 기능을 통해서 알기란 쉽지 않을 것이다. 어

---

[10] 《세수경》에서 나타난 태극수련에 도움이 되는 사상:『宇宙有至理, 難以耳目契. 凡可參悟者, 卽屬於元氣.』『靜坐生煖氣, 水中有火具.』『參透洗髓經, 長生自可期.』『自知原來處, 歸向原來去.』『洗髓還本原, 凡聖許同歸.』『萬物非萬物, 與我同一氣.』『食少而服氣, 乃得享長年.』『耳目隨心靜, 止水與明鏡. 事物任紛繚, 見在皆究竟.』『口中言少, 心頭事少, 腹裏食少, 自然睡少. 有此四少, 長生可了.』

떻게 하면 알 수 있는가? 실참실구(實參實究)해서 깨달으면 된다. 이와 같이 깨달으면 모든 것이 다 원기(元氣)에 속해 있다는 것을 알게 된다는 이치를 《세수경》에서 밝히고 있다. 원기는 작게는 자신의 생명의 중심이고, 크게는 우주를 형성하고 있는 중심이다.

여기에서 이(理)와 기(氣)는 하나의 계합관계라는 것을 밝히고 있다. 기는 이가 없으면 운용되지 않고, 이는 기가 없으면 현상화 될 수 없다. 이와 기는 손의 양면과 같아서 서로 불리 되지 않는 관계이다. 언어로는 둘인 것처럼 분리해서 표현할 수 있으나 실상(實相)은 하나의 모습으로 연결되어 있다는 것이다.

살아있다는 것은 항상 죽이는 기운을 갖고 있다. 남을 돕는 행위에는 남을 해치는 행위가 담겨 있는 것이다. 죽음 가운데 생명의 탄생이 담겨 있다. 음과 양, 이와 기가 공존하는 것과 같다. 이는 기로써 용(用)을 삼고 기(氣)는 이로써 체(體)를 삼는다. 체가 있음으로 용이 나타난다. 우리가 보고 듣는 모든 현상을 용이라고 한다. 그러므로 몸의 수련을 통해서 본체를 성취할 수 있는 것이다.

세수(洗髓)의 의미는 뇌 속의 골수를 씻는 물질적 작용이 아니라, 우주의 본체인 지리(至理)와 내 생명의 근원인 원기(元氣)가 서로 계합되는 이치를 체득하는 것을 뜻한다. 중요한 것은 몸이 정화되어 있는 기초에서 계합의 체득이 올 수 있다는 것이다.

우리 몸 안의 구조를 들여다보면 심장은 위에 있고 신장은 아래에 있다. 불 기운이 아래로 내려와 조금 올라온 물 기운과 서로 만나는 지점에서 물이 데워진다. 만약 불이 물을 만나지 않으면 생명체가 메마르고 타버린다. 물이 불을 만나지 않으면 식어버린다. 모든 변화과정에서는 열을 발생한다.

물이 불을 만나지 않을 때 변화가 발생할 수 없다. 무엇에 의해 불이 올라가지 않고 아래로 내려오는가? 바로 호흡에 의한 작용 때문이다. 들이 마신 숨에 의해 심장의 열 기운이 아래로 내려가는 것이다. 마치 위에서 부채질을 해서 불 기운을 아래로 내려보내는 것과 같은 이치이다.

들숨에 의해 불 기운이 아래로 내려가는 것은 하늘의 기운을 받아들이는 것을 의미한다. 천(天)의 개념은 우주와 하늘을 포함한 우리의 삶과 연관되어진 주변 환경을 의미한다. 들숨에 의해 하늘의 기운과 땅의 기운이 사람의 몸에서 만나게 되어 천지인합일(天地人合一)이 이루어진다.

사대(四大)는 몸을 구성하고 있는 대표적인 요소로 흙, 물, 불, 바람을 뜻하며 몸이 이처럼 여러 가지의 물질성분으로 만들어져 있다는 것을 인식시키기 위해서 '몸' 대신에 쓰이는 용어이다. 훗날 공기를 첨가해서 오대(五大)라고도 지칭한다.

몸이 움직일 때 관절과 관절사이에 공기층이 있어서 뼈의 마모를 막는다. 혈관을 통해 온몸에 영양소를 공급하는 혈관 안에도 공기가 포함되어 있다. 물속에도 역시 공기가 들어 있다. 이러한 까닭에 오대를 주장하지만 풍(바람)에 공기를 포함된 것으로 보는 입장도 있다. 몸을 사대로 구분해서 인식하는 것은 태극수련에도 큰 도움이 된다.

"정좌수련에서 따스한 기운이 만들어진다."

"이러한 이치를 완전히 깨달으면 불노장생은 저절로 이루어진다."

"물(物)과 아(我)는 개념적인 이름일 뿐이다. 물을 떠나지 않은 아, 아를 떠나지 않은 물이 성취되었을 때 물아일치(物我一致)가 이루어진다."

"잠잘 때 미혹되지 말라. 잠잘 때 미혹되지 않으면 생사관(生死關)을 초탈할 수 있다."

"세수(洗髓)하여 본원(本原)으로 돌아간다."

《세수경》에서 마지막으로 태극수련자에게 전수하고 있는 구결(口訣)이 있다.

"적게 말해라!

적게 생각하라!

적게 먹어라!

적게 자라!

이와 같이 실행하면 장수하게 된다."

# 6) 《장삼풍어록》과 대도현기설(大道玄機說)

장삼풍은 어린 시절 소림사 고승의 제자가 되어 소림무술에 정통한다. 당시 소림무술은 달마가 전해준 《역근경》과 《세수경》을 토대로 하고 있는데 그 중에서도 역근경에 중심을 두고 있었다. 외가권은 단기간의 수련으로 힘을 발휘할 수 있으나 나이가 들어 근육이 쇠약해지면 그 힘이 미약해진다.

반면 내가권은 수년간의 수련으로 기를 형성하고 그 기를 바탕으로 힘을 발휘한다. 때문에 공력을 얻기까지는 많은 시간과 노력이 필요하지만 시간이 갈수록 그 힘과 깊이가 더해간다. 역근경을 토대로 한 소림권에 정통했던 장삼풍은 외가권의 한계를 인식하고 외적인 힘과 내적인 깨달음을 연결할 수 있는 내가권 수련으로 방향을 전환하게 된다.

《역근경》과《세수경》은 인도의 불교수행에서 몸과 기를 정화시켜주는 내용을 담고 있는 주요경전으로 요가수행법과 상통되는 부분이 많다. 달마대사 시대에 유행했던 인도불교의 유식학파(唯識學派)는 요가수행을 중요시했기 때문에 요가행파(瑜伽行派)라는 이름으로도 통했다. 즉 인도의 수행법인 요가가 달마대사를 통해서 중국으로 들어와 소림무술이 된 것이다.

요가수행법이 중국에서는 무술로 전환하게 된 것은 인도와 중국 간에 정치와 종교의 상관관계에 큰 차이점이 있었기 때문이다. 인도는 종교와 수행이 정치적 권력을 넘어선 위치에 있는데 반해 중국은 종교와 수행자가 정치권력의 지배아래 위치하고 있었다. 때문에 마음을 정화하기 위해 보완적으로 수련되던 요가 동작이 중국에서는 외부의 침투를 방어하기 위한 더 나아가서는 외부를 제압하기 위한 수단인 무술로 발전하게 된 것이다.

장삼풍의 호에 대해서는 의견이 분분한다. 이름으로는 통(通), 김(金), 전일(全一), 군실(君實), 군보(君寶), 현소(玄素), 현화(玄化), 산봉(山峰), 현현(玄玄)이라는 주장들이 있고, 호는 곤양(昆陽), 현현자(玄玄子), 삼풍자(三豊子)라는 의견이 있다.

청나라 때 이서월(李西月)이 정리한《장삼풍어록》에 의하면 이름은 전일이고, 자는 삼풍이라 하였는데 이것이 정설로 받아 들여지고 있다. 고향에 대해서도 여러 설이 있는데, 보계(寶溪), 평양, 천복, 요동 등이 거론되고 있다.

장삼풍이 살았던 시기와 그의 나이에 대해서도 많은 의견이 있다. 송나라, 원나라, 명나라, 청나라 사람이라는 의견이 있는데, 청나라 때 왕석연이 쓴《삼풍선생공전(三豊先生公傳)》에 근거하여 왕풍(王豊)이 기술한 저서에 의하면 장삼풍은 송나라 1247년 4월 9일 자시에 태어났고 113세에 사천(四川)에서 제자들에게 관을 만들라

고 지시하여 그 안에 들어갔는데 며칠이 지나 다시 관을 열고 나와 떠났다고 한다. 이후 200세에 죽었다는 설과 청나라 때에 출현했다는 설 등이 전해진다.

종교와 정치가 서로 상부상조하며 발전하던 전제왕권 시대에 황제의 부름이 도사들에게 내려지면 대부분의 도사들은 지체없이 부름에 응했다. 그것이 세력을 얻는 길이기 때문이다. 그러나 장삼풍은 명나라 태종, 성종 등 여러 대에 거쳐 많은 황제들이 상견하기를 청하였지만 응하지 않았다. 속세에 마음을 두지 않고 오직 수행에만 전념하여 살아간 그의 모습에 사람들은 은선(隱仙)이란 칭호를 붙였다.

도교에서는 수행과 계율을 중시한 전진교(全眞敎)가 이민족이 세운 원나라의 민족융합 정책에 의해 쇠퇴하고, 속세에 물들어 있던 정일교(正一敎)가 융성해졌다. 이후 명나라에 들어서고도 전진교는 발전하지 못하였고, 정일교만이 정치권의 비호를 받으며 융성해 갔다. 장삼풍은 순수한 수행을 하는 이는 오갈 곳이 없어지고 도교의 탈을 쓰고 도교를 팔아먹는 도사들만이 세상을 장악하는 모습을 보고 한탄했다. 장삼풍의 외형은 거북형상, 학의 등, 큰 귀와 동그란 눈으로 묘사되어 있고, 비가 오나 추우나 더우나 한 벌의 옷만을 입고 지냈다고 한다.

장삼풍이 무당산(武當山)으로 들어가 수련한 후 황제의 명으로 무당산에 대대적인 시설(1412년 8개의 궁, 36개의 암자, 2개의 도관, 72개의 묘)이 들어서게 되었고, 이를 경제적 토대로 삼아 장삼풍이 무당파를 형성할 수 있게 되었다. 무당파는 이후 소림파와 더불어 중원 무림의 양대 산맥이 되었다.

장삼풍은 불교와 도교, 유교를 두루 섭렵하고 이들 모두를 중시했다. 《세수경》, 《역근경》, 《주역》, 《도덕경》 등은 장삼풍이 배우고 익힌 것들이다. 그러한 사상이론과 임상체험을 바탕으로 태극수련법이 체계화된 것이다. 특히 장삼풍은 태극권의 근본정신을 《도덕경》에 두고 있다. 그의 중심사상인 《대도론(大道論)》의 핵심내용이 《도덕경》 제1장의 내용으로 구성되어 있다. 장삼풍은 도교의 성직자인 도사로써 도교에서 가장 높이 받드는 《도덕경》을 수도정신의 근본으로 삼은 것이 당연하다.

『선도(仙道)는 장생의 도(道)이다.

장생하는 도를 배울 때는 음공(陰功)을 체(體)로 삼고 금단(金丹)을 용(用)으로 삼으면 타고난 운명선을 넘어서 불노장생(不老長生)할 수 있다. 장생의 도에 입문할 때 먼저 정분의 인연을 끊고 잡념을 없애야 한다. 잡념을 없애는 과정이 첫 번째 수련이다. 이미 잡념이 없어졌으면 본연의 마음으로 돌아오게 되고, 마음이 이미 정화되었으면 천리(天理)가 항상 함께 드리워진다.

매일 먼저 조용한 시간을 갖고 몸과 마음을 안정시키며 호흡을 순조롭게 한다. 이와 같이 되었을 때 두 눈을 지그시 감고 심장 아래 신장 위쪽 일촌 삼 푼 사이에 마음을 모아 두고 뚜렷하고 고요하게 비추어 보면 그곳에 빨려 들어가지도 않고 또한 떠나지도 않으며, 망각하지도 않고 또한 함께 작용하지도 않으며, 모든 생각을 다 쉬고 하나의 뚜렷이 홀로 존재하는 의식을 갖게 되는데 이를 정념(正念)이라 한다.』[11]

불이태극권의 정좌수련에서 먼저 잡념이 없는 마음의 상태를 유지하는 것이 수련의 시작점이며, 그러한 마음을 지속하는 것이 수련을 성취하는 핵심이라는 것을 알 수 있다.

---

11) 《장삼풍어록》에 기록. 원문: 『仙道者, 長生之道也.』『學長生者, 只要以陰功爲体, 金丹爲用, 卽天數亦可逃也.』『初功在寂火 情緣, 扫除雜念, 除雜念是第一着筑基口己之功也. 人心旣 除, 則天心來復; 人欲旣 淨, 則天理常存. 每日先靜一時, 待身心都安定了, 氣息都和平子, 始將雙目微閉, 垂口觀照心下腎上一寸三分之門, 不卽不雜, 勿忘勿助, 万念俱泯, 一口獨存, 謂之正念.』

지혜 3

# 생명양생과 불노장생
## 生命養生與長生不老

구결(口訣)을 통해서 태극권의 이치를 체득한다. 태극수련의 운용법을 담고 있는 내용으로, 많은 뜻이 짤막한 문구로 함축되어 있다. 그 이유는 글로써 알기 쉽게 풀이해 놓으면 수련자로 하여금 의욕을 상실케 하는 경우가 생길 수 있기 때문이다. 수련은 머리로만 하는 것이 아니다. 그 방법을 이해했어도 직접 수련을 했을 때 효과가 온다. 음식을 말로만 그 맛을 논해서는 안 되듯 태극수련 또한 한 동작씩 쌓아올려야 한다.

생명의 연속성. 현재생만이 존재 | 현재생과 미래생의 존재 | 과거생과 현재생과 미래생의 모두 존재 | 몸과 마음의 관계 | 몸은 껍데기, 마음은 참나 | 보배스러운 몸과 마음 | 생명의 구성요소: 정기신 | 생명의 정수: 정 | 생명의 기운: 기 | 생명의 신령: 신 태극수련과 불노장생 | 불노장생의 삶으로 나를 인도하자! | 불노장생을 위한 여섯 가지 조건 | 불노장생과 양생지혜

# 1. 생명의 연속성(生命連續性)

우리는 무엇인가에 집착해서 그것에 의미를 부여하고 다시 그것과 자신의 관계를 긴밀하게 하면서 작게는 가정의 테두리 안에서 크게는 사회의 관계성 속에서 살아가고 있다. 사람이든 물건이든 나와 현상적으로 얽혀있는 대상과의 관계를 조율할 때의 자신의 모습을 제삼자의 입장에 서서 객관적으로 바라보면, 주변의 것들이 자신을 위해서 존재하는 것이 아니라 나의 존재가치가 그것(사람 또는 사물)에 있는 것처럼 우리들의 의식이 끝없이 밖으로 치닫고 있음을 알게 된다.

우리는 종교의 절대자를 향해 구원을 청한다. 그러면서도 구원을 갈구하고 있는 자신이 누구인지를 모른다. 죽음 뒤의 행복을 보장받기 위해 열심히 길을 가면서도 내 자신이 어디에서 와서 지금 어디에 존재하며, 앞으로 어느 곳으로 가는지 알지 못하고 지나는 세월 속에 몸만 노화되어 간다.

명상, 요가, 다도, 선, 태극권 등 마음수행이나 기수련으로 현문(玄門)에 들어가고자 하는 사람은 태어남과 죽음에 대한 깊이 있는 사유가 필요하다. 그러나 탄생

이전을 어떻게 알 것이며 죽은 뒤의 모습을 무슨 방법으로 알아낼 수 있겠는가?

예로부터 지금까지 수없이 많은 현인들이 나름대로 '이것이다' 하고 삼세(三世)에 대한 다양한 학설을 전개하고 있지만 아직도 보편적으로 인정하고 확신할 만한 것은 없다. 단지 먼저 옳다고 인정하는 '절대믿음'이 만들어진 다음, 그 의식의 틀 속에서 안심을 찾아가고 있는 것이다.

이 생명이 태어나기 전에도 나의 존재가 있었는지 없었는지, 사후에는 지속되어지는지 아니면 몸처럼 마음도 함께 흩어져 없어지는 것인지, 지속된다면 절대불변하는 자아가 그대로 지속되어지는 것인지 아니면 물질처럼 이 마음 저 마음이 이합집산 되어지는 것인지, 수련자 스스로 생명에 대한 이해를 어느 정도 정리하고 있어야 명상을 통해서 편안함을 얻게 되고 지혜의 성취도 점점 깊어진다.

만약에 이러한 생명에 대한 이해가 없으면, 어느 순간 '절대믿음'의 틀이 어떠한 사건 또는 의식변화로 인해 깨어졌을 경우 곧바로 공허감이 몰려오게 되고, 결국 자신이 존재하게 된 근거를 찾지 못하고 허무의 늪에서 남은 생을 공허하게 보내게 된다.

물질과학의 발전사에서 보면 원시 사회의 인류는 동물과 별반 차이가 없는 생활능력을 지니고 살았으나 점점 물질을 응용해서 사용하는 다양한 방법들을 발명하면서 오늘날의 인류는 첨단과학의 도움으로 생활물질의 풍요로움 속에서 살아가고 있다.

반면 정신문명은 과학의 발전에 비례해서 서로 융화하면서 세상의 변화되어지는 현상으로부터 마음이 평온함을 유지할 수 있는 상황은 아니다. 외형적인 물질문화가 속도와 공간 그리고 모양에서 동시다발적으로 천차만별로 변화되어지는 사회현상 속에 자아정신이 묻혀 빨려가고 있기 때문에 생명의 주체인 마음이 이제는 마음을 돕는 많은 외형의 물질에 갇혀 자신의 감옥을 만들어 놓고 살아가고 있다.

이러한 틀에서 답답함을 느끼는 수행자들이 그곳으로부터 벗어나려할 때 그 해결책을 이미 몇 천 년 전에 옛 선지식(善知識)이 제시해둔 경전에서 찾고 있는 것을 보아도 현대인의 정신문화와 물질문화의 불균형이 얼마나 심화되어 있는지를 알 수 있다. 즉 외형의 물질문화가 발전할수록 마음은 더욱 불안전해진다는 것을 알 수 있다. 물질문명의 일선에 있는 과학자들도 과학문명이 발전할수록 옛 성자의 가

르침에서 영생을 찾는 자가 많아지고 있다. 한 발표를 보면 50년 전에는 미국 과학자의 약20%가 신앙생활을 했는데 지금은 약70% 이상이 종교를 믿고 있는 것으로 나타나 있다.

물질문명의 발전으로 사람의 의식은 더욱 복잡해지고 교통사고, 폭발사고 등 예기치 않은 사건과 질병들로 인해 생명의 불안감이 갈수록 커지고 있다. 만약에 자아생명의 뿌리에 대해, 미래생의 자아모습에 대해 세계 인류가 보편적으로 인식하고 있는 도리를 밝혀내게 된다면 삶은 보다 여유롭고 편안해서 자아실현의 자재인생을 생활화할 수 있게 될 것이다.

생명연속성에 대해 나라마다 민족마다 전해 내려오는 정통사상이 다양하지만 이것을 크게 나누어 보면 '현재의 생만이 존재한다'는 1회성의 생명관과, '현생과 미래생이 존재한다'는 2회성의 생명관과, '과거생과 현재생과 미래생이 모두 존재한다'는 다회성의 생명관 등 세 가지로 구분되어진다.

이러한 생명의식은 오랜 세월 그 지역문화의 특성으로 인해 형성된 생명사상으로 사유의 습관이 내면으로 흐르고 사물을 인식하는 능력이 향상되면서 각기 그 지역의 문화습관을 사유의 기본체계로 해서 만들어진 것이다. 이 생명의식을 토대로 인류사회의 시공(時空)과 자아(自我)의 융화라는 논리가 전개되어지기 시작한 것이다.

인류의 긴 역사 속에서 보편적인 가치를 기준으로 형성되어진 생명연속관(生命連續觀)을 이해하면서 자신이 확고하게 신뢰할 수 있는 생명관을 정립하고 있어야 성(性)과 명(命)이 함께 조화를 이루는 태극수련을 통해 선경(仙境)에 노니는 자재인생(自在人生)의 삶이 실현할 수 있게 된다.

1) 현재 생만이 존재(一世生命觀)

태아의 시작이 자아(自我)의 태초이고, 이 몸의 죽음과 함께 자아는 소멸된다. 금생 한 번만 존재한다. 일회성의 생명이다.

그렇다면, 자아의 뿌리는 무엇인가?

삶의 가치는 무엇인가?

선과 악의 개념은 무슨 의미를 갖는가? 이러한 문제를 풀기 위해서 우리 가까이에 있는 중국 한족(漢族)의 생명연속관(生命連續觀)을 예로 들어 보자.

중국에는 56개의 민족이 있다. 그 중에서 한족은 전체 인구의 90%이상을 차지하고 있어서 일반적으로 중국문화하면 한족의 문화를 뜻하고, 중국어하면 한족 언어인 보통화(普通話)를 말한다. 한족은 황하(黃河)의 물줄기를 따라 삶의 터전을 만들었고, 이 일대를 가리켜 한문화(漢文化)가 꽃핀 중원(中原)이라 일컫는다. 2500년 전 주나라 말기인 춘추전국시대 때 다양한 사상들이 나왔고 그 중에서 공자(孔子)를 시조로 하는 유학(儒學)사상과 노자(老子)를 창시자로 한 도가(道家)사상이 오늘날까지도 한족의 민족정신으로 계승되어지고 있다.

유학에는 대표되는 두 분의 성인이 계시는데 공자와 맹자(孟子)이다. (자(子)는 수양이 높은 분에게 존경의 표시로 이름 뒤에 붙이는 칭호이다.)

공자는 일생 동안 많은 후학을 가르쳤다. 전국에서 가르침을 받고자 모여드는 학생으로 공자의 주변에는 항상 삼천 여명의 구학도가 함께 하였다고 한다. 공자는 중국 역사상 가장 위대한 교육자로 칭송되고 있다. 공자는 그 많은 제자들에게 무엇을 가르쳤을까? 다양한 내용들이 있지만 한 문구로 표현한다면 '극기복례(克己復禮)'가 가장 합당한 용어일 것 같다.

"자신을 극복하고 예로 돌아간다."

극기는 자신을 극복하는 것인데 어떻게 해서 극복할 것인가?

인(仁)으로 극복한다.

인(仁)의 행(行)을 통한 자신의 극복은 어느 선까지 해야 되는가?

예(禮)로 돌아갈 때까지 한다. 예는 주(周)나라의 예법을 말한다. 공자가 법을 전개하는 시기는 주나라의 황권이 쇠약해져 각 지역마다 호족이 득세하여 그 지역을 독자적으로 다스리는 현상이 팽배하고, 사회는 문란하고 백성의 삶은 갈수록 궁핍해져가던 때였다. 공자는 주나라가 번성하던 것은 임금과 관료가 인(仁)의 사랑과 예(禮)의 법도로 세상을 다스렸기 때문이며, 그로 인해 백성이 편안한 나날을 보낼 수 있었다고 보았다. 공자는 그때를 인간세상의 낙원으로 흠모했으며 다시금 그날과 같은 세상이 돌아오기를 염원했다. 그의 일생은 이러한 세상을 실현시킬 수 있는 인재를 교육하는데 일관되었다.

사실 공자는 주나라의 예법(禮法)을 예로 들어 좋은 세상을 실현하자는 것이며, 주나라의 정치로 다시 돌아가자는 것은 아니다. 그가 강조해온 인(仁)을 보면 알 수 있다. 공자가 주장한 인은 고정화되어 있는 인이 아니다. 천성(天性)에서 나오는 체(體)의 용(用)에 대한 표현이다. 용의 변화에 따라 체의 인 또한 함께 다양성을 띠게 된다. 이것은 국가라는 거대한 사회조직 속에서 개인의 존재를 중요시한 것이며 공간과 시간의 변화를 당연시한 것이다.

맹자는 공자가 선양한 인예(仁禮)정신이 태어날 때 이미 하늘이 부여(天賦)해서 사람마다 모두 내재하고 있다고 강조한다. 대표되는 천부(天賦)는 네 가지의 덕성(德性)으로 인(仁), 의(義), 예(禮), 지(智)이다.

측은(惻隱)의 마음은 인(仁)의 단(端)이고,
수오(羞惡)의 마음은 의(義)의 단(端)이며,
사양(辭讓)의 마음은 예(禮)의 단(端)이고,
시비(是非)의 마음은 지(智)의 단(端)이다.[12]

춘추전국시대가 끝나고, 불노초(不老草)를 찾던 진시황의 시대를 지나, 항우장사를 물리친 유방이 세운 한나라 때부터 공자의 천명(天命)사상은 황제가 백성을 다스리는 근거가 되었다. 이 시대에는 하늘의 뜻은 황제만이 알 수 있고 백성을 하늘의 뜻에 따라 다스리는 황제를 하늘처럼 섬겨야 된다는 사회문화가 강조되기 시작했다. 이러한 사상이 강하게 사회정신으로 심어지면서 황제의 말을 듣지 않으면 천벌을 받게 된다는 것이 백성들 사이에 보편화되었다.

천 7백 여 년 전 한나라 말엽에 사회가 다시 혼란에 빠지면서 많은 지인(至人)들이 혼탁한 관료사회를 떠나 자연과 벗하면서 선경(仙境)에 들어갈 수 있는 이치를 담론하는 현학(玄學)의 열풍이 일어나면서 공자의 외형을 중요시하는 격식문화를 버리고 인간의 본성에서 나오는 무위(無爲)의 마음으로 세상사를 접하면서 생활하는 무위자연(無爲自然)의 삶을 실현하려는 탈속주위의 분위기가 지식인 사회의 전반에 거쳐 유행되었다.

《장자》에서 밝히고 있는 좌망(坐忘) 등 마음수양법은 이 시기에 더욱 구체화되었고 현학의 대가인 곽상(郭象)이 제시한 현명(玄冥)은 중국전통의 양생문화에서 가장 잘 표현되어진 마음수양의 명상경지이다. 현명의 이론체계는 훗날 도가의 양성(養性)법에 큰 영향을 주었고, 1회성 생명관의 핵심사상이기도 하며, 중국 선종사상 성립에 영향을 주었다. 차훈명상법의 명상사상 원류 중의 하나이기도 하다.

세상 만물은 당연한 원인에 의해서 생겨나고 운용되는 것이 아니며, 무엇이 주제해서 그것을 만들어 내는 것도 아니다. 사람의 생명 또한 홀로 비롯된 것이다. 이러한 사물의 변화를 독화(獨化)라고 하는데, 독화가 가능한 것은 현명지경(玄冥之境)이 있기 때문이다.

그렇다면 내 생명의 주된 요소는 무엇이며 그것은 어디에서 왔는가?

태극권의 창시자인 장삼풍은 그의 중심사상인 《대도론》에서 사람의 생명은 태극(太極)에서 왔고, 주된 요소는 부모의 정혈(精血)과 천지의 음양(陰陽)으로 구성되었다고 주장하고 있다.

이제부터 사람의 태어남에 대해 이야기 해보자!

---

12. 《孟子》에 기록. 원문:『惻隱之心,仁之端也 ; 羞惡之心,義之端也 ; 辭讓之心,禮之端也 ; 是非之心,智之端也."

잉태의 이전에, 형용할 수 없는 한 기운의 태허(太虛)가 고요함에 의탁해 있는데 이때를 무극의 시기라 한다. 무극(無極)은 음(陰)의 정(靜)으로 되어있는 상태인데, 음(陰)이 정(靜)하면 양(陽) 또한 함께 정(靜)한 상태이다. 형용할 수 없는 한 기운이 어머니 뱃속으로 들어가 잉태하게 되는데 이때를 태극(太極)의 시기라고 한다.

태극(太極)은 양(陽)의 동(動)이 되는데, 양(陽)이 동(動)일 때 음(陰) 또한 함께 동(動)이 된다. 이때부터 음(陰)과 양(陽)은 서로 추(推)하고, 강(剛)과 유(柔)는 서로 마(摩)하며, 팔괘(八卦)는 서로 탕(蕩)하여, 건(乾)의 도(道)가 주요작용을 하면 남자(男子)가 되고, 곤(坤)의 도(道)가 주요작용을 하면 여자(女子)가 된다.

그러므로 남자와 여자가 성교를 할 때 남자의 몸에서 나온 정(精)이 자궁 속에서 여자의 몸 안에 혈(血)과 서로 융합하여 하나의 물건이 만들어지는데, 이것이 바로 사람 몸이 시작되는 생명의 근본이다. 태아(胎兒)는 아버지에게서 받은 정(精)을 신장(腎臟)에 저장하고 어머니에게서 받은 혈(血)을 심장(心臟)에 저장해서 심(心)과 신(腎)의 맥(脈)이 서로 연결되어 어머니를 따라 호흡(呼吸)하면서 열 달이 되면 몸의 형상이 완성되어 어머니 뱃속에서 나와 드디어 탄생하게 된다.

이때 성(性)은 혼(渾)하여 식(識)이 아직 형성되어 있지 않아 무극(無極)에 그 신(神)이 복(伏)하여 있고, 명(命)의 자량(資糧)이 태어나 있을 뿐이지 아직은 태극(太極)이 그 기(氣)를 육(育)하고 있다. 그래서 사람의 생명에는 기(氣)의 맥(脈)이 정(靜)하여 안으로 원신(元神)이 온(蘊)하여 있는데 이것을 진성(眞性)이라 하고, 신(神)의 사(思)가 정(靜)하여 가운데에 원기(元氣)가 장(長)하여 있는데 이것을 진명(眞命)이라 한다.

혼혼윤윤(渾渾淪淪)한 아이의 몸은 바로 천성천명(天性天命)이다. 사람은 천성(天性)과 천명(天命)을 갖추고 있어서 이것을 도(道)라 일컫는데 어찌 수도(修道)해서 도(道)를 성취(成就)하지 못하겠는가![13)]

사람의 생명은 태극에서 왔다. 태극은 도에서 왔다.
도(道)는 천(天), 지(地), 인(人), 물(物)을 탄생시킨다.
음양동정(陰陽動靜)의 기(機)를 함축하고 있으며 조화현미(造化玄微)의 이(理)를 구족하고 있다.
무극(無極)을 통섭하고 태극(太極)을 탄생시킨다.
무극(無極)은 무명(無名)으로 표현되는데 천지(天地)의 시(始)를 뜻하고, 태극(太極)은 유명

(有名)으로 표현되는데 만물(萬物)의 모(母)를 뜻한다. 무명으로 인해 유명이 존재하게 되어 천(天), 지(地), 인(人), 물(物)이 생겨나게 된다.[14]

송나라 때부터 지식인들은 삼교(三敎 : 불교, 도교, 유교)의 합일점을 찾고자 노력했다. 이러한 대상 중에서 가장 풀기 어려웠던 것 중에 하나가 생명에 대한 인도에서 전래해 온 불교의 삼세윤회설(三世輪回說)과 중국의 전통사상인 혈연연속설(血緣連續說)의 문제이다. 이 둘은 너무 뚜렷한 차이가 있어서 쉽게 풀 수 있는 문제가 아니지만 해결해 보려는 사람 또한 적지 않았다. 주로 중국전통사상을 몸에 적용해서, 인도윤회사상을 마음에 적용해서 문제를 풀려고 노력했다.

불교가 중국에서 뿌리를 내렸던 위진 시대에 무신론과 유신론이 현학자들의 담론주제로 자주 등장했다. 이전에는 신(神)이 있느냐 없느냐가 별로 중요시 되는 내용이 아니었다. 불교를 따라 삼세윤회설이 함께 중국인들에게 그 면목을 드러내 보이자, 중원(中原)을 움직이던 지식인들은 영혼이 윤회한다는 것을 무척 새로운 학설로 받아드렸다. 호기심을 갖고 깊이 있게 연구하는 사람도 있었고, 영혼윤회설(靈魂輪回說)은 허구라고 부정해 버리는 학자들도 많았다.

담론에서 또는 논문의 발표를 통해서 신(神)의 존재를 놓고 사상계(思想界)에 커다란 불꽃이 튀겼는데, 불교의 윤회설을 주장하는 사람 중에서 대표되는 인물이 노산(盧山)에 은거하면서 염불수행(念佛修行)하던 혜원(慧遠)스님이다. 혜원스님은 《사문불경왕자론》에서 형체(形體 : 몸)는 죽으면 없어지지만 마음(신 : 神)은 없어지지 않고 윤회하게 된다고 주장하고 있다. 혜원 또한 중국전통의 생명의식과 인도불교의 윤회사상을 융합하려고 노력했다.

---

13) 張三豊의 《大道論》에 기록. 원문:『今專以人生言之° 父母未生以前, 一片太虛, 托諸于穆, 此無極時也° 無極爲陰靜, 陰靜陽亦靜也° 父母施生之始, 一片靈氣, 投入胎中, 此太極時也° 太極爲陽動, 陽動陰亦動也° 自是而陰陽相推, 剛柔相摩, 八卦相盪, 則乾道成男' 坤道成女矣° 故男女交口之初, 男精女血, 混成一物, 此卽是人身之本也° 嗣后而父精藏于腎, 母血藏于心, 心腎脈連, 隨母呼吸, 十月形全, 脫離母腹° 斯時也, 性渾于无識, 又以無極伏其神；命資于有生, 口以太極育其氣° 氣脈

신(神)이란 무엇인가?
정(精)이 극에 달하면 영(靈)이 된다.[15]

이것은 정(精)을 양(陽)으로, 영(靈)을 음(陰)으로 설정해서 신(神)을 설명하고 있다. 즉 음이 극에 이르면 양으로 바뀌고, 양이 극에 이르면 음으로 바뀐다는 중국전통의 관념에 기준을 두고 신(神)의 문제를 풀려고 했다.

동정(動靜)도 같은 원리이다. 동(動)이 극(極)에 달하면 정(靜)으로 바뀐다. 정(靜) 역시 극한에 도달하면 동(動)으로 바뀐다. 이것을 태극(太極)의 원리라 하며, 모든 사물은 이러한 태극의 음양원리에 의해 존재하고 있으며, 또한 이러한 음양원리에 의해 그 해답을 얻을 수 있게 된다.

이러한 음양원리는 불성(佛性)을 찾는 선가(禪家)에서도 중요시하고 있다.

인도에서 선풍(禪風)을 몰고 온 달마대사의 손제자인 승찬스님이 저술한 《신심명》에는 대(大)와 소(小)의 음양원리로 선경(禪境)을 표현하고 있다.

지극히 작은 것은 큰 것과 같아서
경계(境界)가 끊어져서 없고,
지극히 큰 것은 작은 것과 같아서
변표(邊表)가 보이지 않는다.[16]

음이 극음(極陰)이 되면 양으로 바뀌고 양이 극양(極陽)이 되면 음으로 바뀌듯이, 대(大)와 소(小)도 그러하다. 일반적으로 적지 않은 사람이 큰 것이 계속 커지면 무한히 커지는 것으로 인식한다. 그러나 사물의 이치는 영원한 큰 것도 없고 영원한 작은 것도 존재하지 않는다. 항상 변화되어진다.

수련이란 바로 이러한 음양의 분별을 일으키지 않는 것으로부터 입문한다. 모든

---

14) 張三豊의 《大道論》에 기록. 원문:『夫道者, 總生天′生地′生人′生物而名, 含陰陽動靜之机, 具造化玄微之理, 統无極, 生太極。無極無名, 無名者, 天地之始;太極爲有名, 有名者, 万物之母° 因無名而有名, 則天生′地生′人生′物生矣°』
15) 慧遠의 《沙門不敬王者論.形盡神不灰》에 기록. 원문:『夫神者何耶? 精極而爲靈者也.』
16) 僧燦의 《信心銘》에 기록. 원문:『極小同大, 忘絶境界. 極大同小, 不見邊表.』

사물에 있어 차별심을 일으키지 않아야 된다. 사람과의 관계에서는 좋아하고 미워하는 마음이 없어야 하고, 사물에 관해서는 이치에 순응한다. 거슬린다는 의식을 갖지 않아야 한다.

> 지극한 도(道)는 어려움이 없다.
> 오직 간택(揀擇)함을 떠날 뿐이니,
> 다만 증애심(憎愛心)만 일으키지 않으면
> 통연(洞然)해서 밝게 드러난다.
> 티끌만큼이라도 차별심이 있으면
> 하늘과 땅 사이만큼 도와 멀어진다.
> 도가 눈앞에 나타나길 바라거든
> 순역(順逆)의 차별심을 일으키지 말라.
> 위(違)하고 순(順)하는 것이 서로 부딪쳐서
> 마음의 병이 된다.
> 현지(玄旨)를 알지 못하고
> 헛되이 정(靜)만 생각한다.[17]

"고요함에 집착하지 말라."
수련 중에 양생을 얻고자 고요함을 추구한다. 생명(生命)이 정(靜)에서 성장하기 때문이다.

명상 중에 선정을 얻고자 고요함을 추구한다. 지혜(智慧)가 정(靜)에서 증장되기 때문이다.

이처럼 양생법에서 정(靜)을 강조하다보니 수련자의 입장에서 습관적으로 동(動)에 비해 정(靜)이 소중하게 여기고, 시간이 흐를수록 수련의 의식현상인 정(靜)이 본성처럼 그 자체가 목적이 되는 경우가 많다. 그러나 이러한 정(靜)에 대한 집착은 큰

---

17) 僧璨의 《信心銘》에 기록. 원문: 『至道無難, 唯嫌揀擇, 但莫憎愛, 洞然明白.』『毫釐有差, 天地懸隔, 欲得現前, 莫存順逆.』『違順相爭, 是爲心病, 不識玄旨, 徒勞念靜.』

병이 된다. 아무리 깊은 고요함도 항상 움직임으로 전환되어지기 때문이다.

움직임이 멈추어 지(止)로 돌아가면
지(止)는 다시 미세하게 움직이기 시작한다.
의식이 양변(兩邊)에 집착되어 있으니
어찌 모든 것이 하나라는 도리를 알겠는가.[18]

중도(中道)의 평등심을 지키지 못하고 어느 한쪽에 집착되는 경우는 사물의 법상(法相)에 얽매이기 때문이다. 혼자서 의식을 가다듬을 때는 비교적 쉽게 평등불이(平等不二)의 경계에 노닐 수 있는데 다른 사람과 논변하게 되면 자아의식이 발동해서 아(我)와 법(法)에 얽매이게 되는 경우가 많다. 수련성취에 가장 큰 방해요소라 해도 과언이 아니다. 언어를 통해서 도를 이해하려는 의식을 놓고 음양을 초월하여 태극(太極)의 불이세계(不二世界)에 노닐 수 있을 때, 도(道)를 찾는 나와 내가 찾는

---

18) 僧璨의 《信心銘》에 기록. 원문:『止動歸止, 止更彌動, 唯滯兩邊, 寧知一種.』

도는 서로 융화되어 자재인생(自在人生)을 성취하게 된다.

> 말이 많고 생각이 많으면
> 나와 도가 서로 상응(相應)할 수 없고,
> 말이 끊어지고 생각이 끊어지면
> 통하지 않는 곳이 없다.[19]

> 빨리 도와 내가 서로 상응하길 바라거든
> 오직 불이(不二)의 도리가 있을 뿐이니,
> 불이(不二)하여 모두 같으면
> 포용되지 않는 것이 없다.[20]

명나라 때 장황(章潢)이 쓴 《도서편(圖書編)》에서도 그 한 예를 볼 수 있다.

사람의 생명은 원래 음양(陰陽)의 양단(兩端)이 합체(合體)해서 만들어진 것이다. 그 중에 하나는 부모에게서 물려받은 정기(精氣)가 묘응(妙凝)되어 물질(物質)이 만들어 지는데, 그것을 정기(精氣)로 인해 물질(몸)이 만들어졌다고 한다.
또 하나는 숙세(宿世)로부터 존재해온 영혼(靈魂)이 지식(智識)의 변화(變化)를 일으킨 것인데, 이것을 유혼(遊魂)이 변화되었다고 한다. 정기(精氣)의 물질에 영혼(靈魂)이 내재하게 됨으로써 운동(運動)을 하게 되는데, 이것을 나의 몸이라 하며, 밖에 드러나 있으면서 쉽게 보고 알 수 있어서 양(陽)에 속한다.
유혼(遊魂)의 영(靈)이 정기(精氣)에 의지해서 지식(智識)을 드러낼 수 있는데, 이것을 나의 마음이라 하며, 안에 감추어져 있어서 보기가 어렵기 때문에 음(陰)에 속한다.[21]

장황은 윤회설의 입장에서 둘의 융합을 시도한 것이다. 그러나 장삼풍은 성명쌍

---

19) 僧璨의 《信心銘》에 기록. 원문: 『多言多慮, 轉不相應, 絶言絶慮, 無處不通.』
20) 僧璨의 《信心銘》에 기록. 원문: 『要急相應, 唯言不二, 不二皆同, 無不包容.』

수(性命雙修)의 입장에서 삼교의 진리가 서로 다르지 않음을 강조하고 있다.

> 일음(一陰)과 일양(一陽)을 도(道)라 한다.
> 수도자(修道者)는 이 음양(陰陽)의 도(道)를 닦는 것이다.
> 일음(一陰)과 일양(一陽)은 일성(一性)과 일명(一命)을 뜻한다.
> 《중용》에서 말하기를, 수도(修道)가 바로 교(敎)이다.
> 삼교(三敎)의 성인이 모두 이 도(道)를 근본으로 삼아 그 교(敎)를 세우신 것이다.
> 이 도(道)는 성(性)에 근원(根原)하고 명(命)에 근본(根本)하고 있다.
> 명(命)은 영(令)과 같은데 천(天)의 명(命)이 영(令)으로써 사람에 부여(賦與)되고, 성(性)은 곧 이(理)인데 사람의 성(性)은 천(天)의 이(理)로 말미암아 있게 된다.[22]

장삼풍은 삼교의 진리가 모두 도에서 비롯되었으며, 도(道)를 떠나서는 어떠한 교(敎)도 존재할 수 없다는 점을 강조하고 있다.

> 내(장삼풍)가 귀재는 아니지만 그동안 제자백가(諸子百家)의 가르침을 배우고 음미하면서 삼교는 이(理)로써 종합되어지고 삼교는 일도(一道)에 있어서 서로 같다는 것을 알게 되었다. 유교의 학자는 이 도(道)를 떠나서는 유(儒)를 성취할 수 없고, 불교의 수행자는 이 도(道)를 떠나서 불(佛)을 성취할 수 없고, 도교의 수련자는 이 도(道)를 떠나서 선(仙)을 성취할 수 없다.[23]

삼교가 그 근본에 있어서는 같지만 세상을 이롭게 함에 있어서는 각기 독특한 방법이 있음을 장삼풍은 재차 강조하고 있다.

---

21) 원문:『吾人之生, 原陰陽兩端合體而成. 其一則父母精氣, 妙凝有質, 所謂精氣爲物者也；其一則宿世靈魂, 智識變化, 所謂游魂爲變者也. 精氣之質, 涵靈魂而能運動, 是則吾人之身也, 顯現易見而屬之于陽；游魂之靈, 依精氣而露智識, 是則吾人之心也, 晦藏難見而屬之于陰.』

22) 《大道論》에 기록. 원문:『一陰一陽之謂道, 修道者修此陰陽之道也°一陰一陽, 一性一命而已矣°《中庸》云：『修道之謂敎』

23) 《大道論》에 기록. 원문:『予也不才, 竊嘗學覽百家, 理綜三敎, 并知三敎之同此一道也°儒離此道不成儒, 佛離此道不成佛, 仙離此道不成仙.』

유(儒)는 도(道)를 행(行)해서 그 시대 사회를 구제하는 것이며, 불(佛)은 도(道)를 깨우쳐 세상을 각(覺)으로 인도하는 것이며, 선(仙)은 도(道)를 감추어 사람을 제도하는 것이다. 각기 개별적으로 말하면 그 나름대로 오묘함이 있고, 이 셋을 합해서 보면 그 나름대로 좋은 면이 있다. 어찌 서로 옳고 그르다는 분별을 낼 필요가 있겠는가![24]

장삼풍은 도교의 입장에서 삼교합일을 주장했으며, 태극에서 비롯된 나의 생명은 다시 태극으로 돌아가야 된다. 그렇게 하기 위해서 도(道)를 닦는 것이며, 그래서 시공(時空)의 순리에 따라 살지 말고 그에 역행(逆行)할 것을 강조하고 있다. 역행은 다시 태어났던 곳인 태극으로 돌아가는 것이다. 그렇지 않으면 세월의 흐름에 따라 늙고 병들어, 태어날 때 타고난 진성과 진명을 제대로 승화하지 못하고 혼백이 흩어지는 죽음을 당하게 된다는 것이다. 어떻게 하면 성명(性命)을 성취할 수 있는가에 대한 장삼풍의 가르침을 〈양생과 불노장생〉편에서 다시 전개한다.

현학(玄學)이 한참 꽃피우고 있던 4세기경에 인도에서 들어온 불교사상 또한 현학자의 담론 대상이 되었다. 불교사상 중에서도 반야성공(般若性空)사상은 현학자들이 제일 관심을 갖던 내용이다. 공(空)의 개념이 도가의 도(道) 또는 무(無)의 개념과 상통되는 바가 많다고 인식되었기 때문이다.

불교의 성자 구마라즙에 의해 공사상의 주요 경전들이 번역됨에 따라 현학의 담론세계에 현학의 원전으로 삼아오던 《노자》, 《장자》, 《주역》의 삼현(三玄)에다 《유마경》, 《금강경》, 《중론》 등의 반야사상 경전들이 포함되어 한층 더 광활하고 깊이 있는 도의 세상을 이야기하게 되었다.

불교가 중국에서 자리 잡을 수 있었던 것은 중국의 전통 수양문화에, 공(空)의 체계성과 상당히 접근되어 있는 《노자》, 《장자》와 같은 우주의 본질과 자아의 본성에 관한 사유 방식이 이미 존재하고 있었고, 이러한 사유(思惟)문화가 지식인 사회에서 유행하고 있던 때라, 불교가 쉽게 한문화(漢文化)의 토양에서 뿌리내릴 수 있게 된 것이다.

---

24) 《大道論》에 기록. 원문:『儒也者, 行道濟者時也 ; 佛也者, 悟道覺世者也 ; 仙也者, 藏道度人者也。各講各的妙處, 合講合的好處, 何必口舌是非哉!』

노장사상을 기반으로 해서 자리 잡은 불교는 남북조 시대부터는 신앙적으로 한 문화권에는 생소한 삼세윤회설(三世輪回說)이 민간신앙의 중심에 놓이게 되고, 사대부 사이에서도 불교의 경전을 연구하는 것이 당연한 것으로 사회의 분위기가 형성되었으며, 《유마경》은 그들의 필독서에 포함되었다.

　남북조 시대에 시대에 세인의 등불이 되어주던 불교문화는 다시 중국을 통일한 수나라에 이어 당나라 때 불교문화는 당시 국교로 인정할 만큼 꽃피웠다. 이러한 중국의 찬란한 불교문화는 신라의 의상대사 등 구법승들에 의해 우리나라에 받아드려졌고 그때 불교의 다양한 문화와 함께 차(茶)문화 또한 우리나라로 들어왔다.

　차 문화는 선수행자에게는 그림자처럼 함께하던 수행문화였고 이것이 다선일여(茶禪一如)의 선경(禪境)과 밀접하게 연계되면서, 비록 선(禪)이 중국에서 들어왔지만 우리의 새로운 선풍(禪風)으로 자리 잡은 구산선문(九山禪門)이 있듯이, 차 문화 또한 우리 민족의 수양정신과 그 호흡을 함께하면서 우리민족의 고유한 전통문화로 자리매김했다.

　이러한 우리 문화만이 내재하고 있던 차 문화 정신이 중국에서 새롭게 부흥한 신유학(新儒學)인 성리학(性理學)을 받아드리면서 불교가 탄압되고 불교와 연관된 문화 또한 함께 지탄받았는데 차 문화 역시 그중에 포함되어있다.

　선(禪) 수행은 인간 내면의 자성(自性)을 일깨워서 우주의 실상(實相)을 체득(體得)하는데 일차목적을 두는 것처럼, 다도(茶道) 역시 내면의 진면목을 일깨워 도와 계합(契合)하는 것을 기본정신으로 삼는다. 이러한 추구하는바 내면의 목적이 서로 상통하기 때문에 선인(禪子)는 차를 벗하면서 도를 논하게 되고, 다인(茶人)은 선경(禪境)에 노닐면서 차이 진면목(眞面目)을 밝히고자 했다.

　이러한 차 문화의 정서는 양반사회가 형성되면서 만남의 나눔이 차 대신에 술로 바뀌었다. 이로 인해 차훈명상과 같은 차의 기운을 호흡으로도 받아드려 양생을 돕는 훈법(熏法)의 양생문화 또한 함께 세인에게서 멀어지게 된 것 같다.

　성리학의 발원지인 중국에는 주자(朱子)에 의해 정립된 새로운 유학의 체계가 발전하면서도 불교의 다양한 문화는 함께 융화되면서 그 시대 사람들의 안식처가 되었다. 당나라 말엽부터 선불교의 영향을 받아 유학자 사이에서도 정신수양을 중시하게 되었고, 유가에서는 그 원류를 《맹자》의 호연지기(浩然之氣)에서 찾았다.

그래서 공자의 말씀을 모아둔 《논어》보다는 성선설(性善說)을 주장한 맹자의 수양정신을 더 중시하게 되었다. 이러한 신유학 문화는 삼교합일(三敎合一)이라는 사회 분위기와 함께 불교, 도교와 융합되어 서로 견제하면서도 한 사람에게 이 셋이 모두 필요로 하는 생활문화로 발전되었다.

안타깝게도 우리나라에는 당시 정권을 장악하고 있던 성리학의 추종자인 양반들에 의해 삼교합일의 융화정신은 배제된 채 견제의 배타성만이 강조되어 경직되고 형상화된 형식위주의 사회문화 속에서 우리 민족은 몇 백 년의 세월을 살아오게 되었다.

조상에게 예(禮)를 올리는 제사문화 또한 차례(茶禮)라 해서 차를 올리던 전통이, 술을 올리는 제주문화(祭酒文化)로 바뀌었다. 죽으면 혼백이 흩어져서 죽은 자의 생명이 모두 사라지고 없다. 그렇다면 음식 먹을 조상도 없는데 왜 제사는 모시는 것일까?

그 논리는 이러하다. 태어날 때는 부모의 정혈(精血)과 천지의 기운(精神)을 받아 생명체가 만들어진다. 죽게 되면 정신부분인 혼백(魂魄)은 다시 왔던 곳인 하늘과 땅으로 되돌아간다. 즉 혼(魂)은 양의 기운으로 하늘로 사라지고, 백(魄)은 음의 기운으로 땅으로 사라진다.

이처럼 죽으면 몸과 함께 마음도 혼과 백으로 나뉘어 없어져야 당연한데, 두 가지 경우에는 혼백이 흩어지지 않고 남아 있게 된다. 이것을 귀신이라 한다. 하나는 수양을 많이 한 사람인 경우이고, 또 하나는 크게 원한을 품고 죽은 경우이다. 전자는 성스러운 조상신(祖上神)으로 후손을 보호하고, 후자는 한 맺힌 원귀가 되어 구천을 떠돌게 된다.

공자처럼 성인의 신(神)은 월인천강(月印千江)처럼 영원히 세상의 등불로 남아 있다는 것을 유학에서는 강조한다. 그와 관계된 옛 이야기에서도 잘 드러나 있다.

이조(李朝) 시대 때 정승까지 지낸 유학자가 고향에 내려와 말년을 보내고 있을 때, 어느 노승 한분이 찾아와서 크게 예를 올리면서 다음과 같이 물었다.

"공자님의 제삿날 우리나라 중국 할 것 없이 수많은 곳에서 같은 날 같은 시간에 제사를 드립니다. 그런데 공자님은 한분이십니다. 소승의 식견으로는 공자님이 같은 시간에 한곳 밖에는 갈 수 없을 것 같은데 도대체 어느 제사상에 가서 음식을 드십니까?"

생각 밖의 질문을 받은 유학자는 미쳐 그 물음에 대답하지 못하자 노승은,

"이달 보름날 저녁 무렵에 다시 와서 가르침을 받겠다."는 말을 남기고 떠났다.

그 때부터 유교의 각종 경서를 낱낱이 읽고 해도 공자님이 제삿날 어느 곳에 가서 음식을 드시는지에 대한 해답이 나오질 않았다. 노승이 다시 오겠다는 날이 이삼일로 다가오면서 마음은 불안해지고 식욕이 상실되어 식음도 전패하고 있을 때, 부인이 와서 그 연유를 재차 묻자 유학자는 그때서야 노승과의 일에 대해 말해 주었다.

그 말을 들은 부인은 남편에게 자신이 그 문제를 해결할 것이니 걱정하지 말라고 한다. 대책이 없던 유학자는 부인이 하는 대로 두고 보았고, 부인은 그날 저녁 무렵에 마을 아낙네들에게 물이 가득한 물동이를 들고 와서 유학자의 집 대문에서부터 길 양쪽에 즐비하게 나열케 했다.

해가 지고 달이 뜬 밤이 되자 노승이 발걸음 소리가 유학자의 귓가에 들려오기 시작했고, 마당에 도착한 노승은 마루 위에 앉아 있는 유학자에게 다시 큰 절을 올리면서,

"참으로 훌륭하신 어른이십니다."란 말 한마디를 남기고 왔던 곳으로 다시 돌아갔다.

물동이는 무엇을 뜻할까? 달은 어느 강물에나 모두 비치고 있다는 월인천강(月印千江)의 이치를 사물로 밝히고 있는 것이다. 달은 비록 하나지만 물이 있는 곳에는 어느 곳이나 나타나지 않는 곳이 없다. 이처럼 공자님 또한 그에게 올리는 제사상이 있는 곳에는 비록 한 분의 공자이지만 같은 시간에 수만 곳을 갈 수 있다는 것이다. 이것은 불경(佛經)에 나오는 문구로 선수행자들이 즐겨 읊조리는 영가선사의 〈증도가〉에도 그러한 도리를 뚜렷하게 밝히고 있다.

하늘에 떠 있는 한 달은 모든 물에 나타나고,
모든 물에 비쳐지고 있는 달은 다시 하늘에 떠 있는 한 달에 섭수(攝受)된다.[25]

공자처럼 성인이더라도 이러한 신(神)으로의 존재가 영원한 것은 아니다. 수양(修養)의 도덕(道德)이 다하면 역시 혼과 백이 하늘과 땅으로 흩어지게 되고, 원한이 풀리면 원귀 또한 혼백이 흩어져서 자취가 없어진다. 이렇게 되면 살아있을 때의 '나' 라는 존재가 완전히 없어지게 되는가?

그렇지 않다. 자손들에게 정혈(精血)로 남아 있게 된다. 나의 후손이 살아 있는 한 나는 계속 존재하고 있다. 그 까닭은 나의 정과 혈이 후손에게 이어졌기 때문이다. 우리는 이것을 통해 한문화의 생명사상이 정신 못지않게 몸을 중요시하고 있다는 것을 알 수 있다. 그래서 자손이 태어남을 최고의 경사로 삼고 후손이 끊기는 것을 최대의 위기로 인식한다. 자손이 지속됨으로서 나는 죽은 뒤에도 계속 존재할 수 있게 되고 후손이 끊김으로서 나의 존재는 영원히 사라지게 되기 때문이다.

때문에 내가 행한 것은 대부분 자손이 그 영향을 받게 된다. 내가 살아 있는 동안 선행(善行)을 했으면 그 선행에 대한 남은 혜택은 자손이 받게 된다. 내가 만약에 악행(惡行)을 했으면 그에 대한 처벌 또한 자손이 받게 된다. 그래서 국가에 큰 죄를 지으면 삼족을 멸한다는 것 또한 이러한 생명사상을 바탕으로 만들어진 사회제도라고 할 수 있다. 자신이 지은 것은 자신 스스로 받는다는 자업자득(自業自得)을 주장하는 인도의 윤회(輪廻)사상과는 상당한 차이점이 있는 것을 엿볼 수 있다.

여기에서 우리는 다음과 같은 사실을 알 수 있다. 한문화의 생명사상은 개인의 독립적인 영원성보다는 가족의 현실적인 삶을 더욱 중요시 한다. 개인의 사후가 존재하지 않는 반면 후손이 있는 한 현세가 계속적으로 유지하게 된다. 그래서 이러한 생명문화를 현세를 중시하는 혈연중심(血緣中心)의 생명관이라 부른다.

도교의 수행자들은 후손에게서 자신의 생명연속성의 의미를 찾지 않고, 절대현세주의인 장생불사(長生不死)의 영원한 삶을 추구하게 된다. 일회성의 생명의식은 현실의 생활을 보다 더 즐겁게 살아가는 원동력이 되어서 후손을 통한 장수를 희망하는 유학자의 존재의식이나 죽지 않고 오래 살려는 도가수련자의 존재의식이 모두 이 땅의 환경 속에서 영생을 누리려는 현세이념이라는 점에서 서로 일맥상통하는 바이다.

---

25) 永嘉의 《證道歌》에 기록. 원문:『一月普現一切水, 一切水月一月攝.』

2) 현재생과 미래생의 존재(二世生命觀)

지금 살아있는 모습은 '나'라는 생명의 첫 시작이고 죽은 후에는 정신만이 존재해서 영원히 존재하게 된다. 그래서 지금은 하나의 과도기적 삶으로 사후의 영생을 준비하는 단계이다. 진정한 삶은 사후에 있다. 이러한 대표적인 예가 기독교와 천주교의 생명문화이다.

'나'의 뿌리는 하나님의 절대적인 능력에서 비롯되었고, 사후에 영생 또한 하나님의 절대능력에 의해서 존재하게 된다. 다시 말하면 '나'는 하나님에 의해서 만들어진 종속물로 삶의 마무리도 그분에 의해서 처리된다. 이때 절대자인 하나님의 존재를 인정하게 되면 나의 삶은 그 품안에서 편안함을 찾을 수 있다.

이러한 하나님이 존재하느냐 하는 문제를 놓고 끊임없는 사상논쟁이 전개되고 있다. 이 영역은 주로 사후에 관한 범위이기에 이 책에서 다루는 현재생의 심신양생과는 별개의 내용이어서 절대 신에 대한 본질적인 부분은 거론하지 않는다.

양생학(養生學)에서 보았을 때 만약 자신의 몸과 마음을 모두 자신이 신앙하는 대상에 바칠 수 있다면 누구나 마음이 편안해지고 몸 또한 상당한 건강 효과를 얻게 된다. 문제는 대다수의 현대인들은 어느 특정 종교에 의지하면서도 그 종교의 가르침을 절대적으로 믿지 않기 때문에 또 다른 문파의 경서를 뒤적거리게 되고, 그 종교의 절대적인 힘에 대한 믿음이 미약해서 어떠한 문제가 발생하면 다른 방법으로 해결책을 찾는 경우가 많다.

사회적으로 보편적인 현상인 이와 같은 불신(不信)의 심리현상이 생겨나게 된 것은 다음 몇 가지의 내적, 외적인 변화요소 때문이다.

첫째, 종교를 과학적 논리로 이해하려 한다.

예를 들어 보자! 성경(聖經)에서 천동설(天動說)을 말하고 있다. 하늘이 임직이는 것이고 지구는 그대로 있다는 주장이다. 과학의 발전으로 하늘은 그대로 있는데 지구가 움직인다는 지동설(地動說)이 논리적으로 증명되었다. 그렇다면 성경의 말씀은 허구인가?

과학이 입증의 방법으로 삼고 있는 '논리'의 개념은 불변의 진리인가?

과학의 입증은 사람이 보아서 판단한다. 최첨단의 기계를 동원해서 분석되어진 결과를 입증할 때 역시 사람이 보아서 결정한다. 사람은 사물과 접촉하는 통로인 눈·귀·입·코 등을 통해 그 인지된 사실이 신경선을 따라 대뇌에 전달된 다음 대뇌와 접촉되어 있는 의식(意識)의 작용으로 그 사물(事物)에 대한 현상을 판단해서 입증하게 된다.

분별의식으로 사물을 판단할 때 단지 그 사물의 물질적인 표면과 성분만을 참고할 뿐 그 사물이 내재하고 있는 모든 부분을 다 알고 나서 그것에 대한 연구결과를 내놓는 것이 아니다. 과학체계를 규명하는 논리학으로 사물의 실상(實相)을 진실하게 표현해 낸다는 것은 불가능하다.

그래서 도(道)를 찾던 위진 시대의 현학자들은 "뜻을 얻으면 언어를 잊어라〔득의망언: 得意忘言〕"는 말을 강조했고, 그러한 사유방식은 후대에 사유의식의 기본으로 정립되어 사회의 전반에 거쳐 영향을 주었으며, 특히 산수화(山水畵), 시가(詩歌) 등에 지대한 영향을 미쳤다. 선(禪), 선(仙), 차(茶), 단(丹), 기(氣), 태극(太極), 명상(冥想) 등을 통해 도(道)를 성취할 때도 언어의 개념을 타파하는 것이 기본정신으로 되어 있다.

현대사회에서 유행하는 논리학의 수준은 언어 자체가 지니고 있는 한계성과 과학기술의 미약으로 인해 어떤 사물을 규명할 때 그의 일면 또는 막연한 전체성만을 설명하는 취약성을 지니고 있다. 지동설과 천동설의 문제도 그렇다. 어느 위치에서 또는 어떤 입장에서 보느냐에 따라 지동설이 맞고 천동설이 맞고 하는 것이다.

그것을 인식하려는 자가 물질의 변화에 기준을 두어 태양계에 있으면서 측정한다면 물론 태양은 그대로 있는 반면 지구가 돌면서 낮과 밤의 변화가 생겨나게 된다. 그러나 그 주시하는 위치를 지구가 포함된 은하계의 밖에 둔다면 어찌 변방에 있는 작은 지구가 돌아가는 것이 그다지 의미가 있겠는가.

한걸음 더 깊숙한 우주의 중심축에 들어가서 우주 전체의 변화를 주시한다면 먼지보다도 더 작게 보이는 지구의 움직임이 무슨 의미가 있겠는가. 더욱이 물질이 아닌 정신의 영역에 기준을 두고 사물의 움직임을 이야기한다면 하늘의 움직임을 느끼도록 해서 사람마다 갖추고 있는 자신만의 보배인 영성(靈性)을 일깨우려는 목적이 더욱 중요시 되었을 것이다.

성경에서 말하는 천동설의 내면에 들어있는 정신 또한 이러한 사람 자신마다 내재하고 있는 영성을 일깨움이 아니겠는가!

이처럼 사물의 외형적인 변화에 집착해서 본성(本性)을 망각하기 쉬운 사람들에게 안으로 우주의 절대적인 힘과 통할 수 있는 자신의 본래면목(本來面目)을 일깨워 주는 것이 종교문화의 특징이다.

둘째, 종교에서 강조하는 현세 부정적인 금욕주의가 싫다.

사람의 마음은 눈으로 보이는 현실세계에서 자아를 성취하려는 욕망으로 채워져 있다. 단지 그 욕망이 크고 작은 차이가 있을 뿐이다. 그러나 대부분의 종교는 현생은 불완전한 세계이고 이 속에서 이루어지는 모든 활동은 사후에 나에게 주어질 좋은 삶에 비하면 한갓 물거품에 불과하다고 말한다. 그래서 현생에는 진정한 의미도 없을 뿐만 아니라 만일 죄악을 짓거나 교리에 어긋나는 행위를 하게 되면 최악의 고통으로 만들어져 있는 지옥으로 떨어진다고 한다.

종교진리의 시비(是非)를 떠나 신앙생활을 하고 있는 다수의 사람은 지금의 사물로부터 오는 쾌락을 즐기고 싶고, 현실행복이 사후행복보다 우선시되어진다. 이러한 현실중심의 사회의식 때문에 금욕주의를 강조하는 종교를 신앙으로 받아드리려고 하기보다는 문화로 받아드리려는 의식이 현대인들의 보편적인 종교 관념이다.

셋째, 현대사회인은 다민족, 다문화를 접하면서 생활해야 한다.

종교는 민족과 함께 발전되었으며, 세계인의 교류가 빈번해지면서부터 민족의 틀을 벗고 공동인류의 평등정신에서 세계화되어갔다. 이러한 종교 발전의 변화로 인해 사회문화의 다양화가 촉진되었고, 한 지역에 여러 종교문화가 함께 존재함으로써, 과거에는 한 지역에 있어서 정신문화와 사회문화가 하나의 종교이념을 실현하기 위한 모양으로 내외조화를 이루고 있던 것이, 사회의 조화와 리듬이 깨지면서 종교충돌이 발생하고, 여러 종교의 모습을 세속적인 분위기 속에서 접해온 현대인들은 종교가 추구하는 마음의 정화를 체험하기에 앞서 먼저 종교외형의 세속화된 모습을 받아드리게 되어 종교체험을 하기가 쉽지 않은 사회구조가 되었다.

3) 과거생과 현재생과미래생이 모두 존재(三世生命觀)

'자아'라는 뚜렷한 독립적인 생명의 본질이 있어 예부터 변함없이 오늘의 내 모습에 이르기까지 지속된다. 헤아릴 수 없는 많은 생애를 반복하면서 때로는 사람 몸으로, 때로는 지옥에서, 때로는 짐승으로, 때로는 천상에서 끊임없이 방황하는 삶이 지속된다. 태어나고 죽음을 반복한 횟수가 몇 번이나 될까?

불가설(不可說)이라 표현하는 것처럼 백만 번, 천만 번의 생사왕래를 하는 십억 년, 천억 년 동안 자아의 생명이 지속되어 왔는지 알 수는 없지만 이러한 윤회설을 대표하는 인도의 종교사상 안에서 들여다보면 우리는 아마도 이보다는 더 많은 세월을 살아왔고, 더 많은 횟수의 생사윤회를 반복한 것 같다.

윤회는 생과 사가 반복되어지는 삶을 뜻한다. 사람이 태어날 때 산모뿐만 아니라 태아 또한 고통 속에서 세상으로 나온다. 죽을 때도 그렇다. 목숨이 끊기는 그 순간까지 얼마나 많은 나날의 병고에 시달려야하는가. 우리가 평소 보는 바와 같이 태어나고 죽는 그 자체가 큰 고통이다.

이러한 고통은 어디에서 왔을까? 태어나기 때문이다. 또한 죽기 때문이다. 태어나지 않으면 태어날 때의 고통도 없을 뿐만 아니라 죽을 때의 고통도 자연히 없어지게 된다.

어떻게 하면 태어나지 않을 수 있을까? 태어나게 되는 원인을 없어버리면 된다.

생의 원인이 무엇일까? 업(業)이다.

어떻게 하면 업을 없앨 수 있을까? 자업자득(自業自得)이기 때문에 스스로 노력에 의해서 없애야 된다. 그 업을 없애기 위해 다양한 방법들이 나왔는데 이것이 인도에서 만들어진 무수히 많은 종교이며, 우리나라의 전통문화로 자리 잡고 있는 불교 또한 그 중에 하나이다.

불교철학에서는 인도의 전통 우주관을 그대로 받아들여 삼계(三界)를 주장한다. 우주 전체를 들여다보면 그 특성들이 나름대로 형성되어 있는데 크게 보면 욕계(欲界), 색계(色界), 무색계(無色界)로 나누어진다. 업이 많은 중생은 욕계에서 헤매고 업이 적은 중생은 무색계에서 지낸다. 업이 소멸되어지면서 욕계에서 색계로, 색계에서 무색계로 올라간다. 그러나 무색계에 상주하고 있지만 업이 생겨나면 다시 색계나 욕계로 추락하게 된다.

"이 속에서 끝없는 윤회 하면서 '내'가 존재하고 있다는 것이다. 이러한 관념이 형성된 목적은 이 속에서 영원히 고통 받으면서 살아갈 것이 아니라 업장을 모두 소멸해서 화택(火宅)과 같은 살 곳이 못되는 삼계를 벗어나 영원한 행복이 함께하는 정토(淨土)세계로 가자'는 것이다.

우리는 인도의 종교문화인 불교와 중국의 사회이념인 유학을 함께 받아들여 우리의 전통문화로 받아들이고 있다. '나'라는 생명의식이 불교의 영향을 받아 개인 독립적인 자아관(自我觀)이 형성되어 깨달음과 왕생을 추구하고, 한편으로는 나의 생명은 후손에게 이어진다는 혈연생명관의 영향으로 조상을 모시는 문중위주의 생활문화가 형성되었다.

### 기의 흐름과 관련하여

온몸은 기가 아닌 곳이 없다. 기는 몸 안에서만 움직이는 것이 아니다. 외부의 기도 세포를 통하여 몸 안으로 들어간다. 시원한 바람을 통해 청량감을 느끼는 것 또한 기를 느끼는 것이다. 외부의 기운이 피부에만 자극을 주는지 아니면 몸 안으로 들어오는지 이 둘은 모두 가능하다.

이는 수행할 때 기문을 열고 하는 것인지에 따라 달라진다. 기문이 열려 외부의 기가 몸에 들어와 부정적 영향을 주는 것은 크게 두 가지 통로가 있다.

첫째 목선으로 들어와 어깨를 누르는 것이다.

둘째는 가슴으로 오는 것이다. 목선으로 오는 기운은 지성에 영향을 미치고, 가슴으로 들어오는 기운은 감성에 영향을 미친다.

지성에 영향을 미치는 기운은 영적인 면을 움직여 신기를 발휘한다. 가슴으로 들어온 기운은 사람을 횡설수설하게 만든다. 기수련을 하는 도중에 기문을 열고 스스로 조절할 힘을 얻지 못한 경우 외부의 기에 의해 피해를 입게 되고 앞서 말한 바와 같은 현상을 보이게 되고 이것이 일상에 적용되어 신기를 발휘하는 무속인 활동을 한다든지 아니면 사기행각에 연루되기 쉽다.

기문을 여는 것 중 대표적인 것은 자발궁이다. 자발궁은 처음에 기문이 열려 막힌 부분이 뚫어져 시원해지는 것 같은 기분을 주지만 내부적 기운을 운용하여 행위가 이루어짐으로 인해 기운을 소모한다. 또한 자발궁의 기는 의식에 통제받지 않은 기운의 움직임으로 약간의 기가 모이면 스스로 움직여 몸의 수련을 방해한다. 선정이나 명상을 할 수도 없다. 기를 연마할 경우에는 정도를 걷는 것이 중요하다.

# 2. 몸과 마음의 관계(身與心的關系)

현재 생을 살아가고 있는 나의 생명(生命)은 무엇으로 구성되어 있을까? 옛 선지식(善知識)들이 주장한 학설을 보면, 대체적으로 다음 두 가지로 요약할 수 있다.

첫째, 몸과 마음의 두 가지 요소로 되어 있다.

몸을 마음의 집으로 인식해서 마음이 주체이고 진정한 '나'이며 몸은 마음이 작용하기 위해서 보조적으로 존재하는 물질에 불과하다고 보는 것이 대체적으로 불교나 기독교 등 종교에서 주장하는 학설이다.

둘째, 정(精)과 기(氣)와 신(神)으로 구성되어 있다.

몸과 마음의 중간에 기(氣)가 존재하는데 몸과 마음에 비해서 기의 요소가 더 중요하다고 주장하는 것이 중국 도교의 철학으로, 정(精)과 기(氣)와 신(神)을 함께 닦는 실천수행으로 불노장생(不老長生)하면서 대도(大道)를 성취하게 된다고 한다. 심신(心身)설과 정기신(精氣神)설의 그 본질을 들여다보면 나의 본성이 천(天)과 계합해야 된다는 생명목적의 근원에서는 서로 일맥상통하고 있다.

## 1) 몸은 껍데기, 마음은 참나(身假心眞說)

불교학에서는 생명의 구성요소를 크게 다섯 가지로 구분해서 그것을 색(色), 수(受), 상(想), 행(行), 식(識)이라 부르며, 총체적인 이름으로 오온(五蘊)이라 한다. 이 중에서 몸의 부분을 색이라 하고 나머지 네 가지를 마음의 부분이라 일컫는다.

### ① 몸의 구성요소: 색(色)

■ 색(色)

색(色)은 몸의 총칭으로 마음의 작용에 의해서 움직일 뿐 주체성을 지니고 있지 못하다. 그러나 오장육부, 근골 등 몸의 형체를 구성하고 있는 요소들은 마음의 작용이 없이도 자체적으로 움직여서 생명을 존속할 수 있도록 변화한다.

색(色)의 요소를 크게 지(地), 수(水), 화(火), 풍(風)의 네 가지(사대: 四大)로 나눈다.

지(地)는 흙의 뜻으로, 몸 성분 중에서 뼈, 관절, 이빨, 살, 가죽 등 고체로 되어 있는 것의 총칭으로, 죽으면 이러한 성분으로 구성되어 있는 몸의 요소는 다시 흙으로 돌아간다.

수(水)는 물의 뜻으로, 몸 성분 중에서 피, 땀, 골수 등 액체로 되어 있는 것의 총칭으로, 죽으면 이러한 성분으로 되어 있는 몸의 요소는 다시 물로 돌아간다는 것이다. 물의 성분은 몸 구성의 70%에 해당한다. 일반적으로 수분이 충족한 신체일수록 양생수련에서 건강효과를 빨리 볼 수 있다. 그것은 전류가 수분을 따라 전이되듯 몸 안에 형성되어 있는 기(氣)의 통로인 경맥(經脈), 낙맥(絡脈)이 심(心)의 열과 융화된 신(腎)의 물 기운을 따라 형성되어 있기 때문이다.

화(火)는 불의 뜻으로, 몸 성분 중에서 따뜻한 기운의 총칭으로, 죽으면 이러한 성분으로 되어 있는 몸의 요소는 다시 불로 돌아간다는 것이다.

풍(風)은 바람의 뜻으로, 몸 성분 중에서 바람 기운의 총칭으로, 죽으면 이러한 성분으로 되어 있는 몸의 요소는 다시 바람으로 돌아간다는 것이다.

이렇듯 사대(四大)로 구성되어 있는 몸뚱이는 여러 성분이 서로 모여서 하나의 생명체가 형성되어 있는 상태이기 때문에 자아(自我)라 할 수 있는 주인공이 몸 자체에는 존재하지 않는다. 이러한 몸은 영원히 유지될 수 없는 것이다. 세월이 흐름에 따라 태어나고(생 : 生), 늙어가고(노 : 老), 병들고(병 : 病), 죽는(사 : 死) 과정을 피할 수 없다.

몸이 항상 할 수 없다(무상 : 無常)는 것을 강조해서 마음이 생명의 중심이라는 것을 부각한다. 즉 몸은 마음이 잠시 머물다 가는 집이며, 그 집주인은 마음이다. 잠시 쓰다가 버릴 껍데기와 같은 몸에 애착을 갖게 되면 그 몸이 진실한 '나'인 것처럼 되어 주(主)와 객(客)이 전도(顚倒)된다. 주인공인 참나(불성 : 佛性)를 찾지 못하는 것은 이와 같이 전도된 의식(意識) 때문이다.

수행(修行)이란 이러한 전도된 의식(顚倒意識)을 바르게 해 주는 일이기도 하다. 불자(佛子)라면 누구나 외워서 독송하는 《반야심경(般若心經)》에서도 전도된 의식이 없으면 깨달음의 궁극 목적지인 열반에 들어가게 된다고 강조하고 있다.

수행자가 반야바라밀다(큰 깨달음)에 의지하기 때문에 마음은 걸림이 없다.

마음에 걸림이 없기 때문에 두려움도 없어서, 전도된 몽상을 멀리 여의게 되어 궁극에 열반에 들어가게 된다.[26]

### ② 마음의 구성요소: 수(受), 상(想), 행(行), 식(識)

■ 수(受)

수(受)는 의식작용의 첫 과정으로 외부로 부터 무엇을 받아드리는 것을 뜻한다.
받아드리는 대상을 경(境)이라 하고,
받아드리는 통로를 근(根)이라 하며,
받아드려서 인지하는 것을 식(識)이라 한다.

경(境)은 모든 사물을 지칭하며 내 몸까지도 경에 포함된다. 눈으로 보이는 것뿐만 아니라 들리는 소리 냄새 느낌 등 변화되어지는 모든 것들이 여기에 속한다. 다시 말하면 자아의 주체를 제외한 모든 것이 다 경에 포함되어진다고 할 수 있다.
이러한 외부적인 현상을 인식하는데 근(根)이라는 통로를 거친다. 근 중에서 안근(眼根)과 이근(耳根)은 평소 생활에서 자신의 의식형성에 큰 영향을 준다. 심신양생(心身養生)을 위한 차훈명상 수련에서도 이 둘은 많은 작용을 한다.
눈을 감고 명상하고 있지만 귀로 들려오는 소리 때문에 선정에 몰입할 수 없는 경우가 많고, 생각으로 스쳐가는 수많은 형상들로 명상의 주체인 자신을 망각하곤 한다. 그래서 선지식이 후학을 가르칠 때 안근과 이근을 청정하게 정화시키는데 주안점을 두기도 한다.

■ 상(想)

상(想)은 수행자에게 소홀이 할 수 없는 부분이다.
생명의 본성인 대도를 성취하려는 수련자는 생각을 잘 다스려야 깊이 있는 정진력이 나오게 된다. '생각'은 깊은 차원의 것부터 순간 스쳐서 사라지는 것까지 다양

---

26) 원문: 『依般若波羅蜜多故, 心無罣碍. 無罣碍故, 無有恐怖, 遠離顚倒夢想, 究竟涅槃.』

한 것들이 있다. 불교의 기본 수행법인 37까지의 도품(三十七道品)을 보면 생각과 연관된 수행법이 많다는 것을 알 수 있다. 그만큼 다스려야 될 '생각'의 부분이 많다는 뜻이며, 생각을 잘 다스리지 않고 수행력이 향상될 수 없는 것이다.

한순간에 대도를 성취하는 돈오선(頓悟禪)을 강조해온 혜능선사도 한순간 한순간의 생각인 일념(一念)을 강조했다. 이러한 순간의 생각이 이어져서 의식이 지속성을 지니게 되는 것이며, 이러한 의식이 맑게 깨어있는 삶을 수행자 또는 수련자의 자재인생(自在人生)이라 한다.

■ 행(行)

행(行)은 의식이 지속성을 띠고 움직이는 것을 뜻한다.

행이 이어지는 것을 생명이 존재하고 있다고 말한다. 나의 존재가 다른 사람에게 인식되어 있는 모습은 모두 이 행의 작용이 현상으로 표현되어진 것을 상대방이 인식한 것이다. 때문에 나의 인상이 상대방에게 잘 심어지기를 바란다면 나의 의식이 행으로 나오는 작용을 잘 표현해야 한다.

수행(修行)과 수련(修練)은 도를 성취하기 위한 목적에서는 같으나, 그 도를 깨우치기 위해 실천하는 과정에서 몸과 마음의 어느 쪽에 중점을 두느냐의 차이가 있다. 수행은 행을 닦는다는 뜻으로 이때 행은 몸에서 만들어져 나오는 행동을 의미하는 것이 아니라 마음의 움직임을 말한다. 마음의 네 가지 요소(수, 상, 행, 식)에서 행의 변화를 의미한다. 이 때문에 수행을 곧 마음을 닦는다고 해서 수행을 수심(修心)이라고도 부른다.

자신이 모든 변하는 마음에서 비롯된다 태어남과 죽음도 우리 육안으로 보아서 알게 되는 몸의 변화를 뜻하는 것이 아니라 마음의 행이 생겨나고 없어지는 변화에 중점이 있다. 그래서 수행자는 외형의 모습에서 도를 성취하는 것이 아니라 내면의 변화되어지는 모습을 직관함으로써 참 나를 찾아내는 것이다.

원효는 어두운 밤중에 마신 물이 그렇게 시원할 수가 없었는데 날이 밝은 후 자신이 마신 물이 해골에 담겨 있던 것을 알고 구역질나는 그 순간의 자신을 직관(直觀)하면서 도를 성취했다. 원효는 《능가경(楞伽經)》의 한 대목을 인용해서 깨달음의 경지를 표현하고 있다.

마음이 움직이면 만물의 변화가 생겨나고,
마음이 고요해지면 변화하는 만물은 자취를 감춘다.[27]

수련은 연을 닦는다는 의미로, 연은 연(煉) 또는 연(鍊)으로 표현된다. 성명(性命)이 함께하는 생명체를 유지할 수 있는 것은 몸 안에 원기(元氣)가 있기 때문이며 이러한 원기를 극대화해서 불노장생의 신선세계에 들어갈 수 있게 되는 힘이 금단(金丹)에 있다. 뜨거운 불에 부드러워진 쇠를 두드려서 보검을 만드는 것처럼 금단 또한 몸 안에 내재하고 있는 정(精)을 충만하게 해서 기(氣)의 운용을 돕고, 다시 신(神)을 정화함으로써 궁극적으로 천인합일의 대도를 성취하게 된다. 즉 몸의 중심에너지인 정기(精氣)가 생명 속에서 본성(本性)을 찾아내는 원동력이 되어주는 것이다.

■ 식(識)

식(識)은 마음의 여러 작용 중에서 중심에 해당되는 것으로 수, 상, 행의 마음작용은 그때가 지나면 존재하지 않지만 식은 지속적으로 마음속에 남아 있게 되며, 색인 육신이 죽은 뒤에도 식은 그대로 남아서 다음생의 자신이 된다는 것이다. 이러한 마음작용의 대표되는 식을 아례아식이라 부르며, 모든 것이 마음의 조화로 인해 만들어진다는 일체유심조(一切唯心造)할 때 '심'의 중심점이라 할 수 있다.

이처럼 종교철학에서는 생명을 몸과 마음의 이원론적 입장에서 설명하는 경우가 많은데, 이 때의 몸은 일반적으로 마음의 보조물로 인식되어진다. 때문에 몸의 건강을 중요시하는 것도, 건강한 몸으로 오래도록 장수하는 것도 어쩌면 사후의 천국 또는 극락세계에 가는데 방해되는 요소로 작용할 수도 있다는 종교이념에 의해 심신양생의 수련법이 발달하지 못했다.

---

27) 원문:『心生則種種法生, 心滅則種種法滅.』

## 2) 보배스러운 몸과 마음(身心幷重說)

사람은 만물의 핵심이다. 만물의 핵심인 사람이 살고 있는 이 세상이 바로 극락이요 천당이다. 기독교나 불교처럼 사후를 더욱 중요시하는 종교문화에서는 지금 존재하고 있는 우리의 몸은 집착하지 말아야 할, 다음 생의 영생(永生)을 닦는데 방해되는 요소로 인식되기 쉽다. 반면, 현실로 존재하고 있는 나의 몸을 내 마음 못지않게 중요시하는 수행단체도 있다. 이러한 인식을 대표하는 것이 도교(道敎)의 신선사상(神仙思想)이다.

신선사상은 도(道)를 만물의 근원으로 삼고, 도(道)에서 무극(無極)과 태극(太極)이 생겨나고, 무극과 벗하고 있는 태극에서 만물이 탄생하게 되는데 그 생명존재(生命存在)가 음양원리(陰陽原理)에 의해서 가능하다고 본다. 음과 양의 조화(調和)가 파괴되면 생명(生命)은 사라지게 된다.

생명은 기(氣)의 힘에 의해서 신(神)과 정(精)이 서로 조화를 이루게 된다. 때문에 건강하게 장수하는 생명을 유지하려면 기(氣)를 잘 운용을 해야 한다. 생명의 중심에 자리 잡고 있는 기(氣)는 마음에 속할까? 아니면 몸에 속할까? 기(氣)는 몸과 불가분의 관계에 있지만 마음을 떠나서는 몸에 작용할 수 없고, 마음과 불가분의 관계이지만 몸을 떠나서는 마음에 작용할 수가 없다. 그래서 몸이면서 몸이라 말할 수 없고, 마음이면서 마음이라고 표현할 수 없다.

그래서 몸과 마음 사이에 기(氣)를 하나 더 첨가해서 정(精), 기(氣), 신(神)의 셋으로 생명체(生命體) 구성의 삼대요소(三大要素)로 칭한다. 때문에 불노장생(不老長生)을 위해, 도(道)의 성취(成就)를 위해 수련할 때에도, 정기신(精氣神)의 삼위일체(三位一體)가 이루어진 성명쌍수(性命雙修)로 정진(精進)하여야 한다.

### ① 사람은 만물의 핵심

우리의 건국이념인 홍익인간(弘益人間)은 널리 인간세상을 이롭게 한다는 뜻으로 나라와 민족이 화해와 평등으로 평화로운 인간사회를 건설하자는데 목적이 있다. 이러한 사람 중심의 우주관은 혈연중심의 생명의식을 바탕으로 사회문화가 형성된 지역에서 특히 강조되고 있다.

우리민족의 생명에 대한 고유한 가치관은 무엇일까? 삼국시대부터 중국의 도가(道家), 유가(儒家)와 중국을 거쳐 들어온 인도의 불교(佛敎) 등 외래사상을 바탕으로 사회의 전반적인 문화가 형성되었기에, 외래문화가 들어오기 이전의 모습이 어떠했는지에 대해 남아 있는 문헌상의 기록으로 그 참모습을 파악하기가 쉽지 않다. 무엇이 우리의 문화인가?

그 경계선을 명확하게 정하기란 어렵다. 단지, 어떤 새로운 문화가 외부에서 들어왔든지 아니면 내부에서 자생되었든지 그것이 우리의 삶에 영향을 주고 자리 잡아 남게 되면 우리의 문화라고 할 수 있다. 이러한 측면에서 보았을 때 근대부터 우리나라에 뿌리내리기 시작해서 이미 종교의 상당한 부분을 점유하고 있는 기독교 문화를 우리문화가 아니라고 할 사람은 없을 것이다.

벌써 천여 년을 우리민족과 함께 동거동락(同居同樂)해온 도가, 유가, 불교의 문화는 당연히 우리 삶과 밀접한 관계를 맺고 있는 우리의 전통문화이다. 문화의 특성을 논할 때, 그 문화가 자신과 잘 조화를 이루고 있을 때, 이 문화는 우리에게 잘 맞는 문화라 부른다. 중국에서 들어온 많은 문화 중에서 유가, 도가, 불교의 문화는 우리 민족의 문화발전에 큰 기여를 하고 있다.

유가문화는 덕(德)으로 나라를 다스려야 한다는 정치이념, 삼강오륜(三綱五倫)으로 만들어지는 화목한 가정, 예의(禮儀)와 정의(正義)가 실현되는 사회를 이룩하는데 큰 공헌을 했다.

불교문화는 삶의 의미를 부여하고, 마음의 안식처역할을 하며, 예술문화의 안목을 키우고, 신앙의 대상역할을 충실하게 함으로써 선업(善業)의 마음을 일깨우는데 큰 공헌을 했다. 도가는 생명존중 정신과 무위자연의 삶, 한의학의 발전, 환경의 중요성 등을 일깨우는데 큰 공헌을 했다.

노자는 천지만물이 모두 도에서 비롯되었다고 강조하고 있다. 도는 만물이 존재하는 근원이고 원리이며 그에 계합할 수 있는 길이다. 그러한 도에서 하늘과 땅과 사람이 나오고 만물이 생성된다. 도(道)와 천(天), 지(地), 인(人)을 합해서 사대(四大)라 하고 그 중에서도 사람이 가장 중요하다는 것을 강조하고 있다.

도(道)는 크다.
하늘(天)은 크다.
땅(地)은 크다.
사람(人) 역시 크다.
우주의 역(域)에는 큰 것이 네 가지[四大]인데,
그 중에서 사람의 거(居)가 첫 번째이다.[28]

어떤 판본에는 인(人)이 왕(王)으로 되어있는 경우도 있다. 그러나 이 둘의 뜻은 같다. 어떤 이들은 노자가 사람 중에서도 정치의 대표인 왕(王)을 강조한 것이라고 주장한다. 그것은 《도덕경》의 전체가 내재하고 있는 의미를 제대로 이해하지 못한 데서 오는 그릇된 인식이다. 사람의 중요성을 왕(王)으로 표현할 수는 있어도 노자가 사람 위에 군림하는 왕을 도와 하늘과 땅과 동등하게 비교할 만큼 중요시할 리 없다.

개인을 떠나 중국 전통사상에서 천지인(天地人)은 삼재(三才)로 통칭되고 있다. 노자는 자연과 벗하며 살아가는 것을 강조했고 인위성이 크게 작용되는 거대한 도시사회를 부정했다. 상대 나라에서 닭 우는 소리가 들릴 정도의 작은 국가관을 주장한 노자의 마음에 인간 위에 군림하는 황제의 의미가 중요할 수 없다.

우리나라와 중국 전통의학의 원류이며 의경(醫經)으로 삼는 《황제내경》에서도 우주에서 사람이 제일 귀중함을 강조하고 있다.

하늘과 땅에 무수히 많은 것들이 갖추어 있는데
그 중에서 사람만큼 귀한 것이 없다.
사람은 하늘과 땅의 기운을 받아 태어나게 되고
춘하추동(春夏秋冬)의 자연의 법칙에 의해 생명이 성장한다.[29]

---

28) 《老子》 第25章에 기록. 원문:『道大, 天大, 地大, 人亦大. 域中有四大, 而人居其一焉.』
29) 皇帝內經 · 素問 · 寶命全形論》에 기록. 원문:『天覆地載, 萬物悉備, 莫貴于人. 人以天地之氣生, 四時之法成.』

기(氣)의 운용으로 몸의 힘을 쓰는 내가권(內家拳)을 창시하여 소림무술(少林武術)과 쌍벽을 이루면서 중원의 무림계를 인도한 도사 장삼풍 진인은 이 세상에서 사람 몸만큼 귀중한 것이 없으니 수련으로 금단(金丹)을 얻어 선계(仙界)에서 소요자재(逍遙自在)하는 삶을 실현해야 된다고 주장하고 있다.

　　하늘과 땅 위에서
　　지극히 신령스럽고 지극히 고귀한 것이 사람이다.
　　제일 바쁘고 제일 빠르게 흐르는 것이 시간이다.
　　가장 크고 가장 오래지속 되는 것이 금단(金丹)이다.
　　애석하게도
　　사람들은 부귀공명(富貴功名)을 쫓아 그 속에 파묻혀버리고,
　　애욕(愛慾)과 은정(恩情)의 아귀다툼 속에서 묶이고 허덕이다가
　　어느 날 아침 몸이 쇠약해져 병들어서 움직이기 힘들게 되면
　　그때에 가서 후회하게 되지만 무슨 방법이 있겠는가.
　　죽는 날을 기다리는 수밖에!
　　누가 알았을까 늙지 않고 오래 사는 방법을,
　　누가 깨달았을까 금단영약(金丹靈藥)의 묘미를,
　　정말로 안타깝구나!
　　이 금단영약은
　　세상 어느 곳에나 있지 않은 곳이 없기 때문에,
　　천상에서만 얻어지는 것이 아니다.
　　우리가 존재하고 있는 여기에서 금단을 구할 수 있으니,
　　이 금단은 바로 내 몸 속에 본래부터 갖추어져 있다.
　　금단을 구하는 일이 이 얼마나 간단한가!

---

30) 張三豊의《大道論》에 기록. 원문:『天地之間, 至靈至貴者, 人也；最忙最速者, 時也；可大可久者, 金丹也。惜人多溺于功名富貴場中, 愛欲恩情之內, 狼貪不已, 蛾撲何休, 一朝大限臨身, 斯時悔之何及！惟其甘分待終, 就死而已。誰知有長生不老之方, 誰悟有金丹靈藥之妙, 誠可惜哉！此金丹靈藥, 非世間之所無有, 非天上之不可得者, 只在于同類中求之, 乃生身固有之物也。簡而且易, 至近非遙。』

주머니 속에서 물건 꺼내듯 하면 되는걸![30]

## ② 정기신으로 만들어진 생명

금단(金丹)!

장삼풍은 생명을 오래도록 건강하게 할 수 있는 영약을 태어날 때 이미 내 몸속에 지니고 있다고 한다. 그의 말대로라면 우리 인간은 백세, 이백세, 삼백세의 장수를 누릴 수 있다는 것인데 그것이 가능할까? 특히 장삼풍의 말에 의하면 수명만 길어지는 것이 아니라 청춘의 힘이 유지되고 정신은 더욱 맑아져서 지혜가 샘솟는다.

이 정도라면 해 볼만 하지 않은가!

금단영약이 내 몸 안에 있다.

내 몸 안의 무엇이 금단영약일까?

정(精)과 기(氣)와 신(神)이 금단영약을 만드는데 필요한 성분들이다.

정, 기, 신이 모두 충만했을 때 금단의 영약이 만들어진다.

그 한 예로 《양생비지》에서는 색욕, 식욕, 수면욕을 연계해서 정기신을 설명하고 있다.

> 정(精)이 충만해지면 색욕이 일어나지 않는다.
> 기(氣)가 충만해지면 식욕이 일어나지 않는다.
> 신(神)이 충만해지면 수면욕이 일어나지 않는다.[31]

정(精)은 아랫배에 자리 잡고 있는 하단전(下丹田)에서 충만해진다. 정을 충만하게 하기 위해서 허리를 펴고 바르게 앉아 의식을 하단전에 모으고 들숨이 하단전까지 이르도록 깊은 호흡을 한다. 이때 명치와 배꼽의 두 부위가 뚫려있지 않으면 단전호흡이 불가능하다.

이 두 부위가 순조롭지 못한 상태에서 억지로 숨을 배꼽 아래까지 내리려하면

---

31) 〔淸〕無名氏의 《養生秘旨》에 기록. 원문:『精滿不思色, 氣滿不思食, 神滿不思睡.』

위나 대장의 기능을 손상하기 쉽다. 심할 경우엔 신장과 연관되어 있는 공능이 쇠약해질 수도 있다. 호흡이 여일하게 되고 의식이 아랫배의 하단전 부위를 떠나지 않게 되면 시간이 흐름에 따라 자연스럽게 정(精)은 충만한 상태로 된다.

이와 같이 순일한 가운데에 마군이가 도사리고 있으니 바로 색욕이다. 마음에 남녀의 욕정을 충족하려는 의식이 일어나게 되면 정(精)이 쌓일수록 욕정의 의식 또한 함께 커지게 되어 부주의한 어느 순간 신(神)의 기능이 욕정을 일으키는 의식의 영향을 받아 자신도 모르게 꿈속에서 성관계를 하면서 정액을 유출해 버린다. 정액이 유출되면 다시 처음부터 쌓아가야 된다.

의식은 잘 다스려서 색욕으로 인한 정의 손실은 방지할 수 있는데 신체의 음양 조화가 순조롭지 못한 관계로 유정(遺精)하는 불상사가 발생하기도 한다. 유정을 하게 되면 정의 충만은 기대할 수 없고 신(神)의 불안전으로 몸은 상하고 마음은 불쾌감에 빠지게 된다.

음식을 급하게 헐떡거리면서 먹게 되면 그를 허기가 진 사람이라 한다. 허기(虛飢)는 위가 비어 있어서 굶주린 상태를 뜻한다. 이것을 기수련에서는 허기(虛氣)와 연계해서 기(氣)가 허약하면 쉽게 굶주림을 느낀다고 한다. 때문에 기가 충만하게 되면 적은 음식으로도 건강한 신체를 유지할 수 있게 된다.

수행자에게 수마(睡魔)는 극복하기 힘든 고행(苦行)에 속한다. 의식이 하단전에 뚜렷하고 묵직하게 집중되어 있어야 정이 충만하게 되는데, 잠들면 의식이 하단전에 집중되어 있지 않기 때문에 정의 축적 또한 그만큼 순조롭지 못하게 된다. 정신(精神)이 맑게 깨어 있으면 의식이 한곳에 집중되는데 큰 도움이 된다.

전통의학에서는 사람을 음의 체질과 양의 체질로 구분한다. 음(陰)의 체질(體質)인 사람은 비교적 쉽게 정(精)이 축적된다. 반면 신(神)의 기운을 맑힐 때 그만큼 어려움이 따른다. 양(陽)의 체질(體質)인 사람은 비교적 쉽게 신(神)을 맑힌다. 반면 정(精)을 축적할 때 그만큼 어려움이 따른다.

호지환은 《유수요결》에서 정기신이 충만해서 식욕, 수면욕, 색욕이 일어나지 않게 되면 바로 땅 위에서 사는 신선이라고 그 중요성을 말하고 있다.

원기(元氣)가 충실하게 되면 식욕이 사라진다.

원신(元神)이 모이면 수면욕이 없어진다.
원정(元精)이 충족되면 색욕이 일어나지 않는다.
이 세 가지가 모두 갖추어지면
땅 위에서 사는 선인(仙人)이다.[32]

어떻게 하면 정기신이 모두 충만하게 되는가?

신(腎)이 움직이지 않으면 정(精)이 충만하게 되고,
몸(身)이 움직이지 않으면 기(氣)가 충만하게 되고,
마음(心)이 움직이지 않으면 신(神)이 충만하게 된다.[33]

정기신이 충만해지려면 보배스러운 입과 귀와 눈을 잘 지켜야 된다.

위백양 진인이 말씀하시길,
"귀, 눈, 입은 세 가지 보배이다. 이 셋을 잘 막아서 밖으로 새지 않게 해야 된다."
이 세 가지 물건을 왜 보배라고 했을까?
왜 이처럼 소중히 여겼을까? 왜냐하면, 귀는 정(精)의 통로이고 눈은 신(神)의 통로이며 입은 기(氣)의 통로이기 때문이다. 만약에 귀가 소리를 듣게 되면, 정(精)이 그 들려오는 소리의 현란함으로 인해 소모되어, 정(精)이 공고해지지 않는다.
눈이 색깔에 빨려가게 되면, 신(神)이 그 보이는 색상의 산만함으로 인해 분산되어 신(神)이 응집되지 않는다. 입으로 말을 하게 되면, 기(氣)가 그 말을 따라 밖으로 나가기 때문에 기(氣)가 모이질 않는다.
이 셋을 잘 지켜서 하나로 만들었을 때 그것이 금단(金丹)의 영약(靈藥)이 만들어지는데 기초가 된다. 이 셋을 잘 지키는 것은 이처럼 중요한 것인데 어찌 눈, 귀, 입을 세 가지 보배(삼보:三寶)라 하지 않겠는가!

---

32) 〔明〕胡之煥의 《類修要訣》에 기록. 원문: 『元氣實, 不思食；元神會, 不思睡；元精足, 不思欲. 三元全, 陸地仙.』
33) 〔淸〕無名氏의 《養生秘旨》에 기록. 원문: 『腎不動, 精全；身不動, 氣全；心不動, 神全. 三圓三全, 自然成仙.』

장생(長生)을 닦는 사람은 이 세 가지의 보배를 잘 지키는 것이 관건이다. 정기신이 밖으로 소모되지 않도록 안으로 섭수해야 된다. 이 밖에 다른 방법은 없다.[34]

장삼풍은 귀·눈·입을 밖의 삼보〔外三寶〕라 하고, 정·기·신을 안의 삼보〔內三寶〕로 부른다. 이 외삼보와 내삼보는 서로 긴밀한 관계로 연결되어 있는데, 이러한 안과 밖이 잘 조화를 이루면서 금단의 대도(大道)를 성취할 수 있는 관문이 심정(心靜)과 식기(息機)이다.

심정(心靜)은 마음이 고요한 상태를 뜻한다. 마음이 이미 고요해지면 기(氣)는 저절로 길러진다. 이것을 양기(養氣)라 한다.

식기(息機)는 호흡의 흐름이 순조롭게 되어 있는 것을 뜻한다. 호흡이 이미 순조로우면 마음이 저절로 순수해진다. 이것을 순심(純心)이라 한다.

그래서 심정과 식기에 의해서 외삼보와 내삼보가 조화를 이루면서 금단의 대도를 성취하는 것이다.

마음이 고요하면(심정:心靜) 호흡(식:息)이 저절로 조화롭고,
고요함이 오래 지속되면 마음이 스스로 선정(禪定)에 든다.
무분별(無分別)의 선정(사심:死心)에서 기(氣)는 길러지고,
호흡(식:息)이 본성(本性)에 계합되는 때를 맞아 마음은 순수해진다(순심:純心).[35]

정·기·신은 몸 안에 있는 세 가지 보배(삼보:三寶)이고,
귀·눈·입은 몸 겉에 있는 세 가지 보배(삼보:三寶)이다.
항상 몸 안의 삼보가 사물을 쫓아 밖으로 나가는 것을 방지하고,
몸 겉의 삼보가 의식의 분별로 인해 정기신이 밖으로 드러나지 않게 해야 된다.
호흡이 끊이지 않고 면면(綿綿)히 이어져서 단전의 깊숙한 곳에 이르게 한다.

---

34) 〔明〕高濂의 《遵生八箋》 卷 9 《延年却病箋上》에 기록. 원문: 『魏伯陽曰: "耳目口三寶, 閉塞勿發通." 這三件如何喚作三寶? 如此鄭重? 蓋耳乃精竅, 目乃神竅, 口乃氣竅. 若耳逐于聲, 精從氣耗而不固; 目蕩于色, 神從色散而不凝; 口發言語, 氣從言走而不聚; 安得打成一片, 以爲丹基? 此旣緊要, 豈得不謂之三寶? 修生之人, 不于此三寶關鍵, 收拾向里, 無有是處.』

35) 心靜則息自調, 靜久則心自定. 死心以養氣, 息機以純心.

> 날숨(호:呼)과 들숨(흡:吸)은 부부가 되고,
> 신(神)과 기(氣)는 모자(母子)가 되게 해서
> 모자와 부부가 서로 함께하면서 떨어지지 않게 한다.
> 그래서 마음은 밖으로 분주하지 않게 되고,
> 의식은 밖으로 산만하지 않게 되며,
> 신(神)은 밖으로 흐르지 않게 되고,
> 정(精)은 경망스럽게 움직이지 않게 되어
> 항상 온 몸에서 정기신이 훈증(熏蒸)하게 된다.
> 이것을 금단(金丹)의 대도(大道)가 성취되는 정종(正宗)의 수련이라 한다.[36]

정기신에서 기는 정, 신과 달리 자아가 생명으로 있는 때만 존재하는 특성이 있다. 죽게 되면 그 흔적을 찾아보기 어렵다.

정이 몸에 해당되고, 신이 마음에 해당된다. 우리의 생명에 대한 인식은 몸과 마음의 이원론으로 되어 있다. 이것은 그동안 오랜 세월 불교의 윤회문화에 적응되어 있기 때문이다. 죽으면 몸과 마음이 분리된다. 몸은 시체로 남게 되고, 마음은 영혼의 모습으로 새로운 생명을 찾아 떠난다. 지금 시체로 남게 된 이 몸뚱이는 내가 잠시 머물다 간 곳에 불과하다. 그래서 우리는 습관적으로 '내 생명'하면 당연히 몸과 마음으로 구성되어 있다고 인식하게 된다.

불노장생을 꿈꿔온 많은 사람들이 금단을 만드는 정기신의 수련을 하였는데 일반적으로 정기신에서 기(氣) 한자만을 사용하여 기수련(氣修鍊)으로 칭하였다. 이것은 금단의 영약을 만드는데 정과 신에 비해서 기의 작용이 중심에 놓이기 때문이다. 기의 운용으로 정과 신이 함께 연마되는 것이다. 그래서 기공(氣功)이란 용어에 비해서 정공(精功), 신공(神功)은 적게 사용된다.

생명을 무병하고 장수할 수 있도록 하기 위한 양생수련은 정기신으로 구성되어진 생명의 원리를 응용해서 실천하는 것이기 때문에 기수련을 통해서 불노장생과

---

36) 張三豊의《張三豊先生全集·道言類·道言淺近說》에 기록. 원문:『精, 氣, 神爲內三寶, 耳, 目, 口爲外三寶. 常使內三寶不逐物而游, 外三寶不透中而憂. 呼吸綿綿, 深入丹田, 使呼吸爲夫婦, 神氣爲子母, 子母夫婦聚而不離. 故心不外馳, 意不外想, 神不外游, 精不妄動, 常熏蒸于四肢, 此金丹大道之正宗也.』

금단대도를 실현코자 하는 분은 나의 생명은 정, 기, 신의 삼대요소로 구성되어 있다는 것을 확신해야 된다. 이와 같이 정기신의 된 나의 생명이라는 의식이 확고했을 때 기수련을 하게 되면 그의 성취 또한 빠르고 수련자체가 삶의 즐거움이 된다. 이것은 생명의 원리가 일체유심조(一切唯心造)이기 때문이다.

③ 몸과 마음을 함께 중시하는 생명관

양생은 현재 살아서 숨쉬는 나의 몸을 건강하게 하는데 그 목적이 있다.
과거의 인(因)으로 인해 지금의 내가 존재한다. 지금의 나는 다시 미래의 과(果)로 남게 된다.
과거의 인에 대해 알고 있으면 현재의 나의 생명을 건강하게 하는데 도움이 된다. 과거의 인을 인식하고, 그 인을 풀어가는 것은 지금의 나의 모습을 통해서 이루어지며, 과거로부터 이어지는 인(因)의 작용보다는 현재 존재하고 있는 현재의 자신과 주변의 영향을 더 많이 받게 된다. 즉 과거에서 온 인이 현재의 틀 속에서 융화되어 작용하게 되는 것이다.
태어날 때 생명 속에 지니고 있는 인을 선천성(先天性) 인(因)이라 하고 태어난 뒤 지금까지 지내면서 형성되어진 인을 후천성(後天性) 인(因)이라 한다. 현재의 수련의식이 강할수록 선천성과 후천성의 인(因)의 영향력은 작아진다. 반면에 생명을 건강하게 하려는 의식이 약할수록 전에 쌓여온 인의 영향력을 크게 받게 된다.

《오진편》에 이르기를,

몸을 수련하는 것은 남자나 여자나 모두 가능하다. 이 금단영약은 비록 어리석고 거친 사람이더라도 그것을 성취해서 선인(仙人)의 경지에 오르게 한다.
신분이 귀한 사람, 신분이 천한 사람,
지혜의 총기가 있는 사람, 우매의 어리석이 있는 사람,
늙어서 몸이 쇠약해진 사람, 젊어서 기운이 왕성한 사람,
누구든 꾸밈없는(素朴) 행동으로 드러나지 않는 음덕(陰德)을 쌓고,

인자하고 감싸 안는 사랑을 베풀고,

세상 사람과 더불어 행하는 모든 일에 지극지성이며,

온 힘을 다해서 인간으로서 삶의 도(道)를 실천한다면,

자연히 선인의 도가 가까이 있게 된다.

또한, 반드시 실천해야 될 것이 있다.

음양의 이치를 밝게 깨우치고,

만물의 조화를 명확하게 꿰뚫어 이해하며,

만사 참과 거짓을 정확히 분별하며

태극 수련의 삶 속에서

음양(陰陽)의 정기(正氣)를 취하고,

연홍(鉛汞)의 진종(眞宗)을 찾게 되면

환골탈퇴(換骨脫退)해서 불노장생(不老長生)을 하게 되어

밤이 없는 하늘(不夜之天)에서 거주하게 되고,

긴긴 봄날의 경치(長春之景)에서 노닐게 된다.

이러한 선인(仙人)의 삶은

하늘, 땅처럼 길고 긴 세월로 존재하며
해와 달처럼 찬란한 밝은 빛으로 지내게 된다.
이것이 바로 대장부가 가야할 길이 아니겠는가!37)

어떻게 하면 장삼풍의 말처럼 천지일월과 어깨를 나란히 하면서 지낼 수 있을까? 바깥일에 정(精)과 신(神)을 낭비하지 말고 나의 집인 몸과 마음을 잘 지켜야 한다. 성리학(性理學)의 대가인 주자의 두 스승인 정호(程顥)와 정이(程) 선생도 자신의 집인 몸과 마음을 잘 돌봐야 된다는 것을 강조하고 있다.

사람들은 바깥의 사물을 자신의 몸처럼 받들어서 일마다 그곳에 투입되기를 좋아한다. 그런데 진짜 자신의 집에 보배인 하나 뿐인 몸과 마음은 도리어 소홀히 해서 망가뜨린다. 몸이 망가지는 것은 자신이 밖의 사물을 좋아할 때 자신의 몸과 마음을 망각하고 있기 때문이다.38)

이처럼 유학에서도 몸은 마음과 같이 중요시 된다.

마음보다도 몸을 더욱 중요하게 여기는 사상도 한문화사회의 적지 않은 비중을 차지하고 있다. 이것은 사후에 영혼이 존재하지 않는다는 유파에서 강조한 자연적인 현상으로, 주로 유가와 도가의 생명의식을 기본으로 하고 있는 사상가 중에서 몸 중심의 생명론이 전개되고 있다.

6세기경부터는 유불선(儒佛仙)의 문화가 견제와 융화 속에서 지속적으로 교류하면서 유교의 색채가 불교나 도교에서도 볼 수 있게 되고, 불교의 문화가 유교나 도교에서도 그들의 문화로 표현되어 있어서 생명에 대한 사상의식도 서로 뒤섞여 그 본래의 모습을 찾아보기가 어렵게 되었다.

---

37) 張三豊의 《大道論》에 기록. 원문: 『《悟眞篇》云: '修身之事, 不拘男女° 此金丹大藥, 雖愚昧野人, 得之立登仙位' '不拘貴賤賢愚' 老衰少壯, 只要素行陰德, 仁慈悲憫, 忠孝信誠, 全于人道, 仙道自然不遠也° 又須洞曉陰陽, 深參造化, 察其眞僞, 得陰陽之正氣, 覓鉛汞之眞宗, 方能換骨長生, 居不夜之天, 玩長春之景, 與天同久, 日月同明° 此正大丈夫分內事也°』

38) 〔宋〕程顥, 程頤《河南程氏遺書》卷 1《二先生語・端陽傳師說에 기록. 원문: 『人于外物奉身者, 事事要好, 只有自家一個身與心, 却不要好. 苟得外面物好時, 却不知道自家身與心.』

명나라 때 육수성은 《병탑오언》의 글에서 마음은 몸에 의탁되어 있으면서 정신 활동을 전개하는 매개체라 밝히고 있다.

신(神)은 형(形:몸)에 의해서 생겨나고,
신(神)은 형(形)을 떠나게 되면 죽는다.
때문에 몸뚱이는 신(神)이 머무는 집이다.
몸은 음(陰)에 속하고 신(元神)은 양(陽)에 속한다.
음(陰)은 실(實)에서 질(質)이 되고, 양(陽)은 허(虛)에서 용(用)이 된다.
마음은 허영(虛靈)의 부(府)이며, 신명(神明)의 사(舍)이다.
심(心)이 정(定)하면 신(神)이 곧 응(凝)하고, 심(心)이 허(虛)하면 신(神)이 곧 수(守)한다.

《옥황인경해》에 이르기를,
"마음 안에서 황정(黃庭)이 움직이고 있어서,
낮과 밤으로 그것을 잘 간직하고 있으면 장생(長生)을 얻게 된다.
황(黃)은 중(中)을 뜻하고, 정(庭)은 허(虛)를 뜻한다.
그래서 양생가(養生家)들은, "마음이 죽으면, 신(神)이 살아난다."39)

《회남자》에서는
"네 문(사관:四關)을 닫고, 신명(神明)을 감추고 지내는 사람을 진인(眞人)이다."고 부른다.
신명(神明)이 무형(無形)에 감추어 있으면,
정신(精神)은 도리어 지진(至眞)하게 된다.40)

---

39) 〔明〕陸樹聲의 《病榻寱言》에 기록. 원문: 『神依形則生, 神離形則死. 故形骸者, 神之宅舍. 形骸屬陰而元神屬陽. 陰以實爲質, 陽以虛爲用. 心者, 虛靈之府, 神明之舍. 心定則神凝, 心虛則神守. 《玉皇印經解》云: '皆在心內運黃庭, 晝夜存之得長生.' 黃言中, 庭言虛. 故養生家有曰: '心死則神活.'』
40) 원문: 『神明藏于無形, 精神反于至眞.』

정(精)이,

눈에 있을 때는 시력이 좋아지며,

귀에 있을 때는 청력이 좋아지며,

입에 있을 때는 충당(充當)되고,

마음에 모일 때는 그 생각이 통하게 된다.

그러므로 사관(四關)을 닫으면,

몸에 근심이 없어지고,

기혈이 막힘이 없어서,

사(死)도 아니고 생(生)도 아니며,

허(虛)도 아니고 영(盈)도 아니다.

이러한 사람을 진인(眞人)이라 부른다.[41]

도가의 단 수련법은 몸과 마음을 보배처럼 중요하게 다루면서 생명체를 건강한 몸으로 오래도록 지속할 수 있도록 기력(氣力)을 향상시키는 방법이다.

### 다선일여

茶를 즐기던 당나라 때 趙州선사나, 念佛三昧를 벗삼던 民國時代 때 虛云스님은 두 분 다 백이십세의 장수를 하셨으며, 마지막 입적에 드실때까지 心身의 건강을 유지하였다. 허운스님 나이 100세가 넘은 어느 날 점심 공양 후 제자들과 함께 茶를 마시면서 등산에 대한 이야기가 나왔다.

다들 산에 오르기를 좋아하던 습성인지라 그 곳에서 멀지 않은 太白山을 오르기로 했다. 山西省에 있는 산으로, 西安에서 서쪽방향으로 首陽山(2720M)을 지나 우뚝 솟아 있다.

8명의 젊은 남자들이 아침 공양을 마치고 찐빵 몇 개씩을 보따리에 넣고 서안 시내에 있는 臥佛寺 일주문을 나섰다. 중간에 해가 저물면 민가나 주변 절 또는 道觀(도교사원)에서 눈을 붙이고 해서 삼천칠백미터 이상의 높이인 太白山 頂上에 올랐다.

웬일인지 어느 한 노승이 흰수염이 바람에 휘날리며 정상에서 삼매에 들어 있지 않는가. 가까이 다가가 보니 우리의 스승 허운 스님인지라 절을 올리고 묻는다.

"노스님 언제 여기에 오셨습니까? 어떻게 이렇게 빨리 오셨습니까?"

지쳐있는 젊은 스님들을 보면서 한편으로 산 중턱에 걸려있는 구름을 가리키시면서 말씀하신다. "구름 따라 왔어. 자네들 떠난 다음 3일간 더 법문하고, 산보 삼아 왔지. 자네들이 보고 싶었단 말이야!"

---

41) 《淮南子·原道訓》에 기록. 원문:『精泄于目則其視明, 在于耳則其聽聰, 留于口則其充當, 集于心則其慮通. 故閉四關則身無患, 百節莫苑, 莫死莫生, 莫虛莫盈, 是謂眞人.』

# 3. 생명의 구성요소 : 정기신(生命要素 : 精氣神)

　한문화(漢文化)의 생명의식(生命意識)은 그 근원을 역(易)에 두고 있다. 역은 변화의 뜻으로 음양(陰陽)과 동정(動靜)이 변화하면서 만물이 생성(生成)된다. 사람의 생명 또한 그러한 변화의 원리에 의해서 만들어지고 유지되며 소멸되어 간다.

　현상으로 변화되어 나오기 이전의 원초의 모습을 태극(太極)이라 하며, 모든 생명은 태극에서 비롯된다. 다시 말하면 태극에서 생명이 만들어져 나오게 된다. 태극에서 혼돈의 상태를 거치면서 음과 양으로 구분되고 이러한 음과 양의 기운을 받아 정(精)과 기(氣)와 신(神)이 조화로운 생명체로 탄생하게 된다. 생명체의 핵심은 원기(元氣)이며 정과 기와 신은 원기를 잘 보존할 수 있도록 돕는 기능들이다. 생명에 있는 원기가 금단의 힘으로 태극의 본성에 계합되어지는 과정을 수련이라 한다.

　생명으로 나타난 이후의 상태를 원기라 하고 생명으로 만들어지기 이전의 태극에 있을 때는 본성이라 한다. 그래서 생명 속에 존재하고 있는 원기를 다시 생명이 되기 이전의 모습인 본성으로 돌아가게 하고자 할 때는 생명의 명(命)과 본성의 성(性)을 함께 닦아 서로 천인합일(天人合一)의 대도의 경지에 계합하게 해야 한다. 천인합일에서 천(天)은 성(性)을 뜻하고 인(人)은 명(命)을 뜻한다. 이러한 목적으로 행하는 수련을 성명쌍수(性命雙修)라 칭한다.

## 1) 생명의 정수 : 정(生命精髓 : 精)

　정(精)에는 두 가지 의미(意味)가 내포(內包)되어있다. 하나는 오장육부(五臟六腑), 즉 인체활동의 정(精)이고, 다른 하나는 생육번식(生育繁殖)하는 생식방면(生殖方面)의 정(精)이다. 정(精), 기(氣), 신(神)의 삼자(三者)를 고인(古人)들은 삼보(三寶)라고 하였다. 정(精)이란 후천적(後天的)으로 수곡(收穀)의 정미(精微)에서 낳은 물질이며 인체활동의 물질적 기초이다.

　기(氣)란 수곡(收穀)의 정기(精氣)와 흡수(吸收)된 대기(大氣)가 합(合)하여 생성(生成)된 물질로서 기체(機體)의 온갖 생리작용(生理作用)을 일으키게 하는 중요한 물질(物質)이다. 신(神)이란 인체의 정상적(正常的)인 모든 생리활동(生理活動)을 총괄(總

括)하는 것이다. 이로서 그들 사이에는 매우 밀접한 관계가 있다는 것을 알 수 있다.

즉 기(氣)는 정(精)에서 생산되고, 정(精) 또한 기(氣)에 의하여 생성(生成)된다. 또 정(精)과 기(氣)가 공동(共同)으로 작용함으로써 신(神)이 나타난다. 따라서 정기(精氣)가 넘쳐 있는 사람은 신(神)도 또한 반응이 왕성(旺盛)하다. 반대로 신(神)이 왕성(旺盛)하지 못하면 정기(精氣)가 부족(不足)하기 때문이다. 이들 사이에는 이와 같은 상호관계(相互關係)가 있기 때문에, 정(精)을 지나치게 손모(損耗)하면 기(氣)의 생산(生産)이 약(弱)해지고, 기(氣)를 과도(過度)하게 손모(損耗)하면 정(精)의 발생(發生)이 저하(低下)된다. 동시에 신(神)도 부족(不足)한 현상(現象)이 나타나게 된다. 따라서 신(神)은 정(精)과 기(氣)에서 생산(生産)된다고 하더라도 과도(過度)한 정신활동(精神活動)으로 신(神)을 손상(損傷)해 버리면 도리어 정(精)과 기(氣)에 영향을 주며 그로 인(因)하여 형체(形體)가 쇠약(衰弱)해 진다.

정(精)이란! 몸을 지탱할 수 있게 하는 영양성분이다.
불노장생하는 선인이 될 수 있게 하는 단(丹)를 만드는 연료이다.
정(精)의 근원을 살펴보면 부모로부터 받은 생명기원의 물질로서 선천정기(先天精氣)와 후천으로 자라면서 수곡(水穀)에서 얻어지는 영양물질을 끊임없이 반복 섭취함으로서 선천의 정을 성장 발육케 하는 후천의 정[後天之精]이 있다.
이러한 후천의 정은 위(胃)와 장(腸)에 의하여 소화 흡수되며 삼초의 작용에 의하여 간(肝)에 흡수 저장되고, 다시 전신의 피부, 모발, 기육(肌肉), 주리(腠理 = 땀구멍)등에 옮겨져 각기 생리활동을 이루게 하고 오장과 육부의 기능이 활성화되게 하며, 잉여된 정은 새로운 세대를 생식할 수 있도록 삼초의 작용에 의하여 신(腎)에 운수되어 정액(精液)으로 저장된다.
저장된 정은 선천의 정을 함양하는 한편 생식(生殖)의 정으로서 발현하게 되며 신정(腎精)으로 골수를 충만하게 함으로서 오장육부를 튼튼하게 하여 추진운동의 원동력이 되는 진양(眞陽)을 함양한다. 그리고 정(精)에 대한 상대적 표현으로 진음(眞陰) 진양(眞陽) 원음(元陰) 원양(元陽) 등이 있다.
일단 정(精)이 충만하면 기(氣)가 왕성해져서 피부와 모발이 윤택해지고 항병력(抗病力)이 강해지며 안색이 좋아지고 이목이 총명하여 진다. 오장육부의 정기는 모두 위로 올라가서 눈의 정 〈초점〉을 이룬다(五臟六腑之精氣 皆上走於目爲之睛)라고 했듯이 다른 오관(五官)에도 마찬가지로 영향을 미친다.

이러한 정(精)을 과다 소모하게 되면 체표(體表)의 순환이 약해져 주리(腠理 = 땀구멍)가 견고해지지 못함으로 외사(外邪 = 감기)가 침범하기 쉬우니 이증(症)이 바로 방노상한〔(房勞傷寒 : 남녀의 교접 후에 오는 감기를 말하며 이러한 경우의 처방이 바로 쌍화탕(雙和湯)〕이다. 또한 원음(元陰 : 정)이 소모되면 원양(元陽)의 기능 및 물질기초의 손상을 초래하여 저항력이 떨어져 질병을 얻게 된다.

예를 들어 간(肝)에 정이 모자라거나 충만치 못하면 얼굴에 혈색이 없고 눈도 어두워지며, 비(脾)의 정이 모자라면 살(기육 : 肌肉)이 쇠약해지며, 신(腎)의 정이 견고치 못하면 신기(神氣)가 감소되며 치아가 들뜨고(풍치 : 風齒), 폐(肺)의 정이 견고하지 못하면 피부가 거칠해지며 모발이 빠질 수도 있다.

고로 예부터 양생(養生)에 뜻을 둔 사람들은 무엇보다 먼저 정을 소중히 여겼고 그것을 간직하기 위한 수단으로 음양 교합 시에도 진정(眞精 : 정액)을 절제하는 의미에서 도인술(導引術)에 의하여 환정(還精 : 사정을 하지 않는 것)을 하였다.

반대로 성적충동을 자제치 못하고 남용을 하면 음기(陰氣)가 배출됨은 물론이려니와 정기(精氣)가 없어져서 건강을 보존치 못하고 해치게 된다. 정(精)은 타인에게 베풀면 하나의 생명체가 탄생되나 지나치게 베풀면 안 되며, 반대로 자신의 몸에 잘 간직을 하면 건강한 몸과 마음으로 생명활동을 유지할 수 있는 것이다.

동의보감(東醫寶鑑)에,

『한번의 절욕(節慾)은 일도(一度)의 화(火)를 감하는 동시에 그만큼의 기름을 등잔에 보태는 깃과 같으니 만약 스스로 절제하지 못하고 성적 충동대로 자행한다면 등잔에 기름이 말라서 등불이 저절로 꺼지는 것과 같게 됨으로 삼가야 한다.』고 했다.

정(精)과 기(氣)와 신(神)의 셋은 정과 기의 정기(精氣), 정과 신의 정신(精神), 신과 기의 신기(神氣)와 같이 복합의 글로써 또한 뜻을 만들기도 하지만, 정기(精氣)할 때의 기(氣)와 혈기(血氣)할 때의 기는 범위나 체(體)와 용(用)에서 그 뜻을 달리한다.

여기에 심(心)의 영(靈)과 혈(血), 간(肝)의 혼(魂), 폐(肺)의 기와 백(魄)을 더한 정(精)·기(氣)·신(神)·혈(血)·혼(魂)·백(魄)·영(靈)으로 혼백(魂魄), 영혼(靈魂), 기백(氣魄), 신령(神靈)의 건강과 무관치 않음을 알 수 있다.

서양철학은 에너지 철학이며, 동양철학은 기(氣)철학이라고 하듯이 기(氣)는 접하기는 쉬우나 수련과정에서 그 실체를 명확하게 체득하기가 쉽지 않다.

2) 생명의 기운 : 기(生命氣運 : 氣)

기(氣)라는 뜻은 매우 광범위하다. 여기서 주로 설명하는 것은 인체(人體)의 진기(眞氣)이다. 기(氣)의 래원(來源)은 양면(兩面)에서 고찰되어야 한다. 그 하나는 폐호흡(肺呼吸)에 의하여 흉입(胸入)되는 천공(天空)의 기(氣)이고 또 다른 하나는 비위(脾胃)를 통(通)하여 흡수(吸收)되는 수곡(收穀), 즉 음식물(飮食物)의 기(氣)이다.

대체로 인체(人體)의 피모근육(皮毛筋肉), 사지백해(四肢百骸), 장부(臟腑)에 혈(血)의 영양(營養)이 없을 경우에는 생산활동(生産活動)이 불가능(不可能)해진다. 혈(血)에 영양(營養)이 있어 충성(充盛)하면 형체(形體) 또한 활발(活潑)하며, 혈(血)이 쇠(衰)하면 형체(形體) 또한 쇠퇴(衰退)한다. 고로 혈맥(血脈)이 조화(調和)되어 순환(循環)이 순조(順調)로우면 전신(全身)의 기육(肌肉), 근골(筋骨), 관절(關節) 등이 강장(强壯)하게 되어 운동이 자유롭다. 두 눈이 사물(事物)을 볼 수 있고, 두 발이 보행(步行)을 할 수 있으며, 두 손이 물건(物件)을 쥘 수가 있는 것, 또 피부(皮膚)가 자윤(滋潤)한 것은 모두 혈액(血液)이 주류(周流)하고 있기 때문이다.

이와 같이 혈액(血液)을 끊임없이 순환(循環)케 하는 것이 기(氣)의 작용이다. 고인들은 "기(氣)는 혈(血)의 수(帥)이다."라고 하였으며, "기(氣)가 행(行)함으로써 혈(血)도 스스로 행(行)한다."고 하였다. 혈액(血液)이 부단히 주류(周流)하면서 인신(人身)의 전체(全體)에 영양(營養)을 공급(供給)하는 것은 모두 기(氣)의 영향(影響)을 받고 있다는 것을 일컫는 말이다.

우주만물(宇宙萬物)이 생장(生長), 발전(發展), 운동(運動)하며 항상 변화(變化)하고 있는 것은 모두 기(氣)의 작용(作用)에 의한 것이고, 인간(人間)의 생명활동(生明活動)도 또한 기(氣)의 작용에 의한 것이다.

사람은 출생전(出生前)에 모태내(母胎內)에서 형성(形成)되어, 모체(母體)의 충맥(衝脈), 임맥(任脈)의 양맥(兩脈)이 제대(臍帶)에 의하여 연결(連結)되어 있기 때문에 선천지기(先天之氣)를 품수(稟受)한다.

출생후(出生後)에는 호흡(呼吸)과 소화기능(消化機能)을 통(通)하여 자연의 기(氣)와 수곡(收穀)의 정기(精氣)를 섭취(攝取)하여 영양(營養)을 흡수(吸收)할 수 있기 때문에 후천지기(後天之氣)로 생명(生命)을 이어가는 것이다.

이 양자(兩者)는 인체(人體)에 불가결한 요소(要素)이다. 기(氣)가 기체(氣體)의 생명활동(生明活動)을 유지할 수 있는 것은 기(氣)가 만물(萬物)을 화생(化生)하고, 인체(人體)의 온갖 장기(臟器)를 보충(補充)하며 이에 영양(營養)을 공급함으로써 결과적으로 기체(氣體)의 활동(活動)에 협조(協助)하기 때문이다. 이와 동시에 기(氣)에는 동력작용(動力作用)이 있기 때문에 모든 물질을 전신(全身)으로 운반(運搬)할 수 있는 것이다.

코로 들어 마시는 공기와 입으로 먹는 음식으로 우리의 생명이 유지된다.
현대인들은 몸의 건강을 이야기할 때 무슨 음식을 먹어야 되는가?
이처럼 입으로 먹는 음식에 기준해서 생명의 기운을 판단한다.
병 치료 역시 그러하다.
무슨 약을 복용해야 되는가?
옛날 사람들도 역시 입으로 먹고 마시는 것을 생명유지의 주된 방법으로 삼았다. 그러나 불노장생을 추구하는 수련자들은 먹는 음식보다는 들여 마시는 공기를 더욱 중요하게 여겼다. 음식은 그 음식 속에 내재하고 있는 물질성분을 자기화하는 과정에서 흡수되어진 것들만 내 몸에 영향을 준다. 공기는 잘만 연습되어지면 저 많은 허공 속에 있는 기운도 내 몸 안으로 들어오게 할 수 있다.
삼국시대 오나라의 양천 선생은 《물리론》이란 글에서 곡기(穀氣)와 원기(元氣)에 대해 비교설명하고 있다.

사람의 몸에서
곡기(穀氣)가 원기(元氣)를 능가하게 되면,
그 사람은 비만해져서 장수하지 못한다.
원기(元氣)가 곡기(穀氣)를 능가하게 되면,
그 사람은 비록 마르지만 장수를 누린다.

양생(養生)의 방법은
항상 적은 음식을 섭취해서 몸에 병이 없게 하는 것이다.[42]

당나라 때 의술에 능통한 손사막 선생도 만병의 원인 중에 음식으로 인한 것이 적지 않음을 지적하고 있다.

대저 몸에 병이 생겨나서 천명을 누리지 못하고 죽게 되는 것은 음식으로 인한 경우가 많다. 음식이 몸에 큰 해를 주는데, 그 정도가 눈에 보이는 빛깔이나 귀에 들리는 소리 보다도 더욱 심하다.
소리나 빛깔은 보지 않고 듣지 않으면 되지만, 음식은 단 하루도 먹지 않을 수 없는 것이다.
음식은 몸에 반드시 필요한 요소이면서도 몸을 해롭게 하는 정도가 매우 깊다.
좋아하는 음식을 식욕이 당기는 대로 먹다보면, 그 음식물에 함유되어 있는 성분들끼리 서로 상충하게 되어 먹으면 먹을수록 그 독이 더욱 깊어져서, 그 증세가 완만한 사람은 시간이 흐를수록 병이 깊어가고, 증세가 심한 경우엔 급사하게 된다.[43]

몸은 음식물의 섭취로만 유지되는 것은 아니다.
몸 안에 내재하고 있는 원기(元氣)를 활성화시키게 되면, 원기가 활성화가 된 만큼 음식을 적게 섭취하면서도 생명이 건강하게 유지될 수 있다. 즉 몸의 기능이 그만큼 좋아져서 전에는 한 그릇의 밥을 먹었을 때 기운이 충족했던 것이 반공기의 밥으로도 능히 기운 있는 몸을 유지할 수 있게 된다. 이는 기(氣)수련을 통해서 신체의 기능을 가능한 더욱 좋게 만들어 주는 것이다.

---

42) 〔三國.吳〕楊泉의《物理論》에 기록. 원문:『谷氣勝元氣, 其人肥而不壽; 元氣勝谷氣, 其人瘦而壽. 養生之術, 常使谷氣少, 則病不生矣.』
43) 〔唐〕孫思邈의《攝養枕中方》에 기록. 원문:『夫萬病橫生, 年命橫夭, 多由飮食之患. 飮食之患, 過于聲色. 聲色可絶之逾年, 飮食不可廢于一日. 爲益旣廣, 爲患亦深. 且滋味百品, 或氣勢相伐, 觸其禁忌, 更成沈毒, 緩者積年而成病, 急者災患而卒也.』

호흡으로 기수련에 입문한다.

기(氣)의 수련은 어디에서부터 입문해야 되는가? 호흡이다.

호흡을 통해서 기가 움직이는 길이 깨어난다.

명나라 장원신 선생은 호흡을 물과 비유해서 그 중요성을 강조하고 있다.

땅에 산이 없으면 물(水)이 아래로만 흐르게 되고 위로 올라올 수 없다.

사람에게 호흡이 없으면 혈(血)이 아래로만 흐르고 위로 올라올 수 없다.

땅도 생명체로 호흡을 하게 된다.

산에 걸쳐 있는 구름이 증발하는 것이 천지의 식(息)인데 그것이 땅의 호흡이다.

사람은 코가 있어서 호흡하게 된다.

코로 숨을 들어 마시며 내쉬는 것이 사람 몸의 구름과 같은 것이다.

옛 사람이 코로써 앞산을 삼은 것은 바로 이러한 도리에서이다.[44]

어떠한 호흡이 기수련에 해당되는가?

왕기는 네 가지의 호흡법을 예로 들어 기수련에서 호흡의 중요성을 강조하고 있다.

식(息:호흡)에는 네 가지 종류가 있다.

첫째 풍(風)이고, 둘째, 천(喘)이며, 셋째, 기(氣)이고, 넷째, 식(息)이다.

앞의 세 가지의 호흡은 조화롭지 못한 모양이고, 마지막의 식만이 조화를 이루는 호흡이다. 코로 숨을 들어 마시고 내 쉴 때 소리가 나는 것을 느끼게 되면 그것은 풍상(風相)에 속한다. 호흡할 때 비록 소리는 없지만 숨이 들어오고 나갈 때 걸려서 순조롭지 못하면 이것은 천상(喘相)에 속한다.

호흡을 할 때 소리도 없고 막힘도 없지만 숨이 들어오고 나갈 때 가늘게 이어지지 못하면 이것은 기상(氣相)에 속한다.

앉아 있을 때, 호흡하는데 소리도 없고 막힘도 없어 가늘게 이어져서 숨이 들어오고 나

---

44) 〔明〕莊元臣의 《菽茞子內篇》 卷 1에 기록. 원문:『地無山, 則水之下流者不上升矣 ; 人無息, 則血之下注者不上運矣. 地之生爲呼吸, 山云之蒸, 天地之息之也. 人以鼻爲呼吸, 鼻息之??, 人身之云也. 古人以鼻爲面山, 以此.』

갈 때 면면(綿綿)이 이어지고 호흡이 있는 것도 같고 없는 것도 같아서 정신이 성성적적(惺惺寂寂)하고 희열이 충만할 때 이것을 식상(息相)이라 한다.
풍(風)을 지키게 되면 산(散)하고,
천(喘)을 지키게 되면 여(戻)하며,
기(氣)를 지키게 되면 로(勞)하고,
식(息)을 지키게 되면 밀(密)하게 된다.
앞의 세 가지는 거짓 식(息)이고, 뒤의 하나가 진짜 식(息)이다.[45]

호흡이 위에서 지적한 네 번째의 식(息)에 도달하고부터 기수련에 입문한 것이다. 이러한 호흡 수련을 돕는 가장 좋은 자세는 정좌법(靜坐法)이다. 다리 모양을 받침대로 척추를 바르게 펴고 앉아있는 정좌법은 생명에 기운이 모아지기에 가장 좋은 자세이다. 때문에 왕기 선생도 조식을 통한 정좌수련으로 신(神)과 기(氣)를 연마해야 한다는 주장을 펴고 있다.

정좌수련을 하려면 먼저 조식(調息)으로 입문해야 된다.
조식에 마음이 의탁하게 됨으로써 신(神)과 기(氣)가 서로 수(守)하게 되기 때문에 또한 권법(權法)이라 한다.[46]

성(性)과 명(命)을 함께 닦는 기수련에서 조식법을 중요하게 여기고 수식법은 되레 기수련을 방해하는 요소로 인식하는 경우가 많다.

조식(調息)은 수식(數息)과 다르다.
수식은 유의(有意)가 되지만, 조식은 무의(無意)가 된다.
조식은 무의이기에 위심(委心)이 허위(虛爲)여서

---

45) 〔明〕王畿의 《龍溪先生全集 · 調息法》에 기록. 원문: 『息有四種相；一風, 二喘, 三氣, 四息. 前三爲不調相, 后一爲調相. 時鼻息出入覺有聲, 是風相也. 息雖無聲, 而出入結滯不通, 是喘相也. 息雖無聲, 亦無結滯, 而出入不細, 是氣相也. 坐時無聲, 不結不粗, 出入綿綿, 若存若亡, 神資沖融, 情抱悅豫, 是息相也. 守風則散, 守喘則戾, 守氣則勞, 守息則密. 前爲假息, 后爲眞息. 』

마음이 침체하지도 않고, 산란하지도 않는다.
식(息)이 조화로우면 마음이 고요해지고(定),
마음이 고요해지면 식(息)이 더욱 조(調)해서 진식(眞息)이 왕래하고
호흡(呼吸)의 기(機)가 스스로 천지(天地)의 조화(造化)를 능탈(能奪)하여,
마음(心)과 호흡(息)이 서로 의지하게 된다.
이러한 것을 말해서,
호흡마다 모두 근(根)으로 돌아가서 생명(生命)의 핵심(核心)이 된다고 한다.[47]

그러나 진나라 때 도사 갈홍은 수식(數息)을 통해서 회춘한다는 것을 강조하고 있다.

처음 행기(行氣)를 배우는 사람은 다음과 같이 한다.
코로 인기(引氣)하여 숨이 밖으로 나가지 않게 한 다음,
마음으로 일백 이십까지 센 다음, 입을 가볍게 벌려 숨을 서서히 내쉰다.
그리고 다시 숨을 들여 마셔 그와 같이 반복한다.
숨을 들어 마시고 내 쉴 때 귀에 숨이 들어오고 나가는 소리가 들리지 않도록 한다.
매번 할 때마다 들어오는 숨에 비해 나가는 숨의 양이 적게 한다.
홍모(鴻毛)가 비구(鼻口)의 위에 놓이게 하고,
날숨에 홍모가 움직이지 않게 되면 점점 그 수를 늘려서 천(千)에 달하게 한다.
행기의 수련이 천의 수를 셀 수 있게 되면,
노인은 다시 짊어지는데,
그 모습이 하루하루가 다르게 변해 간다.

단지 조식을 통한 기수련으로 무병장수할 수 있다는 주장이 널리 알려졌으며,

---

46) 〔明〕王畿의 《龍溪先生全集·調息法》에 기록. 원문:『欲習靜坐, 以調息爲入門, 使心有所寄, 神氣相守, 亦權法也.』

47) 〔明〕王畿의 《龍溪先生全集·調息法》에 기록. 원문:『調息與數息不同, 數爲有意, 調爲無意, 委心虛爲, 不沈不亂; 息調則心定, 心定則息愈調, 眞息往來, 呼吸之機, 自能奪天地之造化, 心息相依, 是謂息息歸根, 命之蒂也.』

명나라 때 천하의 금단의 뜻을 품은 사람들이 누구나 첫 시작으로 조식수련을 했다. 정좌법은 불교가 중국으로 들어온 뒤에 도교에서도 그 좌법을 받아드려 송나라 이후부터 단 수련에서 결가부좌는 필수처럼 되었다.

불교가 중국에 들어오기 이전에는 양생수련에서 서서하거나 누워서하는 자세가 많았다. 앉아서 하더라도 지금의 좌선처럼 두 무릎이 땅에 닿도록, 결가부좌로 하는 좌법은 아직 발전되지 않았다.

당나라 때 유명한 양생대가인 손사막은 그의 명저인 《천금요방》에서, 팔백세를 살았다는 팽조의 말을 빌려 편안하게 누워서 조식호흡을 하는 것만으로도 삼백 육십 세의 무병장수를 누릴 수 있다고 설명하고 있다.

팽조가 말씀하시기를,

정신을 모아서 기(氣)를 인도(和神導氣)하는 수련은 마땅히 밀실에서 외부와 차단하고 편안한 침대에 자리는 따뜻하게 하고, 베개의 높이는 2촌 반으로 한다. 바르게 누워서, 눈은 감고, 위격중(胃膈中)에서 폐기(閉氣)하고, 코 구멍의 털이 움직이지 않을 정도로 천천히 호흡하기를 3백 번 한다. 이와 같이 호흡하는 동안 귀에는 들리는 바 없고, 눈에는 보이는 바 없으며, 마음에는 생각이 없다.
이와 같이 수련하면,
겨울에도 한기가 침범하지 못하고,
여름에도 더위가 접근하지 못하며,
벌에 쏘여도 독이 몸 안으로 스며들지 못한다.
이처럼 삼백 육십 세의 장수를 누린다.
여기에 도달했을 때
비로소 진인(眞人)의 이웃이 되었다고 하겠다.[48]

호흡의 수련법이 발전하면서 밖의 공기를 받아드리지 않고서 몸 안의 기운으로만 운기조식(運氣調息)하는 태식법(胎息法)이 나왔다. 태식법은 양생차원의 조식법이 아니고, 특별한 힘을 얻는데 목적이 있다. 태식수련으로 얻어지는 힘은 마음과 몸으로 오는 다양한 내용들이 있는데, 수련하는 사람의 목적에 따라, 수련자의 개인 특성에 따라 얻어지는 힘 또한 다양성하다. 물론 특별한 힘을 얻고자하는 수련이기 때문에 잘못되었을 때 부작용 또한 가볍지 않다.

갈홍이 밝히고 있는 태식법을 보자.

행기(行氣)를 수련하면 다음과 같은 능력이 생긴다.
능히 모든 병을 치유할 수 있다.
능히 모든 병을 예방할 수 있다.
능히 뱀이나 호랑이를 접근 못하게 할 수 있다.
다쳤을 때 피가 흐르는 것을 중단 시킬 수 있다.
능히 물속에서 지낼 수 있다.
능히 물 위에서도 걸어갈 수 있다.
음식을 취하지 않고도 허기와 갈증을 없앨 수 있다.
능히 늙지 않고 오래 살 수 있다.
이와 같은 능력은 태식으로 인해 생기는 당연한 현상이다.
태식을 성취하게 되면,
코나 입으로 호흡하지 않아도 되는데,
마치 어머니 뱃속에 있는 태아와 같다.
이렇게 되면,
도(道)는 저설로 성취된다.[49]

《제진성태신용결》에서는 오직 식(息)의 수련을 통해서 진정한 도(道)를 성취하게 된다고 강조하고 있다.

---

48) 〔唐〕孫思邈의 《千金要方》 卷27 《調氣法》에 기록. 원문:『彭祖曰: 和神導氣之道, 當得密室閉戶, 安床暖席, 枕高二寸半. 正身 臥, 瞑目, 閉氣于胃膈中, 以鴻毛著鼻上而不動, 經三百息. 耳無所聞, 目無所見, 心無所思. 如此則寒暑不能侵, 蜂囗不能毒, 壽三百六十歲, 此鄰 于眞人也.』

대저 원기(元氣)는 무형(無形)이고, 진심(眞心)은 무법(無法)이며, 대도(大道)는 무적(無迹)이다. 오직 식(息)을 수련하는 일법(一法)만이 진도(眞道)를 밝혀낼 수 있다. 또 이르기를,

마음이 고요하고[心定],

기가 고요하고[氣定],

신이 고요하다[神定].

무릇 수도[修道]하는 사람은 대단원도(大丹元道)에 약합(若合)하여 청허적정(淸虛寂靜)하고, 생각이 끊어지고 뜻이 없어지며, 허공과 같이 고요해서 만물(萬物)에 걸리는 바 없어, 만법(萬法)에 자취가 없다.

수련의 경지가 이와 같을 때 진실로 태식을 닦는다고 할 수 있고, 신선이 되는 것 또한 의심의 여지가 없다.50)


### 3) 생명의 신령 : 신(生命神靈 : 神)

신(神)은 마음부분에 해당된다.

정기신에서 정(精)은 육신 중에서 제일 중요한 성분이라 생각하면 된다. 육체에서 살, 가죽, 장기, 혈관, 지방, 뼈, 관절, 머리까락 등 여러 물질로 성분이 있다. 그 중에서 뇌수(腦髓)와 골수(骨髓)를 제일 좋은 성분으로 인식한다. 남자의 지나친 성교(性交)와 사정(射精)은 골수를 고갈시키게 된다. 골수는 꽉 채워져 있을 때 황색을 띤다. 이것이 고갈되기 시작하면 색깔도 연하게 바뀌고 농도도 엷어진다.

신체가 안으로부터 노화되는 첫 징후가 골수가 변해가는 것이다. 이미 뼈 속에서부터 힘이 빠져나가는 것이다. 정(精)은 골수보다 더욱 고질로 되어진 물질이다. 남성의 정자(精子)를 정(精)으로 인식하는 경우도 있지만 그 정자가 정(精)의 중심체인 것은 아니다. 정자도 정의 일부라 생각하면 된다.

---

49)〔晋〕葛洪의《抱朴子內篇.釋滯》에 기록. 원문:『行氣或可以治百病, 或可以入·疫, 或可以禁蛇虎, 或可以止·血, 或可以居水中, 或可以行水上, 或可以辟飢渴, 或可以延年. 其大要者, 胎息而已. 得胎息者, 能不以鼻口噓吸, 如在胞胎之中, 則道成矣.』

50)《諸眞聖胎神用訣》에 기록. 원문:『夫元氣無形, 眞心無法, 大道無迹, 唯煉息一法, 乃含眞道."『又云: 心定, 氣定, 神定. 凡修道流, 洺合大丹元道, 淸虛寂靜, 絕慮忘意, 空靜無物, 萬法無踪, 眞修胎息也, 成仙無疑也.』

이처럼 정(精)은 비교적 쉽게 이해할 수 있다.

기(氣)는 기수련을 하는 사람이라면 기공(氣功)의 개념으로 이미 친숙해진 용어이다. 기는 호흡, 경락, 경혈, 경맥, 기맥, 기혈 등과 연관되어 있다. 명상, 참선, 단전호흡을 할 때 몸의 각 부위에 평소에는 없던 현상들이 나타난다. 무언가 선을 따라 흐르는 전류와도 같고, 어느 한 부위에 똑똑 치는 현상, 무엇인가의 힘으로 가득 채워지는 현상들이 생겨난다.

이러한 현상이 나타나면 그것을 기(氣)의 움직임이라 생각해도 무방하다. 단지 이러한 현상은 기의 초보적인 현상이며, 정기신의 기(氣)의 움직임은 아니다. 이 기는 깊이 있는 수련에서 체득이 가능하다. 스스로 알 뿐 언어로 표현해서 상대방이 이해할 수 있는 것도 아니다.

신(神)은 기(氣)나 정(精)보다도 그 진면목을 알아차리기가 더욱 어렵다.

옛 선지식들이 남긴 글을 보면서 이해하여 보자!

마음(心)과 본성(性)과 신령(神)은 하나이다.
하늘의 기운을 받은 하나의 영명(靈明)을 원신(元神)이라 한다.
태어나서 어린 시절 사물과 접하면서 다양한 의식들이 만들어지고 없어지면서 뚜렷한 자기 주관을 갖는 신(神)이 자리 잡는다.
이렇게 사물과 접하면서 그에 응하는 의식들이 자신의 주체인 것처럼 생각하지만, 사실은 생명이 주어질 때 생긴 원신(元神)은 항상 혼혼윤윤(渾渾淪淪)해서 변함이 없다.[51]

장생(長生)을 하려면 양성을 해야 된다. 양성의 도(道)를 모르면 무병장수 또한 쉽지 않다. 양성은 신(神)을 다스림인데, 어떻게 마음을 다스려야 할까?

진인(眞人)이 말씀하시기를:
비록 잘 입고 잘 먹어도 양성(養性)의 도[술: 術]을 모르면 오래 살기 힘들다.
양성의 도는 항상 과욕을 부리지 않는데 있다.[52]

---

51) 〔淸〕無名氏의《養生秘旨 · 精氣神論》에 기록. 원문:『心也, 性也, 神也, 一也. 以其稟受于天, 一點靈明謂之元神; 後來爲政識所移, 則此汨沒于其中, 遂成思慮之神. 其實元神渾渾淪淪, 不虧不欠.』

### 어떻게 하는 것이 과욕을 부리지 않는 것인가?

양성의 도를 성취하려면,

오래 걷지 말고, 오래 서있지 말며,

오래 앉아 있지 말고, 오래 누워 있지 않는다.

오래 무엇을 보지 않으며, 오래 무엇을 듣지 않는다.

오래 무엇을 보고 있으면 혈(血)을 상하고, 오래 누워 있으면 기(氣)를 상하며,

오래 서 있으면 뼈(골:骨)를 상하고, 오래 앉아 있으면 살(육:肉)을 상하며,

오래 걸으면 근육(근:筋)을 상한다.

받지 않는 음식을 억지로 먹지 말며, 마시기 싫은 술을 억지로 마시지 말라.

무거운 물건을 들지 말며, 근심걱정도 하지 말라.

크게 화내지 말고, 슬퍼하거나 수심에 차 있지 말라.

크게 두려워 하지 말고, 너무 기뻐서 팔딱거리지 말라.

많은 말을 하지 말고, 크게 웃지 말라.

욕심으로 급급하지도 말고, 원한을 품고 있지 말라.

이 모두가 수명을 손상시킨다.

만약에 능히 이러한 것을 범하지 않는다면

장수를 얻을 것이다.[53]

### 어떻게 하는 것이 양생(養生)인가?

그래서 양생을 잘하려면,

항상 적게 사유하고, 항상 적게 생각하며,

항상 적게 욕심내고, 항상 적게 일하며,

---

52) 〔唐〕孫思邈의 《千金要方》 卷 27 《道林養性》에 기록. 원문: 『眞人曰: 雖常服餌, 而不知養性之術, 亦難以長生也. 養性之道, 常欲小勞.』

53) 〔唐〕孫思邈의 《千金要方》 卷 27 《道林養性》에 기록. 원문: 『養性之道, 莫久行, 久立, 久坐, 久臥, 久視, 久聽, 蓋以久視傷血, 久臥傷氣, 久立傷骨, 久坐傷肉, 久行傷筋也. 仍莫强食, 莫强酒, 莫擧重, 莫憂思, 莫大怒, 莫悲愁, 莫大懼, 莫跳踉, 莫多言 莫大笑, 勿汲汲于所欲, 勿悁悁懷忿恨, 皆損壽命, 若能不犯者, 則得長生也.』

항상 적게 말하고, 항상 적게 웃으며,

항상 적게 근심하고, 항상 적게 즐거워하며,

항상 적게 기뻐하고, 항상 적게 노여워하며,

항상 적게 좋아하고, 항상 적게 나쁜 일을 한다.

이 열두 가지를 잘 실천하게 되면 양성은 모두 계합하게 된다.[54]

### 왜 위와 같이 해야 되는가?

많이 사유하게 되면 신(神)이 위태로워지고,

많이 생각하게 되면 지(志)가 산만하게 되고,

많이 욕심을 내게 되면 지(志)가 혼탁해지며,

많이 일하게 되면 몸이 고달프게 되고,

많이 말하게 되면 기(氣)가 결핍되며,

많이 웃게 되면 장(臟)이 상하게 되고,

많이 근심하게 되면 마음이 움츠리게 된다.

많이 즐거워하게 되면 뜻(의:意)가 넘치게 되고,

많이 기뻐하게 되면 혼란하거나 착란현상이 생긴다.

많이 화를 내게 되면 온 몸의 맥(脈)이 고르지 못하게 되고,

많이 좋아하게 되면 미혹되어 이차를 놓치게 되며,

많이 악행을 하게 되면 초라해져서 기쁨이 없게 된다.

이 열두 가지가 적당한 선을 지켜지지 않고 넘치게 되면,

몸 안의 영기(營氣)와 위기(衛氣)가 법도를 잃게 되어

혈(血)과 기(氣)가 제멋대로 움직이게 되어 생명을 해치는 원인이 된다.

오직 많지도 않고 적지도 않게 적절한 선을 유지하게 되면,

이러한 삶이 그대로 도(道)인 것이다.[55]

---

54) 〔唐〕孫思邈의 《千金要方》卷 27 《道林養性》에 기록. 원문:『故善攝生者, 常少思, 少念, 少欲, 少事, 少語, 少笑, 少愁, 少樂, 少喜, 少怒, 少好, 少惡行, 行此十二者, 養性之都契也.』

사랑하고 증오하는 마음의 다스림 또한 빠질 수 없는 수련이다.

무릇 마음에 애정을 두지만 너무 깊이 빠지지 말고,
마음에 증오를 일으키게 되더라도 깊은 증오로 만들지 않아야 된다.
애정과 증오는 모두 성(性)과 신(神)을 손상시킨다.
또한 심하게 찬양하지도 말고 너무 심하게 질타하지도 말라.
항상 모름지기 운용하는 마음이 사물과 평등하게 하되,
만약에 편차가 생기게 되면 그 원인을 찾아 바로 고쳐야 한다.[56]

몸은 신(神)과 기(氣)가 이 머무는 집이다. 귀와 눈은 원신(元神)이 밖으로 통하는 문이다.
신(神)으로 비롯된 정(情)을 잘 다스려야 신(神)이 안정되어 성(性)이 밝혀진다. 정(情)은 듣고 보면서 혼란스러워지기 때문에, 정(情)의 안정을 취하려면 신(神)의 통로인 눈과 귀를 잘 다스려야 한다.

영(靈)은 신(神)이다. 보(寶)는 기(氣)이다.
형(形:몸)은 영신(靈神)과 보기(寶氣)가 머무는 집이다.
대저 사람에게 귀와 눈이 있는데, 그것은 원신(元神)이 왕래하는 문(門)이다.
낮에는 마음이 깨어있어서 신(神)이 귀에서 노닐게 되고, 밤에는 눈이 잠겨 있어서 신(神)이 강궁(絳宮)으로 돌아간다.
사람은 밖으로부터 들어오는 빛깔이나 소리를 접하게 되면 신(神)이 밖으로 노닐게 되어, 소리를 듣고 빛깔을 보면서 동탕(動蕩)하는 가운데 신성(神性)이 화(化)해서 정(情)이 된다.
정(情)으로 인해서 구속되고 막히게 되어, 마음에 생각이 일어나고, 그 생각을 움직이

---

55) 〔唐〕孫思邈의《千金要方》卷 27《道林養性》에 기록. 원문:『多思則神殆, 多念則志散, 多欲則志昏, 多事則形勞, 多語則氣乏, 多笑則臟傷, 多愁則心攝, 多樂則意溢, 多喜則忘錯昏亂, 多怒則百脈不定, 多好則專迷不理, 多惡多憔悴無歡. 此十二多不除, 則營衛失度, 血氣妄行, 喪生之本也. 惟無多無少者, 幾于道矣.』
56) 〔唐〕孫思邈의《千金要方》卷 27《道林養性》에 기록. 원문:『凡心有所愛, 不用深愛；心有的憎, 不用深憎；

게 되면 집착이 되어서 낮에는 생각이 떠나지 않고, 밤에는 꿈에도 나타나서 끊임없이 고달프게 되고, 정(情)을 쫓는 마음이 끝이 없는 욕망으로 변하게 되면, 백영(百靈)은 피폐해서 흩어지고, 집에는 보기(寶氣)가 없어서 무너지게 된다. 이것은 모두 신(神)을 밖으로 사용해서 집안을 지키지 못한 결과이다.

만약에 지인(至人)과 같이 만법을 모두 잊고, 오직 신(神)을 지킨다면, 눈은 안으로 보게 되어(내시:內視) 신광(神光)이 옥궐(玉闕)에서 환(煥)하고, 귀는 들려오는 소리를 귀 안에서 받아드려 묘운(妙韻)이 경방(瓊房)에서 향(響)한다.[57]

마음을 잘 다스려야 양생의 도를 성취할 수 있다. 명상, 태극권, 요가 등 전통양생의 수련을 통해서 불노장생과 대도지혜를 성취하고자 할 때 몸과 기의 수련에 비해 마음의 수련은 더욱 중요하다.

수련을 통해서 지혜와 금단을 얻겠다는 강한 신념으로 매일 규칙적으로 정진하더라도 마음이 안정되어 있지 않으면, 마음수련의 뒷받침되지 않아 정과 기가 진보될 수 없다. 정을 충만하게 하기 위해 백일동안 축기(蓄基)를 할 때 시간이 흐르고 정이 충족되어질수록 그 힘이 외부로 작용해서 심리에 변화를 준다. 이때 마음수양이 안되어 있으면 성욕의 충동을 극복하지 못하고 마음에 색심(色心)이 일어나게 되어 이 축기수련은 이미 실패하게 된 것이다.

기(氣)의 수련에서 마음의 다스림은 정(精)의 수련에 비해 더욱 중요하다. 마음의 움직임은 곧바로 기(氣)를 통해서 형상화되기 때문이다.

마음수양을 돕는 옛 선지식의 가르침은 오늘날 양생수련을 성취하려는 우리들에게 큰 힘이 된다.

마음이 한 번 풀리게 되면 무슨 일이든 거두어들이기 힘들다.
마음이 한 번 소홀하게 되면 무슨 일이든 들어오지 않는다.

---

57) 洞陽子의 《太上洞玄靈寶天尊說救苦妙經注解》에 기록. 원문:『靈者, 神也; 寶者, 氣也; 形륵, 靈寶之宅舍也.』夫人有耳目, 乃元神之門, 晝則心寐神游于耳, 夜而目寐則神歸絳宮. 從人視聽于外, 則神游于外, 見聞聲色, 動蕩乎中. 神性化而爲情, 情受牽纏, 故心有念, 動有著, 晝有想, 夜有夢, 茶然馳逐. 馳逐于無涯之欲, 百靈疲役而消散, 宅舍無寶而崩頹, 此皆用神于外而不能守之于內者也. 若夫至人萬法俱忘, 惟神是守. 目內視而神光煥于玉闕, 耳返聽而妙韻響于瓊房.』

마음이 한 번 집착되면 무슨 일이든 자유스러움을 얻지 못한다.[58]

마음이 고요하면 숨이 저절로 조절된다.
고요함이 지속되면 숨이 저절로 정(定)에 든다.[59]

희노애락이 일어나기 전의 상태를 중(中)이라 한다.
희노애락이 이미 일어나서 그것을 모두 중(中)으로 조절하는 것을 화(和)라 한다. 중(中)이라는 것은 천하의 대본(大本)이고, 화(和)라는 것은 천하의 달도(達道)이다.[60]

신(神)이 여유가 있으면 웃음이 넘치고, 신(神)이 부족하면 슬퍼진다.[61]
도(道)는 항상 무위(無爲)여서 무불위(無不爲)한다.[62]

《복기경》에 이르기를,

도(道)는 기(氣)이다. 기를 잘 보존하면 도를 얻게 되며, 도를 얻으면 장존(長存)한다.
신은 정이다. 정을 잘 보존하면 신이 명하고, 신이 명하면 장생(長生)한다.
정은 혈맥(血脈)의 천류(川流)이며, 골(骨)을 지키는 영신(靈神)이다. 정(精)이 없어지면 골(骨)이 마르며, 골이 마르면 죽게 된다.[63]

# 4. 태극수련과 불노장생(太極修煉與不老長生)

양생(養生)을 통해서 불노장생(不老長生)에 이르는 길이 가능한가?
옛 진인(眞人)들은 금단(金丹)을 성취해서 원기(元氣)가 태극(太極)의 본성(本性)과

---

58) 〔明〕呂坤의《呻吟語》卷一《存心》에 기록. 원문:『心一松散, 萬事不可收拾. 心一疏忽, 萬事不入耳目. 心一執著, 萬事不得自然.』
59) 〔明〕杜巽才의《霞外雜俎》에 기록. 원문:『心靜則息自調, 靜久則息自定.』
60) 《中庸》第1章에 기록. 원문:『喜怒哀樂之未發, 謂之中: 者, 天下之達道也.』
61) 《黃帝內經·素問·調經論》에 기록. 원문:『神有余則笑不休, 神不足則悲.』

계합(契合)하게 되면 가능하다고 주장하고 있다.

현대 과학자들의 말이 가까운 장래에 인간의 평균수명이 114세가 된다고 한다. 어떤 학자는 요즘 세상에도 1000세의 장수를 누릴 사람이 있을 것이라 한다. 이러한 시대에 살고 있는 우리는 스스로가 불로장생의 뜻만 있다면 어찌 불가능 하겠는가?

오래 살면서 지혜가 함께 증진되어, 땅을 밟고 지내지만 마음은 온 우주에 거하는, 자재인생의 삶을 실현하고자 하는 이에게 수련은 그 자체가 하나의 새로운 탄생이며 인생 최고의 즐거움이 된다.

### 1) 불로장생의 삶으로 나를 인도하자(長生不老之路)

몸은 기(氣)의 길이 아닌 곳이 없다. 몸의 어느 곳이나 기가 존재하고 있으며, 혈(血)이 있는 곳에는 기가 항시 함께 작용하고 있다. 이미 몸에 형성되어 있는 길을 따라 혈과 함께 기가 운용되어도 건강하게 살아가는데 별 지장이 없다. 그러나 노년이 되어서도 삼십대의 왕성한 기운과 건강한 몸을 유지하고 싶다면 금단영약을 얻는 기수련을 필요로 한다.

몸 안에는 원기(元氣)를 승화할 수 있는 단(丹)이 형성되는 지점이 세 곳이 있다. 머리부위에 위치한 상단(上丹), 가슴부위에 위치한 중단(中丹), 하복부위에 위치한 하단(下丹)이다. 단이 형성되는 곳을 단전(丹田)이라 해서 하단전, 중단전, 상단전이라 한다. 단전은 단이 만들어지는 밭이라는 뜻이다. 진나라 때 단학자(丹學者)였던 갈홍 선생은 상단전, 중단전, 하단전의 위치를 다음과 같이 말하고 있다.

> 배꼽 아래 2촌4 분의 위치에 하단전(下丹田)이 있고,
> 심장 아래 강궁금궐(絳宮金闕)에 중단전(中丹田)이 있고,
> 두 미간 사이의 1촌이 되는 지점이 명당(明堂)이고,
> 2촌이 되는 지점이 동방(洞房)이며, 3촌이 되는 지점이 상단전(上丹田)이다.[64]

---

62) 《老子 · 第三十七章》에 기록. 원문:『道常無爲而無不爲.』
63) 〔南朝.梁〕陶弘景의 《養性延命錄》 卷下 《服氣療病》에 기록. 원문:『《服氣經》曰: 道者, 氣也. 保氣則得道, 得道則長存. 神者, 精也. 保精則神明, 神明則長生. 精者, 血脈之川流, 守骨之靈神也. 精去則骨枯, 骨枯則死矣.』

단전에서 기는 결정체인 단으로 형성된다. 하단전에 기운이 순일하면서 정(精)이 충만하게 되면, 그 정을 원료로 삼아 상단전의 신(神)을 일깨운다. 이렇게 정과 신이 서로 융합되어 중단에서 기의 핵심인 원기가 충만하게 되어 아래로 땅의 기운과 통하고 위로 하늘의 기운과 통해서 성(性)과 명(命)이 서로 합일되는 대도(大道)를 성취하게 된다.

이러한 수련을 주재하는 곳이 의식이 모여 있는 상단부위가 아니라 심장이 위치한 중단부위라는 것은 정기신 수련 체계가 인본주의(人本主義) 사상을 주축으로 삼아 형성되어진 점을 알 수 있고, 마음이 있는 곳으로 혈(血)을 공급해 주는 심장이라는 장기에 그 중요성을 두고 있는 점을 보아도 도가의 기수련은 사후의 본성 찾기에 앞서서 육신이 존재하고 있는 생명을 양생하는데 중점을 두고 있다는 것을 알 수 있다.

## 2) 불노장생을 위한 여섯 가지 조건 〔長生不老的六種條件〕

첫째, 나의 생명 양생(養生)

무엇인가를 실현하려할 때는 그에 대한 목적의식을 뚜렷이 했을 때 성취의 가능성이 더욱 커진다. 양생수련 역시 그러하다. 내가 기필코 내 몸을 건강하게 해서 장수를 누릴 것이며, 내 마음을 지혜롭고 평등하며 자비롭게 만들어서, 내 몸이 있는 이 땅에서도, 나의 존재가 이곳에 있음으로 인해 주변사회가 함께 좋아지는 기운으로 작용하고, 내 마음이 시간과 공간을 초월해서 우주를 무대로 삼아 본성과 계합하는 큰 희열 속에 젖어 사는 자재인생을 실현하겠다는 의지를 가져야 한다.

이러한 신심을 바탕으로 생명을 양생하는 이치를 터득한다. 의욕만 있고 그 방법에 대해, 원리에 대해 막연하다면 사실 생각뿐이지 수련으로 들어가기가 어렵다. 물론 내 몸과 마음을 다 받쳐 의지할 수 있는 믿을 수 있는 스승도 있고, 자신에게 시키는 대로 절대 복종하면서 따를 수 있는 수련의 덕성(德性)이 갖추어져 있어서, 스승의 자비심이 내게로 향해 있다면 모를 일이다.

---

64) 〔晋〕葛洪의 《抱朴子內篇 · 地眞》에 기록. 원문: 『或在臍下二寸四分, 下丹田中; 或在心下絳宮金闕, 中丹田也; 或在人兩眉間, 却行一寸爲明堂, 二寸爲洞房, 三寸爲上丹田也.』

현대인들은 어릴 때부터 스스로 판단하는 의식구조가 발달되어 있다. 정치, 문화, 사회 등의 전반에 거쳐 모든 일을 자신 스스로가 책임을 지고 성취해야 되기에 자기중심의 판단의식이 관념적으로 강하게 인식되어 있다. 무슨 법이 되었던 자신이 판단해서 옳다고 인정되면 그것은 옳은 것이고, 틀린 것으로 인식되면 그것은 틀린 것이다.

이러한 판단의식은 현대의 경쟁사회, 개방사회를 살아가는데 절대 필요한 시대의식이다. 그러나 그 사람이 전통의 양생법을 통해서 불노장생의 대도(大道)를 성취하고자 할 때는 그러한 판단의식이 큰 장애요소로 작용한다. 그래서 전반적인 전통양생 애호가들이 보편적으로 택할 수 있는 것은 스스로가 양생의 이치를 일깨우고, 스스로의 의지력을 강하게 발현해서 수련하고 체득하는 방법이다. 다시 말하면 스스로가 스승이고 동시에 인도받는 제자가 되는 것이다.

### 둘째, 나의 고향 태극(太極)

나의 생명이 어디에서 왔는가?

나의 생명이 무엇으로 만들어졌는가?

이러한 의문을 안고, 양생수련에 임했을 때 본성을 일깨우는데 큰 도움이 된다. 의식의 흐름은 사유의 주제에 따라 그 생각이 마음의 특정 부위를 자극하게 된다. 외부와 연관된 일에 강하게 집착하고 있으면 그 의식은 대뇌의 표피와 가까운 곳에 있는 마음에 자극을 준다.

의식이 내가 좋아하는 사람에게 내 모습이 예쁘게 보이도록 하는데 있으면, 그 의식은 내 몸의 피부와 맞닿아 있는 마음에 자극을 준다. 만약에 의식이 생명의 근본 문제에 가 있게 되면 그 의식은 내 생명의 본질과 관계되어 있는 마음의 부위에 자극을 준다.

마음이란 크게는 우주를 포함하고, 작게는 겨자씨 속에도 들어간다. 이러한 특성 때문에 마음은 시공(時空)을 초월했고, 대소(大小)에 자유로우며, 있지 않는 곳이 없다(무소부재 : 無所不在).

이러한 전지전능한 마음은 내가 수련을 통해서 불노장생을 성취할 수 있는 전제조건이다.

셋째, 나의 마음 불이(不二)

평등!

과연 평등할 수 있는가?

능히 평등할 수 있다면 무엇이 평등인가?

평등은, 개인이 존재하는데 남과의 차별성을 강조할 때, 전제되는 개념이다. 어느 사물마다 차별상이 있다. 차별상이란 사물이 외형적으로 비추어졌을 때 각기 다르게 보이는 모습이다. 만약에 사물에 차별상이 없다면 모두가 하나의 모습이기에 구분 되지 않는다. 이럴 경우 과연 함께 살아갈 수 있겠는가? 그러나 사물의 모든 것이 이미 각기 다르게 만들어져 있다.

사람의 모습 또한 자세히 보면 똑같은 사람이 없다. 같지 않음에서 사람끼리의 차별이 시작된다. 나는 다른 사람과 무엇인가 다르다는 의식이 우월감을 갖게 하기도 하고, 열등감을 갖게 하기도 한다. 이미 차별화 되어 있는 인간사회, 과학문명이 발전할수록 차별의식은 더욱 팽배해져 간다.

옛 선지식은 인간이 지니고 있는 외형적인 차별성을 어떻게 하면 극복할 수 있는가를 깊이 있게 사유하게 되었다. 종교, 철학의 지도자들이 그 대표적인 사람들이다. 차별성을 극복하려는 방법들이 연구되었지만 사람이 지니고 있는 남녀(男女), 선악(善惡), 우열(優劣) 등의 차이 때문에 이미 들어나 있는 사물의 입장에서 평등성을 찾기가 쉽지 않았다. 그래서 외부에서 이루어지는 사회의 평등성을 접어둔 채 그 문제해결을 마음 안에서 찾기 시작했다.

쉬운 말로 혼자 방안에서 편안한 자세를 취하고, 눈 감고, 귀 막고, 외부와 단절하고 있을 때, 나의 존재가 이미 다른 사람과는 관계가 없어졌다고 생각하게 되면, 차별성의 상반 개념인 평등성을 논할 필요가 없어지게 되는 것이다. 다시 말하면, 외부와 차단하고 혼자 있게 되면, 사회의 각종 현상으로부터 오는 차별의식이 자연히 사라진다는 것이다.

그러나 다시 방문을 열고 밖으로 나오게 되면 역시 차별화 되어 있는 사회현상 속에서 차별화 되어진 나의 모습으로 돌아가게 된다. 그래서 현실을 초월하려는 의식이 싹트게 되었고, 이러한 초월을 실현하는 방법으로 가장 대표되는 것이, 종교의 절대자에게 의지하는 종속적인 자기희생의 방법과 자신에게 내재된 본성을 일깨우는 능동적인 자기성취의 방법이다.

둘 중에 어느 방법을 선택하더라도 그 초월의 목적을 실현하는 과정에서 반대되는 또 하나의 방법의식이 현재 자신이 선택해서 실천하고 있는 길을 회의(懷疑)하게 만드는 작용을 한다. 이러한 현상은 이상의 세계를 실현하려는 신앙, 기도, 수련, 수행에서만 일어나는 것이 아니다. 어떤 일에서든 항상 함께 존재한다.

이러한 심리현상의 원인을 노자는 '반자도지동(反者道之動)'이라 표현하고 있다. 이런 심리의식을 잘 조절하기 위해서 공자는 중용(中庸)의 덕(德)을 중시했다. 불교에서는 중도(中道)로 표현하고 있다. 불이(不二)란 신토불이(身土不二)처럼 외적인 조건, 심신불이(心身不二)처럼 안과 밖의 조건 등 법(法)과 아(俄)의 모든 상대성의 뜻을 포함하는 개념이다. 현대인의 양생에 있어서 필요한 대뇌의식을 청정하게 정화해 주는 작용에 불이(不二)의 도리가 나와 함께 한다.

### 넷째, 나의 삶터 정토(淨土)

내가 지금 살고 있는 곳은 내 삶을 실현하는 공간이고, 양생수련을 실천하는 도량이다. 양생수련하는 장소는 청정해야 된다. 청정은 내적인 청정과 외적인 청정으로 나누어진다. 내적청정은 눈에 보이지 않는 내면의 청정으로 자신의 마음에서 표출되어 나온 기운, 다른 사람의 마음에서 표출되어 나온 기운, 사람 이외에도 개, 고양이 등 애완동물에서 나오는 기운이다. 즉 살아 있는 생명에서 나오는 기운이 수련 장소에 서려 있는 것을 뜻한다.

더 나아가서는 과거에 이곳에서 살았던 생명들로부터 표출되어 나온 기운이 아직 이곳에 서려 있는 것도 포함된다. 그리고 영기(靈氣) 등 정신과 연관되어 있는 기운도 포함된다. 이러한 모든 내적 기운이 청정해야 된다.

외적청정은 눈에 보이고, 귀에 들리고, 몸으로 느낄 수 있는 환경이 청정해야 된다. 누가 이렇게 반문할 수 있다.

그런 청정한 장소가 있는가? 물론 사람이 모여 사는 도시에는 없을 것이다.

그렇다면 도시인은 양생수련이 불가능하지 않는가? 그렇진 않다. 단지 쉽지 않을 뿐이다.

도시 안에서 양생수련의 성취가 가능한가? 가능하다. 그러나 도시를 떠나 자연 속에서 자기를 정화하는 집중수련이 있어야 된다.

어느 기간 동안 도시를 떠나 자연 속에서 수련해야 되나? 사람에 따라 다르다. 일반적으로 많을수록 좋다. 적어도 매년 6일간의 집중수련은 필요하다.

집에서 수련할 때, 집안을 어떤 방법으로 청정하게 할 수 있는가? 그 곳이 내적, 외적으로 청정함이 되어 있는 장소면 좋다. 그렇지 않으면 마음으로 청정함을 만들어야 된다.

외적청정은 누구나 비교적 쉽게 구분해서 준비할 수 있을 것 같은데 내적청정은 어떻게 알 수 있는가? 알기가 쉽지 않다. 알려할수록, 알아질수록 양생수련에 되레 방해되는 경우가 많다. 그것을 알려기기 보다는 마음으로 그곳을 청정하게 하는 것이 현명하다.

### 다섯째, 나의 인생 자재(自在)

자재(自在)의 삶!

이는 옛 선지식들이 희망했던 삶이다.

무엇이 자재인가?

어떻게 하면 자재의 삶을 실현할 수 있는가?

막상 무엇이 자재인가를 표현하려면 쉽지 않다. 그것은 사람마다 삶의 목적이 다르기 때문이다. 또 한 사람의 일생에 있어서 나이에 따라, 환경과 분위기에 따라 그 목적이 바뀌게 되며, 어느 때는 조석지변(朝夕之變)할 정도로 하루에도 몇 번씩 바뀌게 되기 때문이다.

어떤 사람의 경우 삶의 목적과 의미가 사회 속에서 자신을 드러내는데 있다. 정치, 경제, 사회, 문화, 교육 등의 분야에 종사자들의 예이다. 사물의 이치를 밝혀내는데 목적을 둔다. 철학, 과학 분야의 연구종사자이다. 종교, 복지 분야 또한 하나의 독특한 분야이다. 어떤 사람의 경우 사물 자체에 집착한다. 즉, 애정관계의 상대방, 자식, 재물, 환경, 동식물 등에 집착한다. 이것은 어떤 사물에 자신의 중심의식을 집중시켜서 그 속에 자아를 묻어 두려는 마음에서 비롯된다. 다수의 사람이 이런 경우에 해당 된다.

한 사람에게 다양한 부분들이 크게 작게 복합적인 의식구조로 인생의 목적과 의미를 형성하고 있는 경우가 보편적이다. 이러한 삶의 의식이 양생수련을 통해 불노장생의 대도(大道)를 성취하는데 어떤 작용을 할까? 물론 큰 작용을 한다. 그러나 불노장생을 위한 수련에 좋은 영향을 주게 된다. 수련의 목적을 잡을 때 현재 자신이 목적으로 삼고 있는 것을 더욱 잘 지키기 위해서 양생수련에 들어가도, 그 목적의식은 수련의 진척에 도움을 준다.

수련의 목적을 자재인생을 성취하는데 두게 되면, 그 수련 자체가 즐거움이 된다. 마치 선(禪)수행자가 행주좌와(行住坐臥) 어묵동정(語默動靜), 어느 때 어디서나 선경(禪境)에 노닐게 됨으로서 선(禪) 그 자체가 자신의 삶인 것처럼!

실천과 정신은 실과 바늘의 관계와 같아서 바늘처럼 깨어있는 정신이 생겨나면 실처럼 그것을 따라가는 실천행이 만들어진다. 건강한 몸과 지혜로운 마음으로 불노장생의 자재인생을 실현하겠다는 분명한 목적의식 없이 수련하게 되면 같은 시간만큼 노력해서 정진해도 좋은 효과를 얻기가 쉽지 않다. 그것은 수련해서 그 무엇을 성취하겠다는 정신에 의해서 정기신에 변화를 받아들일 준비가 되어지기 때문이다.

마음이 가는 곳에 기가 따라가고, 기가 가는 곳에 혈이 따라간다.(意到氣到, 氣到血到) 이것은 생명체가 지니고 있는 보편적인 규율이다. 명상을 할 때 전신에 힘을 빼고 의식을 편안한 상태로 유지하는 것은 혈을 움직이게 하는 기를 순조롭게 만들기 위해서이다. 몸에 힘을 주게 되면 기는 움직이지 않는다. 의식을 작용하고 있을 때도 역시 기는 쉽게 움직이지 않는다.

왜 기를 움직이게 해야 되는가? 정기신을 조화롭게 하기 위해서이다. 그렇다면 평소에는 정기신이 순조롭지 못한 상태에서 살아간다는 말인가? 그렇기도 하고 그렇지 않기도 하다. 신심의 생명을 유지하면서 지낼 수 있는데 필요한 정기신의 작용은 남녀노소 누구나 하고 있다. 그러나 노화의 자연현상을 역행하여 젊음을 간직하고 싶거나 특별한 힘을 얻고자 하거나 대도를 성취하고자할 때는 정기신의 서로간의 조화가 잘 되어 있어야 하는데 평소의 몸에서는 이러한 기능이 활성화 되어 있지 않다.

어떻게 하면 정기신의 조화로움을 성취할 수 있는가? 자재인생을 위한 세 가지 정신이 항상 깨어있어야 된다. 세 가지 정신이란? 우주의 본질인 도에 대해 이치적으로 체계화 되어 있어야 하며, 수련의 주체인 자아에 대한 분명한 인식이 필요하고, 자아와 대도가 계합되어지는 수련정신이 있어야 한다.

### 여섯째, 나의 장생 지혜(智慧)

선가(禪家)에서는 정혜(定慧)쌍수를 강조한다. 선정(禪定)과 지혜(智慧)는 새의 양 날개와 같다. 정(定)과 혜(慧)를 조화롭게 수행(修行)했을 때 대도(大道)를 성취한다. 선가(仙家)에서는 성명(性命)쌍수를 강조한다. 본성(本性)과 생명(生命)은 내가 존재하게 되는 필수요건이다. 성(性)과 명(命)을 조화롭게 수련(修煉)했을 때 대도(大道)를 성취한다.

선가(仙家)에서는 생명(生命)의 불노장생(不老長生)에 중점을 두고 이야기하며, 선가(禪家)에서는 본성(本性)의 확철대오(廓徹大悟)에 중점을 두고 이야기 한다. 이것은 선가(仙家)에서는 정(定)과 혜(慧)를 말할 때 정(定)의 입장에서 정혜(定慧)를 표현하고 있는 것이며, 선가(禪家)에서는 성(性)과 명(命)을 말할 때 성(性)의 입장에서 성명(性命)을 표현하고 있는 것이다.

이러한 선(仙)과 선(禪)의 수련(修煉)과 수행(修行)의 관계성을 잘 이해하게 되면 불노장생과 확철대오의 대도(大道)가 나의 삶과 함께 한다. 대도를 성취한다는 뜻에는 확철대오와 불노장생의 의미가 함께 포함되어 있다.

### 3) 불노장생과 양생지혜〔長生不老與養生智慧〕

생명을 양육한다. 양생을 큰 의미에서 볼 때 생활의 모든 부분이 양생 아닌 것이 없다. 구체적으로 말해보자! 어떻게 양생을 하는가?

크게 두 가지로 나눈다. 하나는 외부의 영양기운을 몸 안으로 받아들인다. 또 하나는 몸 안을 자체 정화시킨다. 영양기운을 받아들이는 것은 다시 크게 입을 통한 음식물의 받아들임과, 호흡이나 모공을 통한 기운의 받아들임으로 나뉜다. 자체 정화는 생활하는 가운데 자연히 정화되는 경우와 수련을 통해서 정화하는 방법이다.

### 양생1 음식으로 받아들이는 영양기운

몸 안에는 오장육부의 화학공장이 있다. 여기에서 입으로 받아드린 음식물을 분해하고 흡입하며 배설한다. 주사로 받아드리는 물질 또한 여기에 속한다. 오장육부의 기능에 관한 내용은 양생수련자에게 필요한 지식 중 하나이다. 서양의학과 한의학(韓醫學 : 중의학)에서 장의 기능에 대한 설명이 서로 일치하지 않는 부분이 있다. 양생수련에서 이해해야 하는 한의학의 입장에서 살펴본다.

오장육부는 내장기관을 총칭하는 한의학의 용어이다.

오장은 간(肝)·심(心)·비(脾)·폐(肺)·신(腎)을 말하고, 육부는 담(膽)·위(胃)·대장(大腸)·소장(小腸)·방광(膀胱)·삼초(三焦)를 말한다. 옛날에 '창고'라는 뜻의 '장(藏)'과 '부(府)'를 써서 오장육부(五藏六府)라고 했으나 후세에 육월편(肉月偏)을 붙여 오장육부(五臟六腑)라고 쓰게 되었다. 오장육부는 인체의 중요한 장기이지만 형태와 기능면에서 서로 구별되며 생리활동이나 병리변화의 측면에서는 상호 밀접한 관련이 있다.

오장은 생명활동의 중요한 요소인 정(精)·기(氣)·신(神)·혈(血)·혼(魂)·백(魄)의 저장소로서 생명의 근본이 된다. 전신의 다른 조직과 정신활동을 주재하고 지배한다. 오장은 정기를 축적하여 배설하지 않으므로 충만하되 실(實)하지는 않다고 한다.

육부의 기능은 주로 수곡(水穀)을 소화시키고 진액(津液)과 조박(糟粕 : 음식물의 영양분이 흡수되고 남은 찌꺼기)을 받고 내보내는 것이다. 육부는 소화된 물질을 전달하고 축적하지는 않으므로 실하되 충만하지는 않다고 말한다. 한의학에서 장부라고 하는 것은 해부학적인 장기에 국한되지 않고 체내의 장기가 체표에 나타내는 각종 기능현상까지 포괄한 개념을 말한다. 인체의 활동은 장부 상호간의 유기적 연관관계 위에서 전개되는 것으로 이해해야 한다.

인체의 장부를 음양으로 구별하면 장은 양이고 부는 음이다. 장부의 상호관계는 장과 장, 장과 부, 부와 부 사이에서 나타날 뿐만 아니라 장부와 지체(肢體), 오관(五官), 오색(五色), 오지(五志), 오미(五味) 등의 각 방면에서 나타나며 자연계와 사계절의 기후변화와 밀접한 관련이 있는 것으로 간주한다.

상생관계는 간은 심을 생(生)하고(木生火), 심은 비(脾)를 생하며(火生土), 비는 폐를 생하고(土生金), 폐는 신을 생하며(金生水), 신은 간을 생함(水生木)을 말한다. 상극관계는 신은 심을 제약하고(水克火), 심은 폐를 제약하며(火克金), 폐는 간을 제약하고(金克木), 간은 비를 제약하며(木克土), 비는 신을 제약함(土克水)을 말한다. 상생상극의 개념은 서로 간에 협조하고 제약함으로써 평형상태를 유지하는 것을 개념화한 것이다.

오장육부는 서로 표리관계로 되어 있다. 부가 표(表)가 되고 장이 이(裏)가 된다. 담이 표가 되고 간이 이가 되며 소장과 심, 삼초와 심포, 대장과 폐, 위와 비, 방광과 신이 각각 표리관계를 이룬다. 이와 같은 표리배합 관계를 부부의 장기로 설명하기도 한다.

소화흡수 기능인 위는 수납(受納)을 주관하고 비는 운화(運化)를 주관하며 소장은 청탁(淸濁)을 분별하고 대장은 조박을 전송한다. 이밖에도 간의 소설(疏泄), 신의 명문화(命門火)가 소화흡수에 기여한다.

호흡활동기능인 폐는 호흡을 주관하여 기체(氣體)를 교환하며 신은 납기(納氣)를 주관하여 폐의 숙강작용(肅降作用)을 돕는다.

혈액순환기능인 심은 혈액을 주관하며 순환의 동력이 되고 폐는 백맥(百脈)이 모여 혈액순환에 참여하며 간은 혈을 저장하여 혈량을 조절하고 비는 혈액이 맥을 따라 운행하여 밖으로 넘치지 않게 통제한다.

수분대사기능인 비는 수습의 운화를 주관하고 폐는 수도(水道)의 통조(通調)를 주관하며 신은 수분의 배설을 주관하고 구초는 기화(氣化)를 주관하며 방광은 오줌의 저장과 배설을 주관한다.

신경기능은 오장과 모두 연관되어 있다. 심의 일부 기능은 대뇌에 작용하여 정지(情志) 사유활동의 중심이 된다. 그밖에 다른 장들도 신경 및 정신활동을 포괄하고 있다.

운동기능은 주로 신, 간, 비장과 연관되어 있다. 신은 골(骨)을 주관할 뿐만 아니라 운동에 협조하여 동작을 하게하고 그러한 동작을 정교하게 한다. 간은 근(筋)을 주관하며 관절의 굴신(屈伸)을 관장하고 비는 사지를 주관하며 전신의 기육(肌肉)을 관장한다. 신・비・여자포(女子胞)・충맥(衝脈)・임맥(任脈) 등이 인체의 내분비

와 생식기능을 주관한다.

양생수련자는 어떻게 음식을 복용해야 되나? 평소의 습관대로 복용한다.

수련이 깊어지면 때로는 평소보다 식욕이 커져서 많은 음식을 먹게 되고, 때로는 소량만 먹어도 기운에 차있다. 이것은 음양의 조화로 인해 일어나는 현상으로 몸이 조절되는 과정이다.

### 양생2 호흡으로 받아드리는 영양기운

대저 사람에게는 코와 입이 있어서 생명의 보배인 원기(元氣)가 출입하는 문이 된다. 호흡마다(식식:息息) 천지(天地)와 상통하며, 원기(元氣)가 그곳(코와 입)을 통해서 왕래한다.

숨을 내 쉴 때마다 먹은 음식에서 나온 탁한 기운이 몸 밖으로 빠져나오고, 숨을 들어 마실 때마다 천지에 있는 원기가 몸 안으로 들어간다. 죽지 않는 기(機)와 오래 사는 이치가 바로 이 호흡 속에 실은(實隱)되어 있다. 65)

사람의 생명이 한 호흡 사이에 있다고 말씀하는 석가여래의 뜻이 여기에선 더욱 강조되어 있다. 들어온 숨을 내 보내지 못하면 죽게 된다. 숨을 안으로 들어 보내지 못하면 역시 죽게 된다. 특히 숨을 내 쉴 때, 음식의 섭취로 인해서 발생한 몸에 해로운 기운을 배출하는 것은 양생에 중요한 작용을 한다. 그래서 수련에서 숨을 크게 빠르게 들어 마셨다가 서서히 길게 입으로 내 쉬는 것은 주로 이러한 탁기를 배출하기 위해서이다.

들숨을 통해서 천지의 기운을 받아드리는 것 또한 양생에서 없어서는 안 될 중요한 수련이다. 들숨으로 천지의 기운을 잘 받아드리는 사람은 적은 음식으로 건강한 생명을 유지할 수 있다. 수련이 순조로우면 음식량은 자연스럽게 줄어들기 시작하고, 소식으로 생활하면 수면도 함께 줄어든다.

호흡의 기문(氣門)이 열리게 되면, 아침에 떠오르는 태양에서 나오는 열의 기운

---

65) 洞陽子의 《太上洞玄靈寶天尊說救苦妙經注解》에 기록. 원문:『夫人有鼻, 乃命寶出入之戶, 息息通于天地, 元氣之所往來. 凡一呼則穀氣出, 一吸則元氣入, 不死之機, 長生之要, 實隱于此矣.』

을 입으로 빨아드린다. 입으로 받아드린 새벽기운을 몸 안 가득이 채운 다음 숨이 밖으로 나가지 않게 코와 입을 다물고, 전신의 세포 하나하나를 일깨운다. 이런 과정에서 생명의 활력을 저하시키는 탁기가 몸 구석구석에서 빠져나오게 되며, 숨을 내 쉴 때 함께 몸 밖으로 빠져나가게 된다.

　수련이 깊어지면 외부와 통하는 작은 문(門)들인 피부의 모공 하나하나가 열린다. 수련이 깊어질수록 임의자재(任意自在)할 수 있는 지혜의 힘이 함께 갖추어 있어야 된다. 정(定)을 발전해서 기문도 열리고, 몸의 안과 밖이 서로 교감할 수 있게 되는데, 그것을 자유로이 조절할 수 있는 혜(慧)의 힘이 바탕하고 있지 않으면 발달되어 있는 정의 기운에 의해서 오장육부가 손상되는 불행이 올 수도 있다.

### 양생3 생활 속의 자연정화

　일상생활 속에서 몸은 건강하고 마음은 지혜롭게 되어 있다. 문제는 우리의 분별의식이다. 할 필요 없는 생각을 하게 되고, 할 필요 없는 일을 만든다. 그래서 자신의 삶은 항상 시간에 쫓기면서 바쁜 나날을 보내게 된다.

　경쟁이 갈수록 빨라지는 추세에서 이 속에서 남아 자아실현의 위치를 확보하려면 많은 사람들을 만나야 하고, 많은 정보를 수집해야 한다. 이러한 경쟁적인 사회 전반에 형성되어 있는 생활방식은 어느 한 개인이 그 틀을 벗겨내고 싶어도 생명이 존재하는 한 쉽지 않다. 그렇다고 자아상실과 번민고통으로 이어지는 나날을 당연한 내 운명으로 인식하면서 살아야 하는가?

　그러한 삶의 틀을 벗어날 수는 없다. 그렇다고 그것을 운명처럼 받아드려 피동적으로 지내는 것 또한 현명한 것은 아니다. 중요한 것은 건강한 자재의 삶을 외부의 사물을 변화시켜 얻으려하지 말고 자신의 내면에 지니고 있는 정(精)과 신(神)과 기(氣)의 보배를 일깨워 성취하는 일이다.

　정신의 집중에 의해서 자아의 보배가 생기를 얻게 된다. 집중력은 생활의 가치관과 밀접한 관계이기 때문에 모든 것을 긍정하고 포용하면서 섭수하는 마음으로 사물을 대하면 집중의 힘은 커진다. 반면 배타적이고 부정적이며 사물을 내 밖에 존재 하는 것으로 상대의식을 강하게 지니고 있으면 마음이 항상 외부의 사물에 대한 방어와 불안한 심리를 갖기 때문에 정신 집중이 어렵게 된다.

수련에 임할 때는 한 곳에 집중하는 마음 상태가 중요하다. 의식의 집중이다. 집중할 때 몸과 의식이 이완되어 있어야 한다. 그렇지 않으면 정기신의 흐름이 막히게 된다. 때문에 수련 중에 대도에 집중되어 있는 마음은 평상심이어야 된다. 이러한 평상심은 일상생활 속에서 자연스럽게 이루어진다.

대주선사의 문답 중에 삶 속에서 어떻게 평상심을 일깨울 것인지 잘 드러나 있다.

원율사가 와서 대주선사에게 물었다.
"선사께서는 수도를 하셨는데 아직도 용공(用功)하는 것이 있습니까?"
선사 왈,
"용공합니다."
"무슨 용공을 하십니까?"
"배고프면 밥 먹고, 졸리면 잡니다."
"모든 사람이 다 그와 같이 하고 있는데 그것이 선사의 용공과 같은 지요?"
"다릅니다."
"왜 다르지요?"
"그들은 밥 먹을 때 제대로 밥을 먹는 것이 아니라 마음이 수백 가지의 산란한 의식으로 분주합니다. 잘 때도 마음이 잠과 함께 하는 것이 아니라 세상만사 잡다한 생각들로 가득합니다."[66]

평상심은 몸과 마음이 스스로 정화작용을 일으키게 하는 힘이다.

양생4 수련을 통한 정화

일상생활에서 음양의 조화를 맞추어주면 별도의 수련이 없어도 몸은 스스로 건

---

66) 〔唐〕慧海의《大珠禪師語錄》卷下《諸方門人參問》에 기록. 원문: 有源律師來問:『和尙修道, 還用功否?』師曰:『用功.』曰:『如何用功?』師曰:『飢來吃飯, 困來卽眠.』曰:『一切人總如是, 同師用功否?』師曰:『不同.』曰:『何故不同?』師曰:『他吃飯時, 不肯吃飯, 百種須索; 睡時不肯睡, 千般計較, 所以不同也.』

강해진다. 그러나 현대사회 속에서 이것을 이루는 것은 쉽지 않다. 휴식을 취하고 싶을 때도 일을 하고 있을 땐 몸이 원하는 대로 해줄 수가 없다. 현대인의 생활구조는 동시에 여러 가지를 함께 의식해야 할 때가 많다. 이때 대뇌에 분열증세가 일어나기 쉽고, 또 그러한 상태에서 자극받는 일이 함께 동반되는 경우가 다반사라서 정신의 어느 부위이든 비정상적인 증세가 있는 것이 현대사회인의 특징이다.

이미 과도하게 무리를 해서 조화가 틀어진 만큼 그에 해당하는 수련을 해주어야 정상적인 몸의 상태로 돌아가게 된다. 하지만 이처럼 건강에 관심을 보이는 사람은 매우 적다. 다수가 그 중요성은 잘 알고 있지만 실천하지 않는다.

시간이 없어서? 그렇지 않다. 중요성을 제대로 인식하지 못하고 있기 때문이다. 현대인들은 스스로 바쁘게 만드는 경우가 많다. 자신이 만든 바쁜 틀 속에 자신을 가두어 바쁘게 살아간다.

하루에 몇 시간의 수련을 해야 되는가? 건강유지를 목적으로 할 경우 의식이 집중된 수련이라면 반시간이면 되고, 의식이 함께하지 않으면 세 시간 이상을 해야 된다.

어떤 수련을 해야 되나? 자신에게 맞는 수련을 한다.
어떤 수련이 나에게 맞는가?
첫째, 자신이 호감을 갖는 수련법.
둘째, 자신의 체질에 맞는 것.
셋째, 자신이 할 수 있는 것이면 된다.

어떠한 수련으로 양생법을 삼든 양생의 마음가짐을 잘 지녀야 된다. 옛 선지식이 남긴 양생격언(養生格言)을 보면서 양생의 마음을 만들자!

〈행공에서 열 가지 해야 할 것〉
얼굴을 손바닥으로 자주 문질러준다.
눈을 손바닥으로 자주 문질러준다.
귀를 손가락으로 자주 튕겨준다.

이빨을 자주 부딪쳐준다.

등을 항상 따뜻하게 한다.

가슴을 항상 보호한다.

배를 자주 문질러준다.

발바닥을 자주 마찰해준다.

침을 자주 삼킨다.

허리를 항상 부드럽게 한다.[67]

### 〈행공에서 열 가지 금지할 것〉

일찍 일어나 절하지 말라.

방안을 냉하게 하지 말라.

습한 곳에 오래 앉아 있지 말라.

추울 때 땀 흘린 옷을 입고 있지 말라.

더울 때 옷을 말리지 말라.

땀날 때 바람 쏘이지 말라.

등불을 켜고 잠자지 말라.

자시에 성교하지 말라.

찬물에 몸을 담그지 말라.

뜨거운 불에 피부를 가까이 하지 말라.[68]

### 〈행공에서 18가지 손상되는 것〉

오래 보고 있으면 정(精)을 상한다.

오래 듣고 있으면 신(神)을 상한다.

오래 누워 있으면 기(氣)를 상한다.

오래 앉아 있으면 맥(脈)을 상한다.

---

67) 〔明〕張三豊의《太極煉丹秘訣》에 기록. 원문:『行功十要 : 面要常擦, 目要常揩.耳要常彈,齒要常叩.背要常暖, 胸要常護.腹要常摩,足要常搓. 津要常咽,腰要常揉.

68) 〔明〕張三豊의《太極煉丹秘訣》에 기록. 원문:『行功十忌 : 忌早起科頭,忌陽室納涼.忌濕地久坐,忌冷着汗衣. 忌熱着燭衣,忌汗出扇風.忌燈肤 照睡,忌子時房事.忌涼水着肌,忌熱火灼?.』

오래 서 있으면 골(骨)을 상한다.

오래 걸으면 근(筋)을 상한다.

큰 화를 내면 간(肝)을 상한다.

생각이 많으면 비(脾)를 상한다.

크게 근심하면 심(心)을 상한다.

지나치게 슬퍼하면 폐(肺)를 상한다.

과식하면 위(胃)를 상한다.

두려움이 크면 신(腎)을 상한다.

지나치게 웃으면 허리(腰)를 상한다.

말이 많으면 액(液)을 상한다.

잠이 많으면 진(津)이 상한다.

땀을 많이 흘리면 양(陽)을 상한다.

눈물을 많이 흘리면 혈(血)을 상한다.

성교가 지나치면 수(髓)를 상한다.<sup>69)</sup>

### 〈양생(養生)이 지나치면 병(病)이 된다〉

빛깔은 눈을 양생하지만 지나치면 눈에 병을 얻는다.

소리는 귀를 양생하지만 지나치면 귀에 병을 얻는다.

귀로 듣고 눈으로 보는 것은 양심(養心)이 되지만, 지나치면 마음을 병들게 한다. 중도(中道)에 맞게 수련하는 것이 양생이며, 도가 지나치게 수련하면 병이 된다.<sup>70)</sup>

나이가 들어도 양생수련으로 불노장생을 추구할 수 있는가?

명의 허준 선생은 가능하다고 주장하고 있다. 단지 젊은 시절 정기를 잘 지킨 사람에 한해서 가능하다.

---

69) 〔明〕張三豊의 《太極煉丹秘訣》에 기록. 원문: 『行功十八傷: 久視傷精.久聽傷神.久臥傷氣.久坐傷脈.久立傷骨.久行傷筋.暴怒傷肝.思慮傷脾.極憂傷心.過悲傷肺.至飽傷胃.多恐傷腎.多笑傷腰.多言傷液.多睡傷津.多汗傷陽.多淚傷血.多交傷髓.』

70) 〔明〕祝允明의 《讀書筆記》에 기록. 원문: 『過養則病: 彩色所以養目, 亦所以病目.聲音所以養耳, 亦所以病耳.耳目之視聽所以養心, 亦所以病心.中則養, 過則病.』

《오진편주》에 이르기를,

여순양은 64세에 정양진인을 만났고, 갈선옹도 64세에 정진인을 만났고, 마자연 또한 64세에 유해담을 만나서 모두 금단의 도를 수련해서 선인이 되었다.

세 선인 모두가 말년에 수도해서 성취한 것이다. 이것은 장년 때 도를 흠모하고 계율을 지켰기 때문에 64세라는 노년에 이르러서도 금단진전(金丹眞傳)을 얻게 되고 빠르게 성도했던 것이다.

만약에 세상 사람들이 타락된 생활로 정(精)이 상하고, 많은 생각으로 신(神)이 상하고, 피로해서 기(氣)가 상해 진양(眞陽)이 이미 상실되었으면 비록 64세 전에 대도(大道)를 듣게 되어도 성공하기 어렵다.[71]

그렇다면 젊었을 때 이미 정(精)을 소모할 대로 소모하고, 복잡한 생각들로 신(神)을 탈진시키고, 바쁜 생활로 기(氣)가 고갈된 사람은 회춘의 양생이 불가능한가? 가능하다. 만물에는 재생의 씨앗이 잠재되어 있는데, 만물의 귀보(貴寶)인 사람 몸에 어찌 회춘의 금단영약이 없겠는가!

어떤 상태의 중 노년의 몸이라도 가능하다는 것을 장삼풍은 강하게 주장하고 있다.

만약에 어떤 사람이라도 뜻을 가지고 열심히 수련하면 그 사람은 반드시 범부를 초월하여 성인의 경지에 들어가서 불노장생하면서 무궁한 즐거움을 영위하게 된다.[72]

어떻게 수련하면 되는가?

장삼풍 진인은 두 가지 방법을 제시하고 있다. 전자는 한 단계씩 쌓아 올라가는 방법이고, 후자는 함께 수련하는 방법이다.

---

72) 《東醫寶鑑》卷一上《內景篇 · 身形》에 기록. 원문: 『《悟眞篇注》曰: 呂純陽六十四歲遇正陽眞人, 葛仙翁六十四歲遇鄭眞人, 馬自然六十四歲遇劉海蟾, 皆方修金丹之道而成仙. 三仙皆于晚年修道而成. 蓋是壯年慕道持戒, 積符至六十四, 方得金丹眞傳, 故成道之速. 若夫世人嗜欲喪精, 思慮損神, 疲勞耗氣, 眞陽旣失, 雖聞大道于六十四歲之前, 亦難成功.』

73) 張三豊의《大道論》에 기록. 원문: 『若人用意追求, 殷勤修煉, 自必入聖超凡, 長登壽域, 永享无窮之樂也.』

한 단계씩 수련 :

처음 수련에 들어갈 때 모든 정(情)의 관계를 깨끗이 정리하고 잡념을 없앤다. 이처럼 마음에 연관되어 있는 반연으로 만들어진 잡념을 모두 없애면, 이것을 첫 번째 과정인 자기의 몸을 수련할 수 있는 자세가 되었다고 한다.

이와 같이 인심(人心)이 사라지면 천심(天心)이 다시 오게 되고, 사람의 욕정이 이미 청정해지면 천리(天理)가 항상 함께 하게 된다.

매일 먼저 일정시간 정(靜)을 유지한다. 몸과 마음이 이미 안정되고 기식(氣息)이 모두 평화로워지면, 이때가 되어서 비로소 두 눈을 지그시 감고, 마음으로 신(腎) 위의 1촌 3푼의 사이를 관조(觀照)한다. 마음이 이곳을 집착하지도 않고 떠나지도 않으며, 잊지도 않고 구하지도 않으며, 모든 생각 다 쉬고 일령(一靈)이 홀로 존재하고 있으니, 이러한 상태를 정념(正念)이라 한다.

이러한 때에 염(念) 가운데에 활활발발(活活潑潑)하고, 기(氣) 가운데에 유유양양(悠悠揚揚)해서, 내 쉬는 숨이 위로 올라가지만 심(心)을 자극하지 않고, 들숨이 아래로 내려가지만 신(腎)을 자극하지 않는다. 호흡이 한 번 열리고 한 번 닫히며, 한 번 오고 한 번 가면서, 이처럼 일곱 번, 열네 번이 반복되면서 자연히 점점 양 신(腎)이 데워지고 단전의 기가 따뜻해진다.

이러한 경계에 도달하면 숨을 조절하지 않지만 스스로 조절이 되고, 기를 단련하지 않지만 스스로 단련이 되어, 이미 식(息)이 되고 이미 화(和)가 되어, 자연히 상중하(上中下)에 나가지도 않고 들어가지도 않으며, 오는 바도 없고 가는 바도 없으니, 이것을 태식(胎息)이라 하며, 신식(神息)이라 하며, 진탁약이라 하며, 진정로(眞鼎爐)라 하며, 귀근복명(歸根復命)이라 하며, 현빈(玄牝)의 문(門)이라 하며, 천지(天地)의 근(根)이라 한다.

기(氣)가 이때에 이르면, 예의 화(花)처럼, 포(胞)의 태(胎)처럼 되어, 자연이 진기(眞氣)가 영위(營衛)를 훈증(熏蒸)하여, 기운이 미여(尾閭)에서 시작되어 협척(夾脊)을 지나 이환(泥丸)으로 올라 작교(鵲橋)로 내려가서 중루(重樓)를 지나 강궁(絳宮)에 이르러 중단전(中丹田)으로 들어가니, 이것은 하차(河車)의 처음 발동에 해당되며, 이때는 기(氣)만 지(至)한 것이며 신(神)이 아직 완전히 되어진 상태가 아니기 때문에 진정한 움직임이 아니다. 그러니 그것을 받아들이면 안 된다.

　　수련자는 단지 조심스럽게 정신을 모아 관조(觀照)하면서 중궁(中宮)을 지키며, 중궁(中宮)으로부터 생기(生機)가 있으면, 양은악(養鄂樂)이라는 것이 바로 이때를 말한다. 계속 행공(行功)하기를 한 달, 두 달이 흐르면 수련자의 신(神)이 더욱 고요해진다. 이러한 고요함이 오래될수록 기(氣)가 더욱 많이 생겨나는데 이것을 신생기(神生氣) 또는 기생신(氣生神)이라 한다.

　　수련이 백일 또는 백여 일에 이르면 정신(精神)이 더욱 증장(增長)되고 진기(眞氣)가 점점 충만하여 온온화후(溫溫火候)하고 혈수(血水)가 유여(有餘)하여, 자연히 감리(坎離)가 교구(交)히고 건곤(乾坤)이 회합(會合)하여, 스스로 한 차례 회풍(回風)이 백맥(百脈)을 상충(上)하는데 이것을 하차(河車)의 진동(眞動)이라 한다.

　　수련 중간에 만약 하나의 영광(靈光)이 단전(丹田)에서 느낌이 있으면 이것은 물 밑에 현주(玄珠)이며, 흙속에 황아(黃芽)이다. 이때에 일양(一陽)이 다시 오는데, 황홀하기가 마치 새벽녘에 붉은 해가 떠올라 망망대해를 비추는 것과 같고, 안개와 같고 연기와 같아서 문득 보이는 것도 같고 보이지 않는 것도 같은데, 이것이 바로 연화(鉛火)가 생겨나는 것이다.

　　바야흐로 그러한 건곤감리(乾坤坎離)가 미교(未交)하면서 허무적회(虛無寂灰)하여,

신(神)이 그 가운데에서 응집(凝集)하는데 공(功)이 간단(間斷)이 없어서 모두 합해져서 한 덩어리가 되는데, 이것을 오행(五行)의 배합(配合)이라 한다.

여기에 이르러 만약에 수(水)와 화(火)가 서로 교구하면, 이후(二候)에서 채집(採集)하고, 하차(河車)가 역전(逆轉)하면서 사후(四候)에서 약(藥)을 얻어, 신(神)이 그 속에 거(居)하면서, 단광(丹光)이 떠나지 않는데, 그것을 대주천(大周天)이라 하며, 구전대환(九轉大還)의 운행이라고 한다.

이때 한점의 지양(至陽)의 정(精)이 중(中)에서 응결(凝結)되어, 욕(欲)이 정(淨)하고 정(情)이 적(寂)한 때에 은장(隱藏)하기 때문에, 상(象)이 있고 형(形)이 있다. 이 지위에 도달하면 식(息)이 태(胎)에서 주(住)하고, 안과 밖이 온양(溫養)해서 한순간도 차이가 없으니, 또한 이것을 십월공부(十月功夫)라 한다.」[73]

함께 수련:

대저 정공(靜功)은 한순간(일각: 一刻)에 있다. 한순간에 연정화기(煉精化氣), 연기화신(煉氣化神), 연신환허의 공부가 이루어지니, 열 달 동안의 수련을 하지 않아도 된다. 즉, 한때, 하루, 한 달, 일 년이 모두 그러하다.

앉아서 눈을 감고 신(神)을 모은다. 이때 마음이 고요하여 숨이 조화로우면 이것이 바로 연정화기(煉精化氣)의 공부(功夫)이다. 회광반조(回光返照)하고 단혈(丹穴)을

---

73) 張三豊의 《玄机直講》에 기록. 원문:『初功在寂灰情緣, 掃除雜念, 除雜念是第一着筑基煉己之功也. 人心旣除, 則天心來；人欲旣瀞, 則天理常存. 每日先口《芋젓 枸昌兜口逕蠻樵 口口荄吾楅べ穀界網項叫輝薯涕伕瞻哉 ᴎ ㅎ 尤口粒ɯ毗姬韶. 斯時也, 于此念中, 活活潑潑, 于彼氣中, 悠悠揚揚, 呼之至上, 上不口心, 吸之至下, 下不口腎, 一闔一闢, 一來一往, 行之一七' 二七, 自然漸漸兩腎火蒸, 丹田氣暖, 息不用調而自調, 氣不用《口口. 旣息旣和, 自然于上中下不出不入, 無來无去, 是爲胎息, 是爲神息, 是爲眞口口'眞鼎爐, 是爲歸根口命, 是爲玄牝之門'天地之根. 氣到此時, 如花方口, 如胎方胞, 自然眞氣薰蒸營衛, 由尾閭, 穿夾脊, 升上泥丸, 下鵲橋, 過重樓, 至絳宮, 而落于中丹田, 是爲河車初動, 但氣至而神未全, 非眞動也, 不可理他. 我只微微凝照, 守于中宮, 自有无宮生机, 所爲養? 鄂者此也. 行之一月'二月, 我神益靜, 靜久則氣益生, 此爲神生氣'氣生神之功也. 或百日, 或百餘日, 精神益長, 眞氣漸充, 溫溫火候, 血水有餘, 自然坎離交口, 乾坤會合, 神融氣暢, 一口時間, 眞氣混合, 自有一陣回風上口百脈, 是爲河車眞動. 中間若有一点靈光覺在丹田, 是爲水底玄珠, 土內黃芽. '時一陽來', 恍如紅日初升, 照于滄海之內, 如霧如烟, 若隱若見, 則鉛火生焉. 方其乾坤坎離未交, 虛无寂灰, 神凝于中, 功無間斷, 打成一團, 是爲五行配合. 至若水火相交, 二候采取, 河車逆轉, 四候得藥, 神居于中, 丹光不離, 謂之大周天, 謂之行九轉大還也. 此時一点至陽之精, 凝結于中, 隱藏于欲淨情寂之時, 而有象有形° 到此地位, 息住于胎, 內外溫養, 頃刻无差, 又謂之十月功夫也.』

응신(凝神)하여 진식(眞息)이 왕래(往來)하면서 안으로 정(靜)이 극(極)해서 동(動)이 되고, 동(動)이 극(極)해서 정(靜)이 되어 천기(天機)가 무한(無限)하면 이것이 바로 연기화신(煉氣化神)의 공부(功夫)다.[74]

수련 중에 유위법(有爲法) 또는 무위법(無爲法)에 집착되어 중도(中道)의 평등정신(平等精神)을 상실하면 한쪽에 치우치게 되어 대도성취(大道成就)를 기대하기가 어렵다. 장삼풍 진인도 그 점을 강조하고 있다.

대저 공부할 때 유위(有爲)에 집착하면 안 된다. 유위(有爲)는 모두 후천(後天)에 속하기 때문이다. 그런데 오늘날 도문(道門)에 많은 수련자가 이러한 병폐에 빠져있어 세간에서 전진(全眞)의 수련자를 보기가 힘들다.

또한 무위(無爲)에 집착해서도 안 된다. 무위(無爲)에 집착되면 쉽게 완공(頑空)에 떨어지게 된다. 오늘날 석문(釋門:佛門)에 많은 수행자들이 이러한 병폐에 빠져있어서 세상에서 진정한 불자(佛子)가 드물다. 이처럼 수도(修道)가 올바르지 못하면 도(道)가 밝혀지지 않는다.[75]

불노장생을 위한 수련자는 무엇을 체(體)와 용(用)으로 삼는가?
불노장생법을 배우는 사람은 단지 음공(陰功)으로 체(體)를 삼고 금단(金丹)으로 용(用)을 삼아 수련하게 되면 천수(天數:하늘이 정한 수명)를 초월해서 더 오랜 세월을 누리게 된다.[76]

《장자》의 〈재유편〉에 황제(黃帝)가 불노장생의 수련법을 체득한 광성자(廣成子)

---

74) 張三豊의《玄机直講》에 기록. 원문:『夫靜功在一刻, 一刻之中, 亦有煉精化氣 煉氣化神 煉神還虛之功夫在內, 不獨十月然也. 卽一時一日 一月一年皆然. 坐下閉目存神, 使心靜息調, 卽是煉精化氣之功也 ; 回光返照, 凝神丹穴, 使眞息往來, 內中靜極而動, 動極而靜, 无限天机, 卽是煉氣化神之功也.』

75) 張三豊의《玄机直講》에 기록. 원문:『夫功下手, 不可執于有爲, 有爲都是后天, 今之道門, 多流此弊, 故世間罕全眞 ; 亦不可着于无爲, 无爲便落頑空, 今之釋門, 多中此弊, 故天下少佛子. 此道之不行, 由于道之不明也.』

76) 張三豊의《玄机直講》에 기록. 원문:『夫功夫下手, 不可執于有爲, 有爲都是后天, 今之道門, 多流此弊, 故世間罕全眞 ; 亦不可着于无爲, 无爲便落頑空, 今之釋門, 多中此弊, 故天下少佛子. 此道之不行, 由于道之不明也.』

에게 정중히 스승의 예를 올리고 장생법의 가르침을 청한다.

『광성자가 남쪽으로 머리를 하고 누워 있다. 황제가 바람결을 따라 무릎걸음으로 들어와서 큰 절을 올리고 머리를 조아리면서 묻는다.

"제가 듣건대 저의 스승이신 어른(광성자)께서는 지극한 도의 경지에 도달하셨습니다. 제가 삼가 묻습니다. 몸을 어떻게 다스려야 불노장생할 수 있습니까?"

광성자가 몸을 일으켜 말씀하시길,

"참 잘 물었다. 가까이 오라! 내 너에게 지극한 도(지도 : 至道)에 대해 말하리라. 지도(至道)의 정(精)은 유유명명(悠悠冥冥)하고 지도(至道)의 극(極)은 혼혼묵묵(昏昏)하여, 시(視)도 없고 청(淸)도 없어서 포신(抱神)에 정(靜)해서 형(形)이 장차 자정(自

---

77)《莊子 · 在宥》에 기록. 원문: 廣成子南首而臥, 黃帝順下風膝行而進, 再拜稽首而問曰:『聞吾子達于至道, 敢問治身奈何而可以長久?』廣成子蹶然而起, 曰:『善哉問乎! 來, 吾語汝至道. 至道之精, 窈窈冥冥; 至道之極, 昏昏默默. 無視無聽, 抱神以靜, 形將自正. 必靜必淸, 無勞汝形, 無搖汝精, 乃可以長生. 目無所見, 耳無所聞, 心無所知, 汝神將守形, 形乃長生. 愼汝內, 閉汝外. ……我守其一, 以處其和. 故我修身千二百歲矣, 吾形未常衰.』

正)한다. 반드시 정(靜)하고 반드시 청(淸)해서 그대의 형(形)에 노(勞)가 없고 그대의 정(精)에 요(搖)가 없어서 불노장생(不老長生)하게 된다. 눈은 보는 바 없고, 귀는 듣는 바 없고, 마음은 아는 바 없어서 너의 신(神)이 장차 형(形)을 지키게 되어 형(形)이 불노장생하게 된다.

그대는 안(內: 내)을 신(伸)하고 밖(外: 외)을 폐(閉)해야 된다. ……

나는 그 중에 하나를 지켜서 그곳과 화(和)하였다. 그래서 나는 몸을 수련해서 지금 천 2백세가 되었다. 보아라, 아직도 내 몸이 건장하지 않느냐!"77)

### 단수련에 대하여

좌선하는 사람의 첫째 관문은 다리의 고통을 넘어서는 것이다. 다리는 솥의 다리와 같이 몸을 지탱해 줄 수 있어야 한다. 결가부좌를 할 경우에 상체가 곧게 서게 되는데 이는 좌선하기에 좋은 다리모양이다. 장시간 동안 결가부좌를 할 때 이상을 느끼면 명상이나 기수련에 방해를 받게 된다. 기수련과 명상의 기초가 되지 않은 상태라 할 수 있다.

기수련은 몸, 경혈을 연마하는 것이다. 그러나 다리에 탈이 나면 수련을 할 수 없는 것이다. 명상도 마찬가지이다. 다리의 이상은 통증과 혈액순환 장애를 겪게 된다. 그러나 이런 현상은 어느 순간을 지나고 나면 다시 풀리게 되어있다. 음이 극에 닿으면 양으로 전환되게 되는 현상과 마찬가지이다. 따라서 이는 극복의 대상이지 두려움의 대상이 아니다. 무술을 연마하는 사람은 극기 훈련을 하지 않는 이가 없다. 운동선수도 일정수준을 넘어서기 위해서는 자신과의 싸움을 한다. 3시간동안 결가부좌를 하고서도 기혈 순환이 원만하게 되면 기수련의 기본이 갖춰졌다고 볼 수 있다. 결가부좌만이 기혈이 통창되는 것은 아니다. 다른 방법도 있다. 하지만 쉬운 방법 중에 결가부좌가 있는 것이다. 단수련은 호흡과 의식을 통해 이루어진다. 우리 몸을 머리(상단), 가슴(중단), 배(하단)로 나눌 수 있다. 상단은 지혜와 관련되고, 하단은 힘과 기가 연관되어있다. 하단을 연마할 때 호흡을 위주로 할 경우 배가 나오는 현상을 볼 수 있다. 단전호흡이 이런 단 수련법이다. 의식으로 하단을 연마할 경우에는 다르다. 따라서 단을 수련하는 사람에도 아랫배가 나오는 경우가 있고 그렇지 않은 경우가 있는 것이다. 사람마다 자신에 맞는 수련 부위와 수련방법이 다르다. 상단은 성품과 관련되고, 중단은 정과 관련되어 있으며, 하단은 욕구와 관련되어 있다. 불교 경전에 사람이 죽을 때 마지막 열기가 어디서 식는가에 따라 그 사람이 어디로 갈지 안다고 한다. 머리에서 식으면 천상으로 가고, 가슴에서 식으면 사람으로 태어나며, 다리에서 식으면 지옥에 간다고 한다. 마지막 의식이 어디로 빠져 나가는가를 볼 수 있다는 것이다. 우주의 이치를 알고자 하면 상단을 개발시키고, 기운을 북돋고, 건강을 이루고자 하면 하단을 개발시켜야 하는 것이다. 정을 개발하는 것은 수련에 방해가 되는 요소이다. 따라서 정을 개발시키기 위해 중단을 단련한다는 말이 듣기 어려운 것이다. 물론 대승불교에서 이념을 키우기 위해 정을 키우기도 하나 단수련을 하는 경우에는 정을 개발시키지 않는 것이다. 사회적으로 조화를 이루기 위해서는 자신이 부족한 부분을 개발하고 서로 어울리는 방향으로 사용할 수 있을 것이다. 그러나 개인적인 이상적 목적으로 수련을 할 때에는 자신에 맞는 부분을 단련시켜 갈 수 있다.

入門不二太極拳

# 수련편

수련1. 정좌수련靜坐修練 | 좌법 坐法 | 기혈통창법 氣血通暢法 | 삼단점혈법 三丹點穴法 | 임독순환법 任督循環法 | 보기법 補氣法 | 운기법 運氣法 | 발경법 發勁法 | 명상법 冥想法 | 수련2. 108식 타오-루수련 108式套路修煉 | 108식 기본자세 108式基本姿勢 | 108식 입문자세 108式入門姿勢 | 108식 동작습득 108式動作學習 | 108식 동작교정 108式動作矯正 | 수련3. 음양수련 陰陽修煉

智慧篇 2

수련1

# 정좌수련 靜坐修練

태극수련에서 정좌명상은 정기신(精氣神)이 조화로운 가운데 성명쌍수(性命雙修)가 원만하게 성취될 수 있도록 돕는 중요한 수련법이다. 몸과 함께 마음을 순일하게 하여 대도(大道)를 성취하려는 수련자에게는 정좌수련이란, 짠-쭈앙(站樁)의 정공(靜功)수련을 돕고, 진인(眞人)의 지혜를 얻게 하는 보다 더 깊은 명상으로 들어가게 하는 현문(玄門)이다.

좌법 坐法　　기혈통창법 氣血通暢法　　삼단점혈법 三丹點穴法　　임독순환법 任督循環法　　보기법 補氣法
운기법 運氣法　　발경법 發勁法　　명상법 冥想法

# 1. 좌법(坐法)

　　환경과 개인 그리고 문화의 특성에 따라 앉는 법은 다양하다. 몸을 따뜻하게 할 수 있는 환경에서 결가부좌 좌법으로 수련하면 효과적이다. 맑은 공기 고요한 환경이라도 수련하는 장소가 추우면, 몸을 보온할 수 있는 여건이 있어야 만이 긴 시간의 결가부좌 수련에 들어갈 수 있다.

　　만약에 무릎과 골반 그리고 등 부위에 보온이 없이 차가운 공간에서 마음의 즐거움만 생각하고 무리하게 가부좌법으로 정진을 하게 되면 한기(寒氣)가 몸 안으로 침투해서 오장육부의 기능이 크게 손상될 수 있으니 주의해야 한다.

　　수련할 때 결가부좌법을 택하면 좋은 효과가 있다. 그러나 반가부좌, 책상다리 등 어떠한 수련좌법도 그 나름대로의 기운체계가 있어서 바른 자세를 취하고 수련하면 모두 좋은 효과를 얻을 수 있다. 다리 근육이 굳어 있는 경우 반가부좌 또는 편한 좌법으로 수련하면서 한편으로는 요가 아사나(Asana)나 도인술의 근육이완

운동 등으로 결가부좌를 연습한다.

　여행 중 다른 문화권에서 생활할 경우 결가부좌의 좌법을 취하기에 불편할 수도 있다. 이때는 그곳 문화습관에 맞추어 편한 자세로 좌법을 정하는 것이 좋다.

　육체의 물질과 연관되어 있는 탄력의 힘이 뼈와 뼈를 연결하고 있는 관절부위의 공기층에서 만들어진다. 무릎은 몸의 모든 관절부위에서 공기층의 역할이 가장 많이 쓰이고, 다른 관절부위와는 비교할 수 없을 정도로 매우 중요한 부위이기 때문에, 특히 무(武)로 입문해서 도(道)를 성취하고자 하는 사람은 무릎의 탄력을 향상시키면서 동시에 한기(寒氣)가 들지 않도록 주의를 기울여야 한다. 그래서 무술을 연마하는 많은 사람들이 정좌수련을 할 때 무공좌법을 택하게 된다.

　태극수련에서 정좌명상은 정기신(精氣神)이 조화로운 가운데 성명쌍수(性命雙修)가 원만하게 성취될 수 있도록 돕는 중요한 수련법이다. 태극권을 신체의 건강만을 위하는 단순한 운동으로 생각하는 사람에게는 정좌수련의 중요성을 모르겠으나, 몸과 함께 마음을 순일하게 하여 대도(大道)를 성취하려는 수련자에게는 정좌수련이란, 짠-쭈앙(站樁)의 정공(靜功)수련을 돕고, 진인(眞人)의 지혜를 얻게 하는 보다 더 깊은 명상으로 들어가게 하는 현문(玄門)이다.

　어떠한 어떠한 모양의 좌법을 취하더라도 허리와 어깨·목·머리의 모양은 같다.

## 1) 결가부좌법 (雙盤坐法)

○ 깊은 명상을 성취하고자 할 때 가장 좋은 자세가 결가부좌법이다. 결가부좌는 앉아있는 그 자체만으로도 우주에 있는 몸에 필요한 기운들을 몸 안으로 받아들이기에 좋은 기운이 형성 되어진다. 태극수련을 진행한 뒤에 다리에서 오는 통증을 해소하고자 할 때 결가부좌의 정좌수련은 큰 효과가 있다.

## 2) 풀어앉은 좌법(散盤坐法)

○ 기운을 밖으로 통창시키고자 할 때 이 좌법이 효과가 크다. 무릎의 폭이 좌우로 더욱 벌어지게 됨으로써 회음의 문이 쉽게 열리게 되어 몸 안의 탁한 기운을 아래로 해소시키기에 좋은 자세이다. 짧은 시간 긴장을 풀고 정좌수련을 할 때 이 좌법을 취하게 되면 효과적이다.

# 3) 무공좌법(武功坐法)

○ 무술을 연마하면서 취하는 정좌법이다. 무술수련을 하다보면 근육이 팽창되어 온몸이 탄탄해짐을 느낀다. 장딴지나 허벅지 근육이 강하게 팽창한 상태에서는 반가부좌나 결가부좌 자세를 취하기 불편한 경우가 많다. 그래서 무공좌법을 택하여 정좌수련을 하는데 이 무공 좌법의 특징은 조용히 앉아서 정·기·신의 명상 수련을 하는 어느 순간에도 앉은 자세에서 곧바로 무술 동작으로 이어가는데 있다. 이러한 무술과 연결되는 장점 때문에 많은 무인들이 이 자세로 정좌수련을 한다.

# 4) 반가부좌법(單盤坐法)

○ 반가부좌는 비교적 안정된 자세로 지혜를 성취하고자 하는 수행자가 많이 취하는 자세다. 오랜 시간 앉아있을 수 있으며 평소에 결과부좌로 정좌수련을 하던 사람도 몸의 기혈이 순조롭지 않을 땐 반가부좌 자세를 취할 수 있다.

## 5) 일자좌법(橫叉坐法)

○ 무술에서 좌우 두 다리를 일직선상에 놓이도록 벌리는 것은 중요한 수련 중 하나다. 이러한 좌법으로 명상을 하면 땅의 기운이 몸 안으로 전이되어 생기가 왕성해 진다. 또한 하체의 탄력을 증강시키는데 큰 도움이 된다.

동작 1

동작 2

# 2. 기혈통창법(氣血通暢法)

## (1) 타법과 건강

수천 년 전부터 손바닥이나 주먹 또는 나무 등으로 팔, 다리, 몸통 부위를 두드려서 건강을 돕는 수련법이 전해지고 있다. 타법은 피부의 모공을 자극하여 신진대사를 돕고 근육의 탄력을 북돋아 체력을 강화시키며 오장육부와 연결되어 있는 혈관이나 신경선을 자극해서 내장의 건강을 돕는다.

여기서 선택하고 있는 타법은 손바닥으로 모공과 근육을 자극해서 신체의 탄력을 향상하고 신진대사를 원활하게 하는데 목적을 두고 있다. 타법수련은 손바닥에 닿는 부위의 건강을 도울 뿐만 아니라 손바닥에 모여 있는 기혈을 자극해 전신의 기운을 원활하게 한다.

타오-루의 태극수련을 하는 동안 관절부위와 근육의 움직임으로 인해 몸 안에서부터 열기운이 형성되어 오장육부의 기혈이 순조로워지며 그 기운이 밖으로 분출되어 나오게 된다. 이러한 수련의 반복을 통해서 몸은 건강해지고 의식은 맑아진다.

만약 몸의 표피가 정상적인 기능을 상실한 경우에 그 정도가 깊으면 태극권을 수련해도 몸 안에 기운이 형성되어 오장육부를 정화시키면서 만들어지는 탁한 기운을 몸 밖으로 빠르게 배출시키기가 쉽지 않게 된다.

때문에 타오-루 수련을 하기 전후에 기혈통창법을 수련하게 되면 좋은 효과를 얻을 수 있다. 명상수련을 마친 후 기혈이 순조롭지 않다는 느낌이 있을 때 기혈통창법을 한차례 수련하게 되면 곧바로 막혔던 기혈이 순조로워 진다.

## (2) 장심열감의 효과

동양전통의학은 손바닥의 건강을 중요시한다.

손 운동은 오장육부의 건강을 촉진시켜줄 뿐만 아니라 머리를 맑게 하고 의식을 정화시켜주며 나아가 지혜를 열어 소요자재하는 삶을 성취하는데 큰 영향을 준다.

손 마찰을 통해서 이와 같은 건강을 얻고 다시 손에서 생성된 열 기운으로 신체 각 부위의 기혈을 통창시켜 주는데도 큰 기여를 한다. 우주의 이치를 다섯 가지 요소 화·수·목·금·토 오행으로 나누어 생명체의 존재를 규명하고 다시 어떻게 하면 이러한 생명체가 오래도록 건강하게 잘 살 수 있는가에 대해 중국의 도가에서는 많은 연구와 임상을 하였다.

손은 전신에서 기운이 가장 민감하고 강하게 작용하는 부위여서 우주공간에 있는 몸에 필요한 다양한 영양 성분과 에너지를 손에 모아 그 기운을 활용하여 건강을 얻고 공력을 발휘하는 예(例)들은 2000여년의 역사 속에서 흔히 볼 수 있는 일이었다.

또한 손은 자신의 마음을 밖으로 전달하는 통로로써 눈 다음으로 강한 작용을 한다. 그래서 손은 몸을 건강하게 하고 아름답게 하는 모든 힘을 갖는 양생창고라 할 수 있다. 그렇다면 현대인들의 손에는 이런 힘이 있는가?

반드시 있다. 모든 인간에게 이런 손의 힘이 갖추어져 있다. 단지 손에 내재되어 있는 이러한 힘의 문을 열 수 있는가에 따라서 그러한 기능을 발휘하고 못하고가 결정될 뿐이다.

어떻게 하면 손에 함축되어 있는 에너지의 힘을 열 수 있겠는가?

세 가지의 작용에 의해서 손의 에너지가 움직이게 된다.

### ● 고요한 마음

의식이 한 곳에 집중되기 위해서는 마음이 잔잔한 호수와 같은 고요한 상태여야 한다. '정신일도면 하사불성' 이라는 말과 같이 만물을 변화시킬 수 있는 정신력은 바로 고요한 마음에서 나온다.

### ●● 절대신념

고요한 마음에서 일어나는 절대적인 믿음은 우주의 변화하는 에너지의 기운을 움직이게 한다. 아무리 좋은 여건과 기능을 갖추고 있더라도 강인한 신념이 뒷받침되어 있지 않는다면 목적한 바를 이루기 어렵다. 우리가 보고 느끼는 인류사회의 모든 운명이 이와 같은 신념에서 나왔듯이 건강과 아름다움을 유지하는 장수비법 또한 자신의 고요한 마음에서 만들어지는 절대 신념에서 나온다.

### ●●● 열에너지

열의 작용에 의해서 온도가 변화되고 온도의 변화에 의해서 지구상의 모든 생명체가 변화되어 진다. 열은 빛으로부터 영향을 받아 온도의 변화를 일으키는데 그 빛이 열을 발생할 수 있도록 작용하여 주는 것이 바로 고요한 마음에서 나오는 절대 신념과 의지이다.

사람이 지니고 있는 고요한 마음의 핵심은 자아본성으로서 이것이 바로 우주와 내가 하나가 될 수 있는 근거이다. 고요한 마음 상태에서 나오는 절대 신념으로 인해 두 손의 마찰로 만들어진 열 에너지는 작게는 몸의 건강과 아름다움을 지켜주고 크게는 중국 철학에서 말하는 천인합일, 인도의 범아일여, 우리 다도에서 말하는 다선불일여의 경지에 들어갈 수 있는 힘이 되어 준다.

## 1) 장심양기(掌心養氣)

○ 두 손을 45도 앞으로 내밀어서 열감이 나도록 문지른다.
○ 손을 문지를 때 팔과 어깨의 힘을 빼고 가벼운 상태로 열이 나게 빠르게 마찰한다.

## 2) 안면양기 (顔面養氣)

○ 두 손을 모아 손가락 끝을 머리선에 놓는다.
○ 천천히 얼굴에 스치듯 가볍게 내린다.
○ 손가락 끝이 볼에 오면 가볍게 스치듯이 위로 올린다. (3회)

## 3) 두발양기(頭髮養氣)

○ 손가락을 둥글게 세운다.
○ 손가락을 빗처럼 세워서 앞머리에서부터 빗겨서 뒷목까지 빗어 넘긴다. (3회)

동작 1

동작 2

동작 3

# 4) 두피양기(頭皮養氣)

○ 손을 공심장으로 만들어서 앞머리에서부터 뒷머리로 가볍게 두드려 준다.(3회)

동작 1

동작 2

동작 3

## 5) 목양기 (大椎養氣)

○ 왼손을 펴서 손가락으로 경추와 흉추가 연결되는 대추혈 주변을 문지른다. (약 8회)

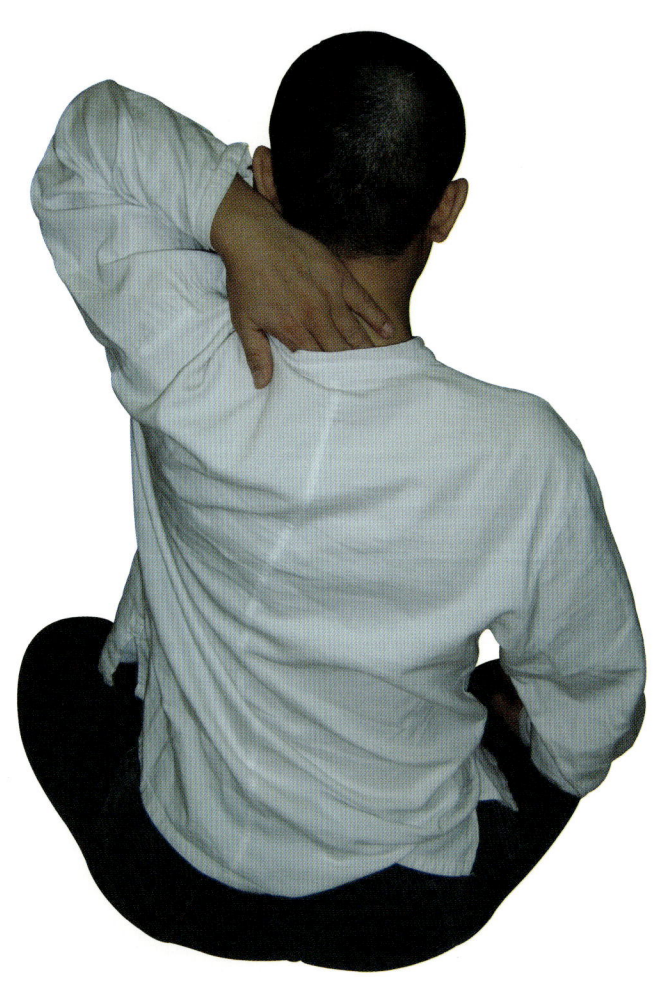

# 6) 손·팔양기 (手臂養氣)

○ 왼손을 쭉 펴서 45도로 내려뜨리고 오른손을 공심장으로 만든다.
○ 손등을 위로하여 어깨에서부터 두드리기 시작하여 손끝까지 내려온다.
○ 손바닥을 위로해서 어깨에서부터 두드리기 시작하여 손끝까지 내려온다.
○ 손등을 위로해서 겨드랑이에서부터 두드려서 손끝까지 내려온다. (모두 3회씩 한다.)
○ 손을 바꾸어서 같은 방법으로 반복한다.

동작 1

동작 2

동작 3

## 7) 늑골양기(勒骨養氣)

○ 왼손바닥을 뒷머리에 가볍게 붙이고 오른손은 공심장을 만든다.
○ 겨드랑이부터 두드리기 시작하여 허리까지 내려온다.(3회)
○ 손을 바꿔서 반대 방향을 행한다.

## 8) 앞몸양기 (胸腹養氣)

○ 두 손을 공심장으로 만들어 윗 가슴에서부터 두드리기 시작하여 배까지 내려온다. (3회)

동작 1

동작 2

## 9) 신장양기(腎臟養氣)

○ 두 손을 공심장으로 해서 명문좌우를 두드려준다. (8회)

## 10) 다리양기(腿脚養氣)

○ 명문좌우를 8번 두드린 다음 이어서 엉덩이, 허벅지, 무릎, 종아리를 두드린다.(3회)

## 11) 입안양기 (舌牙養氣)

○ 먼저 윗니와 아랫니를 12회 부딪치고 이어서 혀를 치아 바깥쪽으로 해서 시계방향으로 3회 돌리고 다시 반대방향으로 3회 돌린다.

# 12) 호흡양기 (呼吸養氣)

○ 눈을 감는다.
○ 양손을 단전에 모은다.
○ 호흡
　**들숨**: 숨을 들이마시며 가슴을 풍만하게 들어 올리며 아랫배를 안으로 당겨 위로 끌어올린다.
　**지식**: 가슴이 끌어올려진 상태로 1초~3초 동안 호흡을 멈춘다.
　**날숨**: 호흡을 자연스럽게 내쉬면서 올려진 가슴을 자연스럽게 내린다. (3회)
○ 마지막 세 번째 숨을 내쉬면서 눈을 서서히 뜬다.

동작 1

동작 2

# 3. 삼단점혈법(三丹點穴法)

　태극수련의 궁극적 목표는 생명체의 정기신(精氣神)을 연마하는 성명쌍수(性命雙修)를 통해서 생명의 본원인 태극을 체득하여 무극(無極)과 태극(太極)이 불이(不二)인 도(道)의 경지 '천지합일(天人合一)'에 계합하는데 있다.

　음양으로 체계화된 생명체의 세 곳의 문(門)을 연마함으로써 작게는 불로장생의 심신건강을 얻을 뿐만 아니라 크게는 우주와 내가 하나가 되는 대도(大道)를 성취하게 된다.

　하단(下丹)은 정(精)을 생성하는 곳으로 생명체에 필요한 에너지가 축적되어지는 곳이다. 하단은 몸 앞면으로는 배꼽아래, 몸 뒷면으로는 명문아래의 몸통부분으로 그 아랫부분의 중심에 회음혈(會陰穴)이 있다. 하단에서 형성된 기운이 회음을 통해서 척추의 뒷면으로 통하게 되고, 척추의 앞면으로 흐르고 있는 기운은 회음혈을 통해서 다시 하단으로 모아진다.

　하단의 기운을 생성시키는데는 여러 가지 방법이 있으나 현대인들처럼 하복부가 무력한 경우에는 여기에서 제시하고 있는 타법이 가장 효과적이다.

## ■ 준비자세

하단, 중단, 상단은 전신에서 생명의 기운이 가장 강하게 작용하는 곳으로, 이 수련법은 각 단전에 외부의 작용을 주어서 특별하게 수련하는 방법이다.

수련에서 삼단(상단, 중단, 하단)의 공능을 향상시키면서 부작용을 막기 위해, 수련에 들어가기 전에 먼저 의식을 가다듬고 전신의 근육을 이완시켜야 한다.

마음과 몸이 편안해진 다음 첫 번째 수련인 하단타법에 들어간다.

# 1) 하단타법

○ 바르게 앉은 자세로 숨을 크게 들이 마시면서 한쪽 손을 들어서 칠 준비를 한다. 이때 손 모양은 공심장이나 공심권으로 한다. 아랫배에 숨을 들이마시면서 동시에 아랫배에 힘을 준다.
○ 숨은 멈춘 상태로 손으로 단전부위를 내려친다. 이때 하복부에는 힘이 들어가 있는 상태에서 마치 공처럼 탄력을 지니고 있다. 손으로 내려쳤을 때 탄력에 의해 손이 밖으로 튕겨 나가듯 한다.
○ 손이 배에 와 닿는 순간 손에 지니고 있는 힘을 빼야 한다. 이와 같이 한 호흡에 한번 진행하며 3회 내지 8회를 한 다음 손을 바꾸어서 다시 같은 횟수만큼 진행한다.

동작 1

동작 2

동작 3

하단타법 1

동작 4

동작 5

동작 6

정좌수련 199

## 2) 중단통기법

○ 두 손을 중단부위에 놓아두고 의식을 중단에 둔다.
○ 하단에서부터 전율되어 오는 진동의 파장을 느끼면서 동시에 상단으로부터 내려오는 감로수와 같은 청량감을 느낀다. 3분~8분간 지속한다.

# 3) 상단보기법

○ 두 손을 포개어 10cm~30cm의 거리를 두고 장심이 상단 부위를 향하도록 놓는다.
○ 눈은 지그시 감은 상태로 긴장을 풀고 대뇌의 모든 세포가 바람결에 먼지가 날리면서 사라지듯 텅빈 모습만 남게 관상한다. 이와 같이 3분~8분 지속한다.

동작 1

동작 2

# 4. 임독순환법(任督循環法)

태극권 수련 효과 중 하나가 임맥과 독맥의 순조로운 운기이다. 임독맥의 운기가 순조로워지면 심신건강 뿐만 아니라 불로장생에 입문하게 된다. 호흡을 돕는 손의 움직임으로 임독맥에 기감(氣感)을 형성시켜 준다.

두 손을 아랫배에 포개 모아 의식을 편안하게 한 다음 손이 좌우로 허리를 따라 뒤쪽으로 이동한다. 명문에서 모이는 두 손은 숨을 들이마시면서 기운을 쓸어 위로 올리듯 장심으로 위로 받쳐 올라간다.

동작 1

동작 2

임독순환법

동작 1

동작 2

동작 3

동작 4

동작 5

임독순환법

동작 1

동작 2

동작 3

동작 4

더 이상 손이 올라갈 수 없는 위치에 놓이면 두 손을 다시 좌우로 벌리면서 장심이 겨드랑이를 스쳐 뒷목을 따라 뒷머리를 지나 정수리에 놓이게 한다.

동작 6

동작 7

동작 8

동작 9

동작 10

동작 11

다시 모인 두 손이 이마 앞을 지나고 목을 지나면서 들이마셨던 숨을 서서히 내쉬며, 손은 원래 시작했던 모습으로 돌아온다. 이와 같이 3회~8회를 반복한 다음 두 손을 무릎위에 놓고 임맥과 독맥의 기운이 서로 순환하는 것을 관조(觀照)한다.

# 5. 보기법(補氣法)

관상은 직관과 사상을 결합한 뜻으로 직관은 있는 사물을 진실 그대로 바라보는 것을 의미하고 사상은 우주론과 인식론의 범위를 의미한다. 이것을 다시 종합해서 말하면 우주가 지니고 있는 사물의 이치 그 자체를 판단하는데 직관적인 방법을 택하는 것을 의미한다.

직관이란 구체적인 실천방법 가운데에 하나이다. 부위관상에서는 몸의 각 부위를 있는 그대로 바라보는데 의식은 신체 부위에서 일어나는 모공 하나하나의 세포 부분의 움직임까지도 알아차릴 수 있는 인식 능력을 포함하고 있다. 평소 생활 속에서 바쁘게 살아가는 사람일수록 의식이 분열되어 있어서 어느 한 곳에 집중하기가 어렵다.

마음이란 의식이 나오는 원천으로서 한 마음속에서 1초 사이에도 작게는 몇 가지 크게는 수천가지의 각기 다른 분별의식이 일어난다. 건강한 마음이란 뚜렷한 사물에 대한 판단능력을 지니고 있으면서 어느 때는 동시에 여러 가지를 인식할 수가 있어야 한다. 예를 든다면 횡단보도를 건너면서 신호등을 분별하고 주위의 오가는 사람들을 피해서 좌우에서 오는 차량을 인식하고 한편으로는 음악을 들으면서 전화도 하고 맞은편에서 손짓하는 친구의 모습도 보면서도 의식작용이 전혀 복잡하다는 생각이 일어나지 않는다.

또 어느 때는 무엇인가 중요한 일을 결정하기 위해 의식을 집중했을 때 주변의 시끄러운 소리도 들리지 않고 오가는 차량의 불빛도 눈에 거슬리지 않고 스쳐가는 바람이 몸에 닿는 느낌에도 반응하지 않은 채 그 한가지 일에 몰입하게 된다.

만약에 일념해야 될 때에 주변의 현상이 그 의식을 방해한다는 것을 인식하게 되고 동시에 여러 가지를 함께해야 할 때에 그것이 머리를 복잡하게 하는 것으로 인식 되어지면 그것은 건강한 마음이라 할 수가 없다.

모든 움직임은 고요함에서 나오듯이 어느 한 곳에 집중할 수 있는 의식이 가능한 마음에서 동시에 많은 것을 함께 할 수 있는 의식 또한 깨어있게 된다.

태극수련에서 부위관상 수련은 그 부위의 건강을 도울 뿐만 아니라 이러한 마음의식까지도 맑게 하는데 큰 도움이 된다.

# 1) 머리관상

- 먼저 양손을 비벼서 열을낸다.
- 두 손을 뒷머리 부위에서 10cm~30cm를 떼어서 장심이 뒷머리를 향하도록 한다.
- 눈을 지그시 감으면서 의식을 머리에 둔다.

### 관상설명
- 머릿속에 맑은 하늘의 흰구름을 상상한다. 점점 하얀 구름이 사라지고 허공과 같이 텅 빈 모습이 된다.
- 만약에 관상 중에 맑은 하늘에 하얀 구름이 떠오르지 않고 검거나 다른 색상으로 그려질 경우에는 머릿속을 의식하는 관상을 중단하고 손바닥에 열기가 머리로 전달되어서 느껴지는 감각을 의식한다.

### 마침설명
- 손을 자연스럽게 발 위에 내려놓고 손바닥을 허벅지 위에 가볍게 놓는다.
- 그리고 숨을 크게 가슴으로 들어마셔서 3초간 지식 한 다음 숨을 서서히 내쉬면서 눈을 지그시 뜬다.

## 2) 얼굴관상

**자세설명**
- 두 손바닥을 비벼서 손바닥이 얼굴 전체를 감싸듯 한다.
- 손을 얼굴에서 10cm~30cm 뗀다
- 눈을 지긋이 감으면서 의식을 얼굴전체에 둔다.

**관상설명**
- 입술을 중심으로 원이 그려지고 점점 퍼져서 볼 부위까지 장심의 열기를 느낀다.
- 이때 가려움이나 당김, 전류반응이 나타나는 수도 있다. 그러한 현상에 의식이 따라가지 않게 하고 입주변의 아래로는 턱, 위로는 코, 옆으로는 볼 전체를 느낀다.(약 20초~1분)
- 두 손을 눈 부위로 모아서 눈을 중심으로 원이 그려지면서 위로는 머리카락 아래로는 코끝 옆으로는 관자놀이까지 반응을 느낀다.(30초~1분)
- 두 손을 귀 부위로 모은 다음 귀에 와 닿는 손의 열기를 느낀다. (30초~1분)

**마침설명**
머리관상 내용과 같음

동작 1

동작 2

# 3) 눈관상

**자세설명**
- 양손바닥을 비벼서 열을 낸다
- 두손의 새끼손가락끼리 붙여서 눈앞에 둔다
- 10~30cm를 떼어서 장심이 눈을 향하도록 한다.
- 눈을 지그시 감으면서 의식을 눈에 둔다

**관상설명**
- 장심에서 나오는 기운이 눈을 향해서 들어오는 모습을 관상한다. 이때 장심에서 나오는 기운이 빛으로 느껴져서 그 빛의 색이 하얗거나 노랗거나 푸르거나 할 때는 그대로 그 빛을 받아드려서 눈 부위가 상쾌해지고 깨끗해지고 맑아지는 느낌을 관상한다. 그러나 빛의 색깔이 검거나 회색이거나 밤색 등 탁하다고 느껴질 경우에는 빛의 관상을 하지 않는다. 그래도 그 빛이 존재할 경우에는 눈관상을 마무리 한다.

**마침설명**
머리관상 내용과 같음

동작 1

동작 2

# 4) 귀관상

**자세설명**
○ 손바닥을 비벼서 열을 낸다
○ 두 손을 귀에서 10~30cm를 떼고 장심이 귀에 향하도록 한다.
○ 눈을 지그시 감고 의식을 귀에 둔다

**관상설명**
○ 장심에서 나오는 열기가 귀에 와 닿는 것을 느낀다. 이때 그 열기가 점점 가해져 귀 표면에서부터 귀안으로 들어와 귀가 밝아지고 깨끗해져 주변에서 들려오는 모든 소리가 청량한 물방울이 떨어지는 것처럼 맑게 들리는 것을 관상한다. 만약 귀관상 중에 주변의 소리가 시끄럽게 느껴지거나 또는 그러한 소리로 인해 의식이 산만해질 경우에는 귀관상을 마무리 한다.

**마침설명**
머리관상 내용과 같음

# 5) 다리관상

**자세설명**
- 손바닥을 비벼서 무릎위로 10cm~30cm높게 손을 올린다.
- 팔꿈치를 들어서 겨드랑이가 뜨게한다.
- 눈을 지그시 감으면서 의식을 무릎에 둔다.

**관상설명**
- 손바닥의 열기가 무릎의 피부에 와 닿고 그 열기가 살로 들어와서 관절과 뼈에까지 사무쳐서 무릎 안에 남아있는 한습이 모두 제거되는 것을 느낀다.(30초~1분)

**마침설명**
머리관상 내용과 같음

## 6) 가슴관상

**자세설명**
- 손바닥을 비벼서 장심이 젖가슴 윗 부분에서 10cm~30cm 떨어져 있게 손을 올려놓는다.
- 눈을 지그시 감으면서 의식을 가슴에 둔다.

**관상설명**
- 배꼽으로부터 형성된 오로라의 기운에 의해 배와 허리에 있는 지방이 분해되는 것을 느낀다. (30초~1분)

**마침설명**
머리관상 내용과 같음.

# 7) 복부관상

### 자세설명
- 열을 낸 두손바닥을 복부에 둔다.
- 복부에서 10~30cm 떼어서 장심이 복부를 향하게 한다.
- 눈을 지그시 감고 복부를 관상한다

### 관상설명
- 장심에서 나오는 기운이 복부에 와 닿으면서 배안이 따뜻해진다고 느낀다. 그 따뜻한 기운에 의해서 위장의 기능이 활성화되고 소화기 계통의 염증이 사라진다고 느낀다. 만약 장심에서 나오는 기운이 차갑게 느껴질 경우에는 복부관상을 마무리 한다.

### 마침설명
머리관상 내용과 같음.

## 8) 척추관상

**자세설명**
- 손바닥을 비벼서 손바닥이 등을 향하도록 놓는다. 이때 엄지손가락이 허리에 닿지 않게 하고 10~30초 자세를 유지한다.
- 눈을 지그시 감으면서 의식을 척추에 둔다.

**관상설명**
- 손에서 나오는 열기운에 의해서 척추를 중심으로 하여 어깨까지 굳어있던 근육이 모두 풀려져 부드럽고 편안해 지는 것을 느낀다. (30초~1분)

**마침설명**
머리관상 내용과 같음.

동작 1

동작 2

# 6. 운기법(運氣法)

앉아서 하는 태극권은 허리와 손의 움직임만으로 태극운기를 수련함으로써 정중동(靜中動)에 노닐게 한다. 서서하는 태극권은 동중정(動中靜)의 흐름으로 이어지는 운기법이다. 정좌명상 중에 혼침이 오거나 몸이 편하지 않을 때 잠시 동안 앉은 자세 그대로 다리를 풀지 않고 정중동의 태극권을 한차례 하고나면 다시 맑은 정신으로 명상할 수 있게 된다.

기(氣)를 운용하는 방법에는 여러 가지 것들이 있다. 기는 질량과 부피가 없어서 물체처럼 손으로 만져서 느낄 수 있는 것이 아니다. 정좌수련 중에 몸의 어떤 부위가 떨리거나 또는 한 선을 따라 전류가 흐르듯 하는 현상을 느낄 때가 있다. 이러한 반응을 일반적으로 운기(運氣) 현상이라 표현한다.

그러나 기란 육체적인 인식작용으로 보거나 느낄 수가 없으며, 단지 기의 변화가 육체에서 느낄 수 있는 현상으로 드러나는 것이며, 이미 육체에 나타난 현상을 기(氣)라고 집착하게 되면 그 부위의 기혈이 체증되어 연관된 신체의 기능이 저하되는 경우가 많다.

특히 하단을 수련하는 경우에는 이러한 부작용으로 인해 복부에 있는 장기의 기능이 손상되어 변비, 위계양, 소화불량 등이 나타나며, 상단을 수련하는 경우에는 의식을 두 눈썹사이에 모으면서 대뇌를 강하게 작용함으로써 앞머리가 경직되어 두통을 유발하는 병폐가 가장 두드러지게 발생한다.

이러한 부작용은 가두어둘 수 없는 기를 붙잡아 두려는 잘못된 의식분별로 인해서 생겨나는 것이다. 때문에 태극수련하면서 한번씩 운기법 수련을 하게 되면 기수련 중에 발생할 수 있는 이러한 부작용을 해소할 수 있게 된다.

## ■ 운기법

운기법 수련을 하는 동안 동작은 끊이지 않게 느리게 이어서 하며, 호흡은 동작의 변화와는 상관없이 자연스럽게 한다.

1. 호흡을 가다듬고 온 몸의 기운을 순조롭게 한 다음 의식을 편안하게 한다.
2. 단전 앞에 모아둔 두 손을 서서히 옆으로 벌리면서 위로 올린다.
3. 팔꿈치가 아래를 향하게 한 모습으로 손을 턱 높이로 올린다.
4. 올렸던 손을 다시 아래로 내린다.
5, 6. 왼쪽으로 허리를 서서히 돌리면서 왼손은 그대로 올라와 가슴 높이에 놓이고, 오른손은 손을 뒤집어 장심이 왼손의 장심과 마주하게 한다.

동작 1

동작 2-1

동작 2-2

동작 3

운기법

동작 4-1

동작 4-2

동작 5-1

동작 5-2

동작 6-1

동작 6-2

동작 7-1

동작 7-2                                    동작 8

7, 8 허리가 다시 서서히 오른쪽으로 돌면서 두 손이 윗배 앞에서 교차하면서 벌어진다. 오른손은 벌어져 올라와서 어깨 높이에 위치하고, 왼손은 내려와서 허리 밖에 놓인다. 이때 두 팔이 어깨선보다 앞쪽에 놓이게 한다. 두 손과 어깨가 합해서 마치 태극의 중앙에 그어져 있는 선처럼 만들어진다.

동작 9-1

동작 9-2

동작 10-1

9. 허리가 오른쪽으로 서서히 돌면서 왼손은 내려와서 허리 옆에 위치하고, 오른손은 올라와서 가슴 앞에 놓인다.
10. 허리를 다시 더 오른쪽으로 돌리면서 왼손은 올라와서 어깨 높이에 위치하고, 오른손은 내려와서 허리 앞에 놓인다. 이때 두 손의 장심이 서로 마주 한다.

동작 10-2

11. 다시 허리가 왼쪽으로 돌면서 윗배 앞에서 두 손이 교차한다.
12. 허리가 계속 왼쪽으로 돌면서 왼손은 어깨 높이로 올라오고, 오른손은 허리 밖에 놓인다. 이때 역시 두 손과 어깨가 합해서 태극의 중앙선을 이룬다.

동작 11-1

동작 11-2

동작 12

동작 13-1

동작 13-2

동작 14-1

13 · 14. 두 손을 벌려 서서히 들어올리며, 머리 위에 놓이게 한다.

동작 14-2

15 · 16 · 17. 두 손이 머리 뒤 부분을 스치면서 내려오며, 다시 옆 목을 스쳐 가슴을 지나 단전에 모은다.

동작 15-1

동작 15-2

동작 16-1

동작 16-2

동작 17-1

17-2

# 8. 발경법(發勁法)

　강함과 부드러움을 두루 갖춘 근육으로 이루어진 신체일 때 건강이 지속될 수 있다. 평소에는 부드럽지만 순간 힘을 쓰고자 할 때는 금강과 같은 강인함이 나온다. 근육이 이러한 강유(剛柔)를 함께 갖추기 위해서는 탄력이 있어야 한다. 탄력을 연마하는 좋은 방법은 발경법이다.

　운기 수련을 통해서 기혈이 순일하게 되고, 발경 수련을 통해서 기혈에 탄력의 힘이 생겨난다. 발경법이 근육에 탄력을 실어주는데 크게 작용하고 운기법은 정기신을 조화롭게 만들어주는 중심작용을 한다.

　중노년의 태극수련자인 경우 대체적으로 운기법을 통해서 심신의 건강을 증진시키고, 젊은 태극수련자의 경우 발경법을 함께 연마했을 때 수련효과를 더욱 증강시킬 수 있다.

　젊은 시기에는 가슴의 열정이 심신의 기혈에 직접적으로 작용하기 때문에 느슨한 수련만으로 젊은 생명이 지니고 있는 기질을 모두 정화하기란 쉽지 않다. 중·노년의 시기에는 육체의 힘에서 오는 즐거움이나 진취성에서 나오는 사회적 성취와 쾌락이 대부분 없어진 상태이기 때문에 혈기(血氣)를 다스리기 위한 발경법 수련 없이 운기법 수련만으로도 음양이 조화로운 심신의 건강을 유지할 수 있다.

# ■ 발경법

1~2. 숨을 들어 마시면서 앞으로 움츠리듯 두 손을 공심장(空心掌)으로 하여 윗배 앞에 모은다.
가슴을 활짝 펴면서 동시에 숨을 내시면서, 팔꿈치로 뒷벽을 빠르게 강하게 치듯이 한다.
이러한 동작을 할 때, 동작이 시작되는 지점에서는 힘을 빼고 있는 상태에서 이루어지며, 팔꿈치 뒷벽에 닿는 지점에 가까워오면서 순간 강한 힘이 솟아지는 것이다. 한순간 강하게 힘이 쓰이고는 바로 이어서 완전히 힘을 뺀다. 이것은 천-스(陳式 : 진식)태극권에서 많이 사용되는 수련법으로 강유(剛柔)의 조화에서 생겨나는 순간적인 폭발력을 만들어내는데 큰 효과가 있으며, 이러한 힘은 순간 사이에 이루어지는 탄력에 의해서 나오게 된다.

동작 1

동작 2

3~5. 공심장의 손 모양으로 허리가 왼쪽으로 돌아가 있는 상태이다. 이때는 온몸에 힘이 빠져있는 상태이다. 허리를 오른쪽으로 돌리는데, 시작에서는 느리게 하다가 앞몸을 지나 허리가 오른쪽을 돌아가기 시작할 때 순간 탄력을 받은 손이 강하게 뒷벽을 친다.

동작 3

동작 4

동작 5

6~8. 갈퀴손 모양으로 발위에 놓아둔다.

숨을 크게 마시면서 장심 부위가 위를 향한 손이 명치 앞에 놓인다. 가슴을 위로 올려 펴면서 두 손을 순간 위로 들어 친다. 이때 역시 순간 탄력에 의한 힘이 위를 올려 치는 것이다. 동시에 힘을 뺀다.

동작 6

동작 7

동작 8

9~11 두 손은 공심장으로 하고 허리를 왼쪽으로 돌리고 왼손과 오른손의 장심부위가 허리 앞에서 서로 마주하게 한다. 허리를 오른쪽으로 돌리면서, 팔꿈치를 힘의 중심점으로 하여, 교차되어 있는 두 손을 가슴을 펴면서 오른손은 위쪽으로 왼손은 아래쪽으로 향하게 벌린다.
반대 방향으로도 수련한다.

동작 9

동작 10

동작 11

# 8. 명상법(冥想法)

21세기에 가장 많은 사람이 선택하는 보편적인 안심(安心)의 길은 명상법일 것이다. "명상"의 개념에는 선(禪), 선(仙), 선(善)의 이상(理想)의 지혜(智慧), 장수(長壽)의 양생(養生), 평화(平和)의 행복(幸福)을 실현하는 수양정신이 함께 내포되어 있기 때문이다.

명상은 큰 의미에서 안으로 조용히 생각하는 모든 사유의식이 포함된다. 명상의 구체적인 방법은 수없이 많다. 어떤 개념 하나를 생각의 주체로 삼아 끊임없이 그 한 생각만을 지속시키면서 모든 의식변화를 한 곳에 모아 궁극에 그 하나마저 놓아버리는 방법으로 화두(話頭)를 실참실구(實參實究)하는 간화선(看話禪)도 이러한 사유방식에 포함된다.

몸 안의 한 부위 또는 전체를 마음으로 비추어보는 방법도 있다. 불노장생(不老長生)을 주된 목적으로 하는 선도(仙道)에서는 하단관조법(下丹觀照法)을 매우 중요시한다. 의식이 아랫배에 집중되어 있음으로써 아랫배의 단전부위에서 기운이 충만하게 되며, 극점에 도달하면 정(精)으로 달구어진 기(氣)가 발동하면서 몸으로 느낄 수 있는 기운의 작용이 전신에서 일어나게 되는데, 그 중에서 수직으로 몸통 중앙을 앞과 뒤로 회전하면서 움직이는 기운을 일컬어 금단(金丹)을 만드는 임맥을 따라 돌아가는 진기(眞氣)라 하여 제일 중시한다.

이러한 도가(道家)의 수련법 이외에도 위파사나, 요가, 천태지관 등이 많은 문파에서 보완적으로 사용되고 있다. 몸의 특정 부위를 변화시키기 위한 목적으로 내관(內觀)을 하게 되는데 이때는 분별의식이 이곳에 강하게 작용되어지는 것이 특징이다. 특히 무공(武功)을 연마하거나 기공(氣功)으로 병을 치료하려는 경우에 많이 쓰인다.

이미 사물로 존재하고 있는 기운에 자신의 의식을 맞추어 주는 방법이다. 예를 들면 태양을 떠올린다, 밝은 밤하늘에 둥근 보름달을 떠올린다, 맑은 호수의 물결을 떠올린다. 명상을 지도하는 문파에서 제일 많이 사용하는 방법에 속한다. 이러한 떠올리는 기초에 다시 자신의 생각을 가미해서 사물을 변화시키는 명상법을 실행할 때는 반드시 자신의 심리와 생리의 안정된 상태를 먼저 확인하고 해야 된다.

개념(概念)으로 이어지는 지식(知識)과 연관된 생각을 판단의 사유력(思惟力)으로 삼아 진행하는 명상법은 주로 경전연구를 통해서 진리를 체득하고자 하는 경우에 많이 사용된다. 물론 과학자, 사회학자, 철학자 등 모든 분야의 학문연구가 이러한 사유명상법(思惟冥想法)을 택하고 있다.

환타지와 같이 처음부터 이상적인 대상을 선정하고 이러한 의식의 모양이 선명하게 만들어지게 하는 명상법을 관상(觀想)이라고 한다. 티베트의 밀교수행법에서 많이 사용되고 있으며, 현대 건강기공에서도 많이 사용되는 방법이다. 불교의 기도법에서 불보살의 상호를 관하는 것도 이러한 명상법에 속한다.

"명상"이란 용어에 대해 한문권(漢文圈) 국가에서는 인도에서 불교가 중국으로 들어오면서부터 사용되기 시작했다. "명상"을 한문으로 쓸 때에는 명상(冥想)과 명상(瞑想)의 두 가지 표현법이 있다. 이 둘은 서로 다른 뜻을 내포하고 있으면서 많은 세월 서로 혼용해서 쓰여 왔다. 이것은 한문이 갖는 특성이기도 하다. 이처럼 혼용해서 쓰이는 글자를 상용자(相用字) 또는 통용자(通用字)라 부르며, 명상이외에도 상(相)과 상(想), 불(不)과 무(無) 등 많은 한자가 있다. 명상의 두 한문의 원래의 뜻을 보면 다음과 같다.

명상(瞑想)의 명(瞑)은 간불견(看不見)의 뜻으로 간(看)은 육안으로 사물을 본다는 뜻이며, 불견(不見)은 보이지 않는다는 의미이다. 이것은 "눈에 보이지 않는다" 또는 "눈으로 볼 수 없다"는 의미이다. 상(想)은 깊은 생각으로 사유(思惟)를 의미한다. 그래서 명상(瞑想)이라 하게 되면 눈을 감고 마음속으로 깊이 사색하는 것을 의미한다. 이것의 특징은 눈을 감고 있다는데 있다. 눈을 감음으로써 외부와 차단한다는 뜻을 내포하고 있다.

명상(冥想)의 명(冥)은 부지(不知)의 뜻으로 무지(無知)라고도 한다. 이것은 의식 속에 "아는 것이 없다" 또는 "알 필요가 없다"는 의미이다. 전자의 의미로 쓰여서 지식이 없는 무식한 사람을 표현한다. 대중(大衆)의 중(衆)이 사람인자(人) 셋을 모아서 된 것처럼, 세 사람 이상이 함께 공존하게 되면 사회가 형성되고 그 속에는 다양한 질서가 만들어지며 분석적인 학문들이 발전하게 된다. 이러한 학문과 질서에 대한 이해가 부족한 것을 일반적으로 무식하다고 표현한다.

후자의 의미로 쓰이는 무지(無知)는 이러한 사회적인 지식을 모두 놓아버렸을 때 생겨나는 지혜를 의미하는 뜻으로, 우주의 진실을 바르게 아는 것을 뜻한다. ≪노자(老子)≫에서 "무위(無爲)하기 때문에 무불위(無不爲)라"고 강조하는 바와 같이, 대도(大道)를 성취하게 되면 무지(無知)하게 되어 세상의 모든 이치를 진실하게 알게 되는 무불지(無不知)의 경지가 이루어진다는 것이다.

이처럼 눈목자(目)가 없는 명(冥)을 써서 명상(冥想)이라 하게 되면 설사 눈을 감고 몸을 조용히 하고 있다하더라도 마음의 의식이 분별하고 있다면 그것은 명상이라 말할 수 없다는 것이다. 바꿔서 말하면 몸을 움직이고 있더라도 마음에 분별의식이 없다면 이것은 진실한 명상의 경지에서 소요하고 있다는 의미이다.

이러한 후자의 명상(冥想)이 위진시대 때 사대부들의 도(道)를 깨우치기 위한 방법으로 제시되었으며, 이러한 도와 계합되는 경지를 현명지경(玄冥之境)으로 표현했다. 중국의 생활선(生活禪)이나 도가(道家)의 정좌수련법들이 모두 이러한 명상(冥想)의 의미에 중점을 두어 수행하여 왔으며, 불이태극권의 정좌수련 또한 이러한 수련 정신을 계승하고 있기 때문에, 본 책에서도 눈목자(目)가 없는 명상(冥想)으로 쓰고 있다.

---

### 큰나무 이야기(양에서 음이 나오는 이치)

해자가 말하길,
"길가에 큰 나무가 있은데 꾸부러져 있어 목재로 사용할 수 없어 쓸모가 없고 괜히 길만 막고 있다."

이에 장자가 말하길,
"사람이 오고가며 더울 때는 얼마나 좋은 쉼터인가? 이것이 목재로 쓰임보다 살아있는 생명의 기운을 사람들에게 나눠주니 이 얼마나 좋은 것인가?"

이는 양인 나무가 음인 그늘을 만들어 사람들이 휴식을 갖고 기운을 회복할 수 있게 하는 효과를 나타낼 수 있음을 이야기한다.

수련2

# 타오-루 수련 套路修煉

짠-쭈앙(站樁) 수련은 하체의 기능을 강화시키는 탁월한 효과가 있고 고요함(靜) 속에서 원기(元氣)를 일깨우는 태극권에 있어서 반드시 해야 하는 중요한 수련이다. 처음 태극권을 배우는 수련자의 기초체력을 향상시키고 기혈(氣穴)을 활성화시키며 처음 태극권을 배울 때부터 태극의 묘미를 체득하며 명상 속에서 지혜를 얻는 효과를 극대화하기 위해 태극권의 기본 짠-쭈앙인 타이-지 쭈앙과 무-지-쭈앙 이외에도 태극권 동작에서도 중요한 전화점이 되는 31가지의 자세를 짠-쭈앙의 형태로 수련할 수 있도록 체계화했다.

108식 입문 108式入門　　108식 동작습득 108式動作學習　　108식 동작교정 108式動作矯正

## ■ 108식 입문 자세

　　짠-쭈앙(站樁) 수련은 하체의 기능을 강화시키는 탁월한 효과가 있고 고요함 (靜) 속에서 원기(元氣)를 일깨우는 태극권에 있어서 반드시 숙련시켜야 하는 중요한 수련이다.

　　처음 태극권을 배우는 수련자의 기초체력을 향상시키고 기혈(氣穴)을 활성화시키며 처음 태극권을 배울 때부터 태극의 묘미를 체득하며 명상 속에서 지혜를 얻는 효과를 극대화하기 위해 태극권의 기본 짠-쭈앙인 타이-지 쭈앙과 무-지-쭈앙 이외에도 태극권 동작에서도 중요한 전화점이 되는 31가지의 자세를 짠-쭈앙의 형태로 수련할 수 있도록 체계화했다.

　　타이-지 쭈앙과 무-지-쭈앙은 한 자세로 되어있고 나머지는 발과 손의 모양을 바꾸어 반대 자세를 취하는 두 가지로 되어있다.

　　33가지의 모든 자세에 있어서 호흡은 자연스럽게 하며 의식하지 않고 몸의 자

　세를 지탱할 수 있는 정도의 힘 이외에 전신을 가볍게 이완한 상태로 한 자세를 약 3분 내지 8분씩 유지한다.
　충분한 시간여유가 있을 때는 전체를 차례대로 수련하고 짧은 시간을 내어 할 경우는 수련자 본인의 몸 상태에 맞는 자세를 선택해서 한다. 모든 자세가 온몸의 기혈을 순조롭게 하고 음양을 조화롭게 하는 효과가 있으면서 매 자세마다 각기 신체의 특별기능을 돕는 특징이 있기 때문에 잘 선택해서 수련하게 되면 좋은 건강 효과를 얻을 수 있게 된다.

# 1. 위-뻬이-스 (預備式 : 예비식)

**발** : 두발을 서로 나란히 하여 2~3cm 떼어 놓는다.
**몸통** : 아랫배를 살짝 당겨 넣고 어깨에 힘을 빼어 가슴을 편안히 안는 듯이 하고 등을 편다.
**허리방향** : 정면을 향하고 있다.
**무게중심** : 두발에 중심이 고르게 실려 있게 한다.
**손** : 겨드랑이 사이를 띄우고 힘을 뺀 상태로 편안히 내려놓는다.
**눈** : 정면을 바라본다.
**의식** : 하단전에 둔다.

# 2. 타이-지-쭈앙 (太極樁: 태극장)

**발** : 어깨너비로 나란히 벌려 무릎을 구부린다. 낮은 자세로 할 경우에도 무릎이 수직으로 발가락 끝 부분을 넘지 않게 한다. 발 안쪽이 서로 수평이 되게 한다.
**몸통** : 항문을 가볍게 수축하면서 아랫배를 살짝 말아 올린다. 요추가 흉추와 수직으로 펴지게 한다.
**허리방향** : 정면을 향하고 있다.
**무게중심** : 두발의 중심점에 고르게 실려 있게 한다.
**손** : 팔꿈치를 아래로 하고 손바닥이 정면을 향하게 한다. 어깨와 손목에 힘을 뺀다.
**눈** : 앞을 바라본다.
**의식** : 하단전 부위와 두 장심에 둔다.

## 3. 빠오-치우 (抱球 : 포구)

**발**: 오른발의 뒷꿈치를 왼발 뒷꿈치에 맞대고 두 발사이에 정삼각형이 그려지게 놓은 다음 오른발의 뒷꿈치를 들고 엄지발가락만 닿게 한다.
**몸통**: 서 있는 발쪽으로 몸이 기울어지지 않도록 바르게 한다.
**허리방향**: 왼발 방향과 일치하게 한다.
**무게중심**: 왼발에 중심이 있고 오른발은 지면에 살짝 닿아있게만 한다.
**손**: 왼손은 목선에서 20~30cm 앞에 놓는다. 오른손은 겨드랑이에 닿지 않도록 주의하고 배꼽에서 20~30cm 앞에 놓는다. 두손의 장심이 서로 관통되게 위치시킨다.
**눈**: 왼손등을 살짝 내려다본다.
**의식**: 단전과 왼손등에 둔다.
자세를 바꿔서도 수련한다.

# 4. 란-자-이 (攬扎衣 : 람찰의)

발 : 오른발의 45도 방향으로 왼발을 어깨너비(또는 한배반)정도 벌린다. 왼발 무릎이 엄지발가락 끝을 넘지 않게 굽힌다. 오른발 무릎은 살짝 굽혀져 있다.
몸통 : 허리는 반듯하게 하고 엉덩이가 뒤로 튀어나오지 않게 한다.
허리방향 : 오른발 방향을 향하게 한다.
무게중심 : 오른발에 2/3의 무게를 싣고 나머지 1/3을 왼발에 싣는다.
손 : 오른손은 왼발 무릎 방향위치에 얼굴높이로 하고 손바닥은 얼굴 쪽으로 한다. 왼손은 옆구리에서 한 뼘 정도 떼어놓고 손바닥이 지면과 수평이 되게 한다.
눈 : 식지 끝을 지긋이 바라본다.
의식 : 하단전과 오른손 식지에 둔다.
자세를 바꿔서도 수련한다.

# 5. 인-양-위 (陰陽魚 : 음양어)

**발**: 두발을 어깨너비가 되게 벌린 다음 왼발을 왼쪽으로 90도 회전시키고 오른발을 앞으로 내딛어 두 무릎을 굽힌다.
**몸통**: 두발의 중심에서 왼쪽으로 살짝 물러가 있다.
**허리방향**: 오른발의 방향과 같은 방향을 하고 있다.
**무게중심**: 왼발에 2/3의 무게가 실려있고 1/3 의 무게가 오른발에 있다.
**손**: 손바닥이 배꼽위치에서 몸통을 바라보고 있으며 손가락은 지면을 향해있다.
**눈**: 정면을 응시하고 있다.
**의식**: 두 손의 장심과 하단전에 둔다.
자세를 바꿔서도 수련한다.

# 6. 티엔-뉴-싼-화 (天女散花 : 천녀산화)

발 : 왼발을 오른발과 삼각형이 되는 지점에 놓는다.
몸통 : 허리를 수직으로 곧게 세우고 엉덩이가 뒤로 튀어나오지 않게 한다.
허리방향 : 오른발 방향과 같다.
무게중심 : 오른발에 중심이 있고 왼발은 지면에 살짝 닿아있게만 한다.
손 : 오른발 약간 바깥쪽에서 오른손의 엄지손가락을 중심으로 네게 손가락이 둘러있게 하여 꽃봉우리를 만든다. 오른손위에 왼손등을 올려 놓는다.
눈 : 왼손 장심을 지긋이 바라본다.
의식 : 하단전과 왼손 장심에 둔다.
자세를 바꿔서도 수련한다.

# 7. 단-비옌 (單鞭 : 단편)

발 : 오른발의 45도 방향으로 왼발을 어깨너비(또는 한배 반)정도 내딛고 무릎이 엄지발가락 끝을 넘지 않게 굽힌다. 오른발의 무릎은 살짝 굽혀져 있다.
몸통 : 허리를 반듯하게 세우고 엉덩이가 뒤로 튀어나오지 않게 한다.
허리방향 : 왼발 방향을 향하고 있다.
무게중심 : 왼발에 2/3의 무게를 싣고 나머지 1/3을 오른발에 싣는다.
손 : 왼손은 무릎위에 어깨높이 정도에 있도록 앞으로 가볍게 펴놓고 손바닥이 정면을 향하게 한다. 오른손은 팔꿈치가 어깨선을 넘지 않게하고 가볍게 옆으로 편다. 손의 모양은 엄지 손가락 주위에 네 손가락이 둘러싼 꽃봉우리 모양을 한다.
눈 : 왼손식지 끝을 지긋이 바라본다.
의식 : 하단전과 왼손식지 끝에 둔다.
자세를 바꿔서도 수련한다.

# 8. 이-지아오-창-티엔(一脚長天 : 일각장천)

**발**: 똑바로 선 상태에서 오른발을 들어올리고 왼발의 무릎을 구부린다.
**몸통**: 허리를 수직으로 세우고 엉덩이가 뒤로 튀어나오지 않게 한다.
**허리방향**: 몸통은 왼발의 안쪽 45도로 향한다.
**무게중심**: 모든 무게는 왼발에 실려 있다.
**손**: 오른손은 오른발의 허벅지와 나란한 위치에 있으며 손바닥은 하늘을 향하고 어깨 높이에서 일지를 하고 있다. 왼손은 상복부로 부터 20~30cm 정도 떨어져 있고 손바닥이 지면과 수평을 이루고 있다.
**눈**: 오른손 식지와 장심을 바라본다.
**의식**: 하단전과 오른손의 장심에 둔다.
자세를 바꿔서도 수련한다.

## 9. 위-뉴-추안-수오 (玉女穿梭 : 옥녀천사)

**발**: 왼발의 45도 방향으로 오른발을 어깨너비(또는 한배 반)정도 내딛고 무릎이 엄지발가락 끝을 넘지 않게 굽힌다. 왼발의 무릎은 살짝 굽혀져 있다.
**몸통**: 허리를 수직으로 곧게 세우고 엉덩이가 뒤로 튀어나오지 않게 한다.
**허리방향**: 오른발 방향을 향하고 있다.
**무게중심**: 오른발에 2/3의 무게를 싣고 나머지 1/3을 왼발에 싣는다.
**손**: 오른손은 머리위 한뼘 정도 높이에 놓는다. (시선에 잡힐 듯 말듯한 위치다) 왼손은 손끝이 이마 끝과 일치하는 높이에서 식지가 미간에 위치하며 얼굴앞 20~30cm정도에서 손바닥이 바깥을 향하고 있다.
**눈**: 왼손 식지 끝을 본다.
**의식**: 하단전과 왼손 식지 끝에 둔다.
자세를 바꿔서도 수련한다.

## 10. 션-시엔-마-부 (神仙馬步 : 신선마보)

**발**: 두발을 어깨너비 또는 한배 반 정도 벌려 나란하게 하고 두 무릎은 굽혀져 있다.
**몸통**: 허리를 바로 세우고 엉덩이가 뒤로 튀어 나오지 않게 한다.
**허리방향**: 정면을 향하고 있다.
**무게중심**: 무게는 두발에 나뉘어져 있다.
**손**: 몸통 중앙 30~40cm 앞에서 오른손가락 위에 왼손가락을 올려 놓는다.
**눈**: 두 손이 겹쳐진 부분을 내려다본다.
**의식**: 하단전과 두 손에 둔다.

# 11. 따오-리옌-호우 (倒撵猴: 도련후)

**발**: 오른발 45도 방향 한발 앞에 오른발 끝을 놓는다.
**몸통**: 허리를 곧게 세우고 엉덩이가 뒤도 튀어나오지 않게 한다.
**허리방향**: 오른발과 왼발 중간
**무게중심**: 모든 무게를 오른발에 두고 왼발은 지면에 닿게만 한다.
**손**: 왼손은 왼발 방향으로 손바닥이 하늘을 보게 뻗는다. 오른손은 오른발 바깥쪽 90도가 되는 방향으로 팔을 살짝 구부린다. 손바닥이 얼굴 높이에 있게 한다.
**눈**: 오른손 장심을 응시한다.
**의식**: 하단전과 오른손 장심에 둔다.
자세를 바꿔서도 수련한다.

## 12. 딴-장-투이-펑 (單掌推風 : 단장추풍)

**발**: 왼발을 살짝 들어 올리고 오른발 무릎을 구부린다.
**몸통**: 허리를 곧게 세우고 엉덩이가 뒤로 튀어나오지 않게 한다.
**허리방향**: 정면을 향한다.
**무게중심**: 모든 무게는 오른발에 둔다.
**손**: 왼손을 손바닥이 하늘을 향하도록 명치앞 20~30cm 앞에 둔다. 왼손바닥 안쪽에 오른손의 바닥이 앞쪽을 향하게 놓는다.
**눈**: 오른손 식지 끝을 응시한다.
**의식**: 하단전과 오른손 식지 끝에 둔다.
자세를 바꿔서도 수련한다.

# 13. 시예-페이-스 (斜飛式 : 사비식)

발: 두발을 어깨너비의 두배 또는 두배 반 정도를 벌린다음 오른발을 바깥쪽으로 45도로 돌리고 무릎을 굽힌다.
몸통: 왼발과 몸통이 나란히 일자가 되도록 한다. 엉덩이가 튀어 나오지 않게 한다.
허리방향: 정면을 향하고 있다.
무게중심: 오른발에 4/5의 무게가 실려 있고 1/5은 왼발에 있다.
손: 왼손은 왼발과 나란히 한 상태에서 팔을 안으로 접는다. 손바닥은 지면을 향하고 있다. 오른손은 오른발의 방향과 같게하며 팔을 살짝 구부리고 있다.
눈: 왼손등을 응시하고 있다.
의식: 왼손과 하단전에 둔다.
자세를 바꿔서도 수련한다.

# 14. 티-쏘우-쌍-스(提手上勢 : 제수상세)

발 : 왼발 45도 방향 한발 앞에 오른발 뒷꿈치를 놓는다.
몸통 : 허리를 곧게 세우고 엉덩이가 뒤로 빠지지 않게 한다.
허리방향 : 정면을 향하고 있다.
무게중심 : 모든 무게는 왼발에 둔다. 오른발 뒷꿈치는 지면에 닿아 있을 뿐이다.
손 : 왼손은 몸통 앞에서 30~40cm 떼어 명치높이에 두고 손바닥을 비스듬이 놓는다. 오른손은 팔을
　　살짝 굽혀 손바닥이 왼쪽 바깥쪽을 보게하고 바로 세운다. 두손은 몸통 중앙에 위치한다.
눈 : 오른손 식지 끝을 바라본다.
의식 : 하단전과 오른손 식지 끝에 둔다.
자세를 바꿔서도 수련한다.

# 15. 진-강-주(金剛柱 : 금강주)

**발** : 두발을 어깨너비로 나란히 벌리고 무릎을 굽힌다.
**몸통** : 허리를 수직으로 세우고 엉덩이가 뒤로 빠지지 않게 한다.
**허리방향** : 정면을 향하게 한다.
**무게중심** : 두 발에 고르게 싣는다.
**손** : 오른손은 배꼽에서 한뼘 앞에 있고 손끝은 왼쪽을 향하고 바닥이 지면을 향하게 한다. 왼손은 가슴앞 20~30cm 에 손바닥은 오른쪽을 향하게 바로 세워놓는다.
**눈** : 왼손 식지끝을 바라본다.
**의식** : 하단전과 외손 식지 끝에 둔다.
자세를 바꿔서도 수련한다.

# 16. 바이-허-량-츠 (白鶴亮翅:백학량시)

발: 오른발의 45도 방향 한발 앞에 왼발 끝을 놓고 오른발 무릎을 굽힌다.
몸통: 허리를 곧게 세우고 엉덩이가 뒤로 빠지지 않게 한다.
허리방향: 정면을 향한다.
무게중심: 모든 무게는 왼발에 둔다. 오른발끝은 지면에 닿아있을 뿐이다.
손: 왼손 겨드랑이에 주먹하나가 들어갈 만큼 벌리고 손바닥이 허리선 높이에서 지면과 수평이 되게 놓는다. 오른손은 어깨선과 나란히 편 상태에서 팔을 안쪽으로 굽힌다. 이때 엄지손가락이 하늘을 향한다.
눈: 시선은 정면을 응시한다.
의식: 하단전에 둔다.
자세를 바꿔서도 수련한다.

# 17. 통-즈-추이-시아오 (童子吹溯 : 동자취소)

**발** : 오른발의 120도 방향 한발 옆에 왼발끝을 놓고 오른발 무릎을 굽힌다.
**몸통** : 허리를 수직으로 세우고 엉덩이가 뒤로 빠지지 않게 한다.
**허리방향** : 오른발을 향한다.
**무게중심** : 모든 무게는 오른발에 둔다. 왼발 끝은 지면에 닿아있을 뿐이다.
**손** : 왼손은 오른쪽 가슴 앞 한뼘 위치에 놓고 손가락은 오른쪽을 향하고 바닥은 지면을 향하도록 한다. 오른손은 오른발 바깥쪽에서 팔꿈치를 굽혀 손바닥이 얼굴을 향하도록 한다.
**눈** : 오른손의 장심을 응시한다.
**의식** : 하단전과 오른손 장심에 둔다.
자세를 바꿔서도 수련한다.

# 18. 로우-시-아우-부 (僂膝幼步 : 루슬요보)

발 : 오른발의 45도 방향으로 왼발을(어깨너비 또는 한배 반 정도 되게) 내딛고 무릎이 엄지발가락 끝을 넘지 않게 굽힌다. 오른발의 무릎은 살짝 굽혀져 있다.
몸통 : 허리를 수직으로 세우고 엉덩이가 뒤로 빠지지 않게 한다.
허리방향 : 왼발의 방향과 같다.
무게중심 : 왼발에 2/3의 무게가 실리고 나머지 1/3은 오른발에 실린다.
손 : 왼손 겨드랑이에 주먹하나가 들어갈 만큼 벌리고 손바닥이 허리선 높이에서 지면과 수평이 되게 놓는다. 오른손은 오른쪽 가슴앞에서 팔을 살짝 구부려 손바닥이 정면을 향하게 세워 놓는다.
눈 : 오른손 식지 끝을 응시한다.
의식 : 하단전과 오른손 식지 끝에 둔다.
자세를 바꿔서도 수련한다.

# 19. 이-즈-찬(一指禪 : 일지선)

**발** : 왼발의 45도 방향으로 오른발을(어깨너비 또는 한배 반 정도 되게) 내딛고 무릎이 엄지발가락 끝을 넘지 않게 굽힌다. 왼발의 무릎은 살짝 굽혀져 있다.
**몸통** : 허리를 수직으로 세우고 엉덩이가 뒤로 빠지지 않게 한다.
**허리방향** : 오른발 방향과 같다.
**무게중심** : 오른발에 2/3의 무게를 싣고 나머지 1/3을 왼발에 실린다.
**손** : 양손모두 일지를 하고 있으나, 왼손은 어깨선과 나란히 뻗어 손바닥이 하늘을 향하고 오른손은 정면을 향해 쭉 뻗어 손바닥이 지면을 향하게 한다.
**눈** : 오른손 식지를 응시한다.
**의식** : 하단전과 오른손 식지에 둔다.
자세를 바꿔서도 수련한다.

# 20. 빠오-후-꾸이-산 (抱虎歸山 : 포호귀산)

발: 두발을 어깨너비의 한배 반을 벌리고 무릎을 굽히는데 양발 끝이 약간 바깥쪽을 향하게 한다.
몸통: 허리를 수직으로 세우고 엉덩이가 뒤로 빠지지 않게 한다.
허리방향: 정면을 향하고 있다.
무게중심: 무게는 두발에 나뉘어져 있다.
손: 오른손은 배꼽높이에 왼손은 가슴높이에 있게 하여 몸통 중앙 30~40cm 앞에 놓는다.
눈: 왼손 장심부위를 응시한다.
의식: 하단전과 왼손 장심에 둔다.
자세를 바꿔서도 수련한다.

# 21. 하이-띠-전(海底針 : 해저침)

발 : 오른발을 바깥쪽으로 45도 벌린다.
몸통 : 허리를 구부린다.
허리방향 : 두발 중앙을 향한다.
무게중심 : 무게는 양발에 나뉘어 있다.
손 : 왼손은 겨드랑이에 주먹 하나가 들어갈 만큼 벌리고 손바닥이 골반 아랫쪽 한뼘 옆에 지면과 수평이 되게 위치시킨다. 오른손은 손끝이 두발 중앙 바깥쪽을 향하게 늘어뜨린다.
눈 : 오른손 엄지를 응시한다.
의식 : 하단전과 오른손 엄지에 둔다.
자세를 바꿔서도 수련한다.

## 22. 장-심-모우-치앙(掌心抹墻 : 장심말장)

발 : 오른발 45도 방향 일보 반 앞에 왼발을 놓고 약간(10도 정도) 안쪽으로 돌린 후 무릎을 굽힌다.
몸통 : 오른발과 일직선이 되도록 몸통을 옆으로 기울인다.
허리방향 : 정면을 향한다.
무게중심 : 왼발에 2/3의 무게를 실리고 나머지 1/3을 오른발에 실는다.
손 : 두손을 몸통앞 30 – 40cm에서 가슴높이로 손바닥이 밖을 향하게 하며 어깨너비 만큼 벌린다.
눈 : 두 손 중앙을 바라본다.
의식 : 하단전에 둔다.
자세를 바꿔서도 수련한다.

## 23. 따-티예(打鐵 : 타철)

발 : 45도 방향을 하고 있는 왼발 앞에 오른발 뒷꿈치를 놓고 왼발 무릎을 굽힌다.
몸통 : 허리를 수직으로 세우고 엉덩이가 뒤로 빠지지 않게 한다.
허리방향 : 정면을 향해 있다.
무게중심 : 모든 무게는 왼발에 있으며 오른발 뒷굼치는 지면에 닿아있을 뿐이다.
손 : 왼손 겨드랑이에 주먹하나가 들어갈 만큼 벌리고 손바닥이 허리선 높이에서 몸통과 30~40cm 떨어져 지면과 수평이 되게 놓는다. 오른손은 가슴높이에서 주먹을 쥐어 손바닥이 하늘을 향하게 하고 오른발 방향으로 뻗는다.
눈 : 오른손 주먹을 응시한다.
의식 : 하단전과 오른손 주먹을 둔다.
자세를 바꿔서도 수련한다.

# 24. 반-란-추이 (搬攔捶 : 반란추)

**발** : 오른발의 45도 방향으로 왼발을(어깨너비 또는 한배 반 정도 되게) 내딛고 무릎이 엄지발가락 끝을 넘지 않게 굽힌다. 오른발의 무릎은 살짝 굽혀져 있다
**몸통** : 허리를 수직으로 세우고 엉덩이가 뒤로 빠지지 않게 한다.
**허리방향** : 허리방향은 왼발방향과 같다.
**무게중심** : 왼발에 2/3의 무게를 싣고 나머지 1/3을 오른발에 실는다.
**손** : 오른손은 주먹을 쥐어 가슴앞쪽으로 내밀고 그위에 왼손을 가볍게 올려 놓는다.
**눈** : 오른손 주먹을 응시한다.
**의식** : 하단전과 오른손 주먹에 둔다.
자세를 바꿔서도 수련한다.

## 25. 빠오-치우-따이-시 (抱球帶膝 : 포구대슬)

발 : 왼발을 바깥쪽으로 45도 회전한다. 오른발을 들어올린다.
몸통 : 윗부분이 가능한 수직이 되도록 한다.
허리방향 : 오른발의 방향과 같다.
무게중심 : 모든 무게는 왼발에 둔다.
손 : 왼손을 가슴 30~40㎝앞에서 손바닥이 하늘을 보게 놓고 오른손을 그 위에 올려놓는다. 두 손의 엄지 부분이 겹치고 십자를 만든다.
눈 : 왼손의 장심을 응시한다.
의식 : 하단전과 왼손의 장심에 둔다.
자세를 바꿔서도 수련한다.

# 26. 덩-지아오 (蹬脚 : 등각)

발: 왼발을 90도로 벌리고 오른발 무릎을 들어올리고 오금을 편다.
몸통: 가능한 수직이 되도록 한다.
허리방향: 두발 방향의 중앙을 향한다.
무게중심: 모든 무게는 왼발에 있다.
손: 두 손은 어깨높이에서 손바닥이 몸통 바깥쪽을 향하고 있다. 왼손은 왼무릎 밖에 위치한다. 오른손은 오른발 바깥쪽에 위치한다.
눈: 오른손 식지 끝을 응시한다.
의식: 하단전과 오른손 식지 끝에 둔다.
자세를 바꿔서도 수련한다.

# 27. 수앙-펑-관-얼(雙風貫耳 : 쌍풍관이)

발: 왼발의 45도 방향으로 오른발을(어깨너비 또는 한배 반 정도 되게) 내딛고 무릎이 엄지발가락 끝을 넘지 않게 굽힌다. 왼발의 무릎은 살짝 굽혀져 있다
몸통: 허리를 곧게 세우고 엉덩이가 튀어나오지 않게 한다.
허리방향: 오른발 방향과 같다.
무게중심: 오른발에 2/3의 무게를 싣고 나머지 1/3을 왼발에 싣는다.
손: 턱선 두뼘 앞에서 두손을 가볍게 주먹 쥐고 손등이 안쪽을 향해 마주보도록 한다.(주먹은 한뼘 정도 떨어져 있다. )
눈: 두 손 사이를 바라본다.
의식: 하단전에 둔다.
자세를 바꿔서도 수련한다.

## 28. 시아-스 (下勢 : 하세)

발: 오른발의 120도 방향으로 왼발을 뻗고 오른발 무릎을 구부려 앉는다.
몸통: 가능한 수직이 되도록 하여 엉덩이가 뒤로 튀어나오지 않게 한다.
허리방향: 왼쪽으로 치우쳐 있다.
무게중심: 오른발에 4/5의 무게를 둔다. 1/5은 왼발에 있다.
손: 왼손은 손끝이 왼발 방향을 향하고 왼쪽 무릎위에 있다. 오른손은 오른무릎 약간 바깥쪽을 향하고 있으며 손가락의 모양은 단-삐옌의 모습을 취한다.
눈: 오른손 엄지를 응시하고 있다.
의식: 하단전에 둔다.
자세를 바꿔서도 수련한다.

## 29. 진-지-두-리 (金鷄獨立 : 금계독립)

발 : 왼발을 45도 돌리고 오른발을 들어 올려 무릎을 굽히고 발목을 편다.
몸통 : 가능한 수직이 되도록 한다.
허리방향 : 오른발의 방향과 같다.
무게중심 : 모든 무게는 왼발에 있다.
손 : 왼손은 골반 한뼘 옆에 손바닥이 지면과 나란히 하도록 놓고 오른손은 오른발과 나란히 하여 팔을 구부린 후 손끝이 코 높이에 있게 세운다.
눈 : 오른손 식지 끝을 응시한다.
의식 : 하단전과 오른손 식지 끝에 둔다.
자세를 바꿔서도 수련한다.

## 30. 상-부-치-싱 (上步七星 : 상보칠성)

발 : 왼발 45도 방향 한발 앞에 오른발 끝을 놓고 왼발 무릎을 굽힌다.
몸통 : 허리가 수직이 되게 하여 엉덩이가 뒤로 튀어 나오지 않게 한다.
허리방향 : 오른발 방향과 같다.
무게중심 : 모든 무게는 왼발에 둔다. 오른발 끝은 지면에 닿아있을 뿐이다.
손 : 오른손은 가볍게 주먹을 쥐고 손바닥이 지면을 향하도록 오른쪽 가슴 앞으로 뻗는다. 왼손을 펴서 오른손 팔뚝 중앙에 올려놓는다.
눈 : 오른손 주먹을 응시한다.
의식 : 하단전과 오른손 주먹에 둔다.
자세를 바꿔서도 수련한다.

# 31. 투이-부-쿠아-후 (退步跨虎 : 퇴보과호)

발 : 오른발 45도 방향 한발 앞에 왼발 끝을 놓고 오른발 무릎을 구부린다.
몸통 : 허리가 수직이 되도록 하고 엉덩이가 뒤로 튀어나오지 않게 한다.
허리방향 : 왼발 방향과 같다.
무게중심 : 모든 무게는 오른발에 둔다. 왼발끝은 지면에 닿아있을 뿐이다.
손 : 두손은 가볍게 주먹을 쥐고 명치 30~40cm 앞에서 두 손등이 약간 안쪽으로 돌려져 마주보게 한다.
눈 : 두 주먹 사이를 바라본다.
의식 : 하단전에 둔다.
자세를 바꿔서도 수련한다.

## 32. 완-궁-써-후 (彎弓射虎 : 만궁사호)

발 : 오른발 90도 방향으로 왼발을 벌리고 두 무릎을 구부린다.
몸통 : 허리가 수직이 되도록 한다.
허리방향 : 두발 방향의 가운데를 향한다.
무게중심 : 무게는 두발에 나뉘어져 있다.
손 : 왼손은 턱선 높이에서 주먹을 쥐고 왼발 무릎 바깥쪽으로 뻗는다. 오른손은 가슴 한뼘 앞에서 손바닥이 바깥쪽을 향해 주먹을 쥐고 있다.
눈 : 왼손 주먹을 응시한다.
의식 : 하단전과 왼손 주먹에 둔다.
자세를 바꿔서도 수련한다.

## 33. 우-지-쭈앙 (無極椿 : 무극장)

**발** : 두발을 어깨너비로 나란히 벌린다.
**몸통** : 허리를 수직으로 바르게 한다.
**허리방향** : 정면을 향하고 있다.
**무게중심** : 무게는 두발에 나뉘어져 있다.
**손** : 겨드랑이가 붙지 않게 하고 가볍게 늘어뜨린다.
**눈** : 정면을 바라본다.
**의식** : 하단전에서 상단전까지 일직선에 둔다.

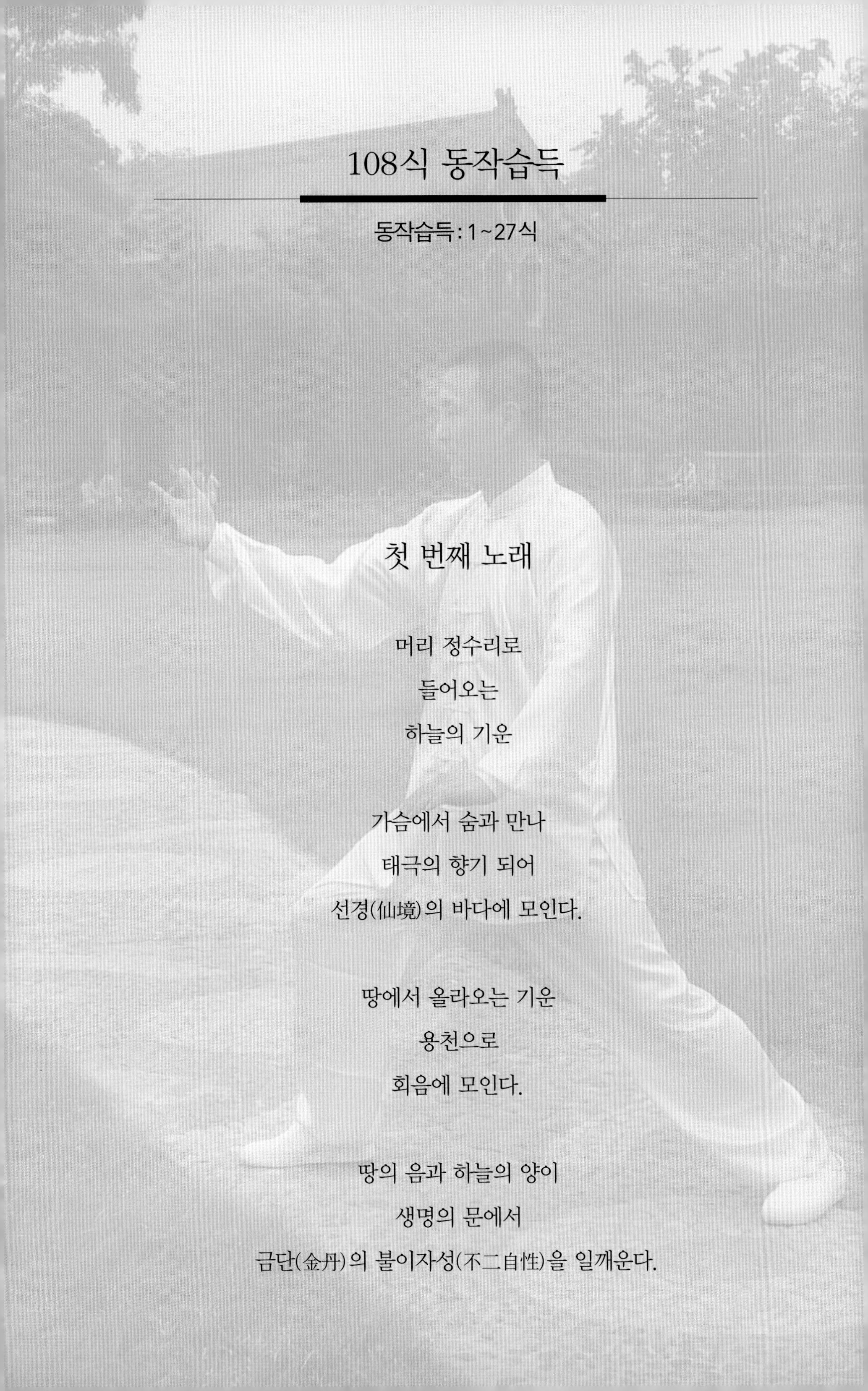

# 108식 동작습득

## 동작습득: 1~27식

### 첫 번째 노래

머리 정수리로

들어오는

하늘의 기운

가슴에서 숨과 만나

태극의 향기 되어

선경(仙境)의 바다에 모인다.

땅에서 올라오는 기운

용천으로

회음에 모인다.

땅의 음과 하늘의 양이

생명의 문에서

금단(金丹)의 불이자성(不二自性)을 일깨운다.

## 제1식 위-뻬이-쓰(預備備:예비식)

○ 차렷자세이다. 신발을 신고할 때는 두 발이 맞닿게 하고 맨발일 때는 1~2cm 떨어지게 하되 살이 찐 사람은 3cm를 띄운다. 겨드랑이는 탁구공 하나가 들어갈 정도로 띄우고 팔꿈치를 바깥쪽으로 벌린다. 전신을 이완한다.
▫ 주의 : 눈을 뜨고 정면을 자연스럽게 바라보지만 어느 한 지점을 직시하는 것은 아니다.

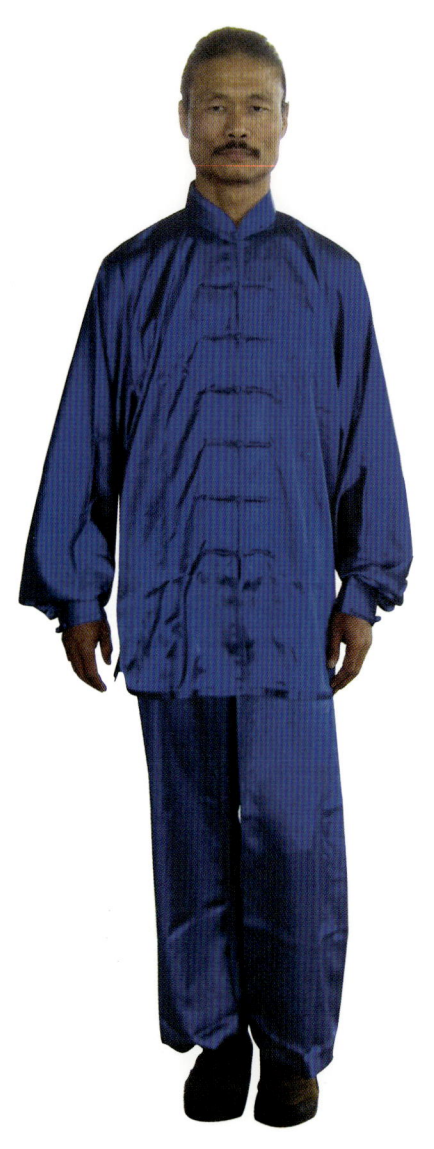
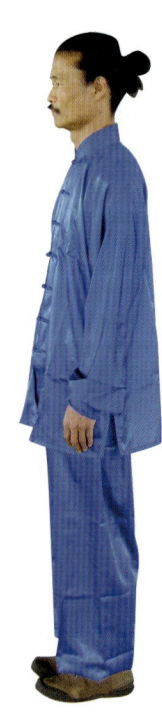

## 제2식 치—쓰 (起勢:기세)

○ 1단계에서 8단계까지 왼발을 제외한 몸의 다른 부위는 자세변화 없이 따라만 간다. 눈과 허리의 방향 또한 변함이 없다.

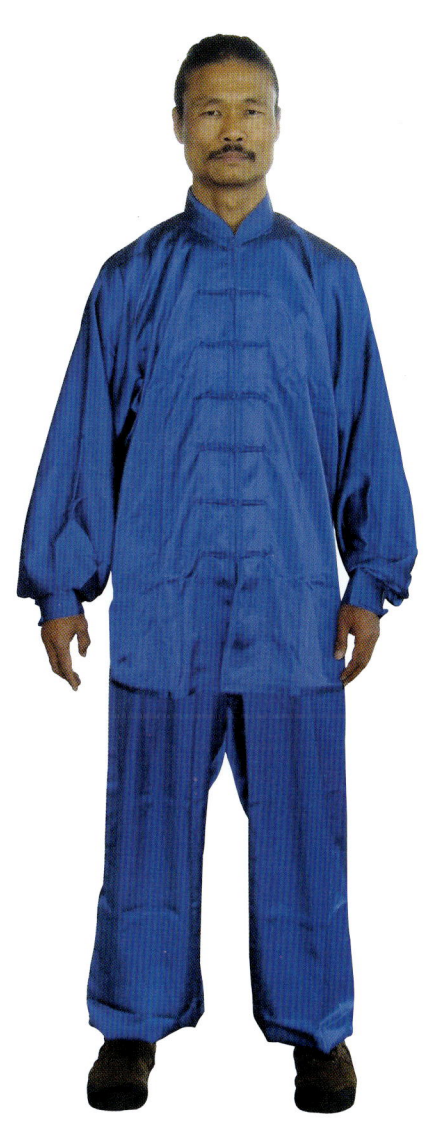

1 단계) 왼발 뒷꿈치를 땅에서 떼어 무릎을 앞으로 굽힌다.
 □ 주의 : 첫동작 시작부터 무게중심이 오른 발에 있다.
2 단계) 앞꿈치를 땅에서 떼어 발가락만 땅에 붙어있게 한다.
3 단계) 발가락을 떼어 1cm 정도 위로 올린다.
4 단계) 포물선을 그리면서 위로 올렸다 내리면서 왼쪽으로 어깨넓이 만큼 이동한다.
 □ 주의 : 발가락 끝이 땅을 향하게 한다.
5 단계) 발가락 끝이 땅에 닿게 한다.
 □ 주의 : 발가락 끝에 땅의 감촉이 그대로 느껴져야 한다. 몸무게가 왼발에 실리지 않게 한다.
6 단계) 앞꿈치를 땅에 내려 놓는다. 이때 무게중심이 5분의 1정도가 왼발로 와있게 한다.
7 단계) 뒷꿈치를 내려 땅을 밟는다. 이때 무게중심은 몸 중앙에 있다.

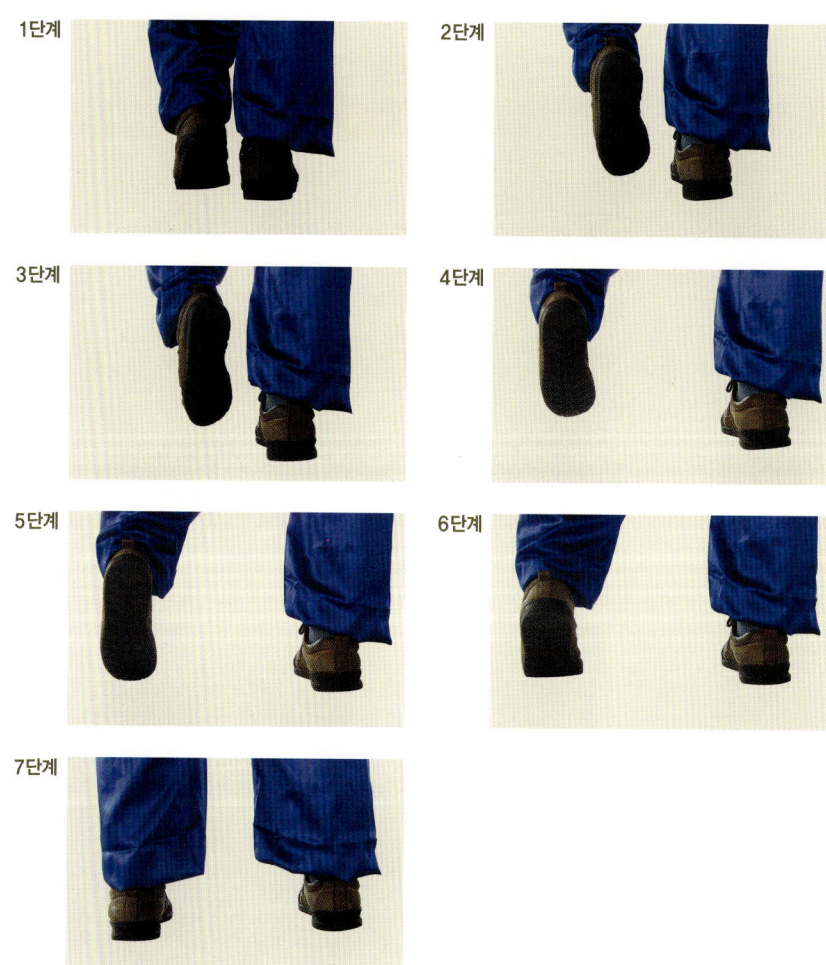

## 제3식 타이-찌-쭈왕 (太極椿 : 태극장)

동작 1

○ 팔의 힘을 뺀 상태로 상완(上腕 : 위팔뚝)뒤편을 앞으로 밀어 올리는 힘에 의해 두팔이 평형을 유지하면서 자연스럽게 들린다. 동시에 항문을 수축하면서 아랫배는 약간 위로 말려서 배꼽 쪽으로 빨려 들어간다. 허리(이 책에서 허리는 경추, 흉추, 요추를 포함한 몸통을 말한다)가 일직선이 되도록 한다.

- 두팔이 올라가는 지점은 어깨선 보다 약간 낮은 상태이며 두팔의 간격은 어깨넓이와 일치한다. 시선은 그대로 정면을 바라보고 있는 상태에서 눈의 감각을 두손의 중심부위에 둔다.

□ 주의 : 손에 힘을 주어서 올리면 안된다. 최대한 힘을 빼고 올라간다. 태극권이 끝날 때까지 배와 허리의 모양을 유지한다. 이 자세를 유지하는 동안 호흡은 배꼽위로 영향을 주지 않게 한다.

동작 1

동작 2
○ 두팔이 어깨 높이에 오면 무릎을 구부리면서 몸통을 아래로 낮춘다. 손의 모양은 손바닥이 둥근 통나무를 만지면서 내려오듯이 하여 장심이 바깥쪽을 향하게 한다. 장심의 높이가 어깨선과 일치한다.
○ 주의 : 몸통이 수직을 유지하도록 한다.

동작 2

# 제4식 쭈완-야오-카오-찌아오
## (轉腰靠脚:전요고각)

○ 허리 방향이 서남향을 향하게 하며, 뒷꿈치를 축으로 왼발가락을 오른쪽으로 45도 이동한다. 오른발은 움직이지 않고 그대로 둔다.
- 무게중심은 3분의2가 왼발에 있으며, 시선은 몸통중앙에 눈높이로 와 있는 왼손 중지 끝을 중심으로 바라본다.
▫ 주의 : 왼발가락이 오른쪽으로 돌면서 요추가 따라서 오른쪽으로 45도 돌게 된다. 이때 손 모양은 변화가 없다. 단지 두 손의 간격이 어깨선보다 좁아진다.

# 제5식 쭈어-빠오-치우 (左抱球:좌포구)

동작 1
○ 허리가 왼쪽으로 돌면서 오른발 뒷꿈치를 들어서 발가락 끝만 땅에 닿아있게 한다. 왼발은 변함이 없다. 오른손은 어깨높이로 약간 구부러진 상태에서 몸통 중앙에 있다. 왼손은 배꼽높이로 왼쪽허리선밖에 있다.
- 무게중심이 모두 왼발에 와있고, 몸통의 방향은 동남향에서 남남동방향이다.
- 두손바닥은 비스듬히 아래를 향한다, 시선은 오른손등에 둔다.
□ 주의: 오른손 팔꿈치가 위로 들리지 않고 아래로 향해있다. 태극권을 하는 동안 두팔이 어깨선을 벗어나지 않게 한다. 일반적으로 어깨선보다 45각도가 안쪽으로 놓여있다.

동작2
○ 허리방향은 서남쪽을 향하며 오른쪽 발끝을 약간 들어서 왼발과 정삼각형을 이루는 지점에 놓는다. 오른손이 배꼽높이로 왼쪽 허리선에 장심을 위로하고 있으며 왼손은 어깨높이로 장심은 아래쪽을 향해있다.
- 무게중심은 전부 왼발에 있고, 오른쪽 무릎 방향이 왼발무릎과 45도 정도 되게 한다. 두 장심이 서로 마주하고 있으며 몸에서 멀리 떨어져 있게 한다. 시선은 왼손등을 본다.
□ 주의: 두 장심이 수직선상에 있다

동작 1

동작 2

동작 1의 측면

## 제6식 쓰-즈-파오-씨아오(獅子咆哮:사자포효)

- 오른발을 들어 옆으로 쭉 뻗어서 가장 먼 거리에 발가락을 땅에 댄다. 발가락의 위치는 왼발과 평행을 이루는 지점이다.
- 주의 : 몸이 이동해 가지 않는다. 무게중심이 모두 왼발에 있다.

# 제7식 요우-란-자-이(右攬扎衣:우람찰의)

동작 1
○ 오른발 뒷꿈치를 45각도 뒤로 놓는다. (무게중심의 2/3가 왼발에 있다.)
- 시선은 왼손등에 둔다.

동작 2
○ 허리가 오른쪽으로 돌면서 오른발가락이 서북향을 향하며 왼발가락이 서쪽을 향한다. 오른손의 장심이 얼굴을 향해있고 눈은 장심을 바라본다. 왼손장심이 아래를 향해있고 약간 팔꿈치가 구부러진 상태로 허리선에서 한뼘 정도 바깥에 있다.
- 몸통과 오른손이 서북서로 향해있고, 오른발에 3분의 2의 중심이 있으며, 오른무릎이 발가락끝과 수직이 되게하며 왼무릎은 약간 구부린다.
□ 주의: 허리가 오른쪽으로 돌면서 무게중심이 오른발로 점점 이동한다. 동시에 두손장심사이에 있는 태극이 양손바닥을 따라서 긴 타원형으로 만들어 지면서 대각선으로벌어지는 느낌을 갖는다. 이는 태극의 중심점이 두 손의 중앙에 있어서 두손의 변화에 의해서 태극이 대각선으로 길게 늘어나는 모습이다.

동작 1    동작 2

## 제8식 요우-빠우-치우 (右抱球: 우포구)

**동작 1**
- ○ 허리가 오른쪽으로 돌면서 정북쪽을 향한다. 오른발가락이 돌아서 동북을 향한다. 손의 모양은 왼손이 가슴높이로 왼쪽어깨와 나란히 있다. 오른손은 장심을 위쪽으로 배꼽높이로 오른쪽 허리선에 있다.
- – 무게중심이 오른발에 5분의 4가 실리고, 시선은 북쪽을 향하고 눈의 감각은 왼손등에 있다.
- □ 주의: 왼쪽 발꿈치가 들리지 않도록 한다. 왼발은 변함이 없다.

**동작2**
- ○ 왼발을 떼어서 당겨온 다음 오른발과의 삼각형 꼭지점 방향에 둔다. 그 외의 모든 자세는 제 5식의 마지막 부분과 같다.
- – 다만 오른손과 왼손의 방향만 위 아래로 다르다.

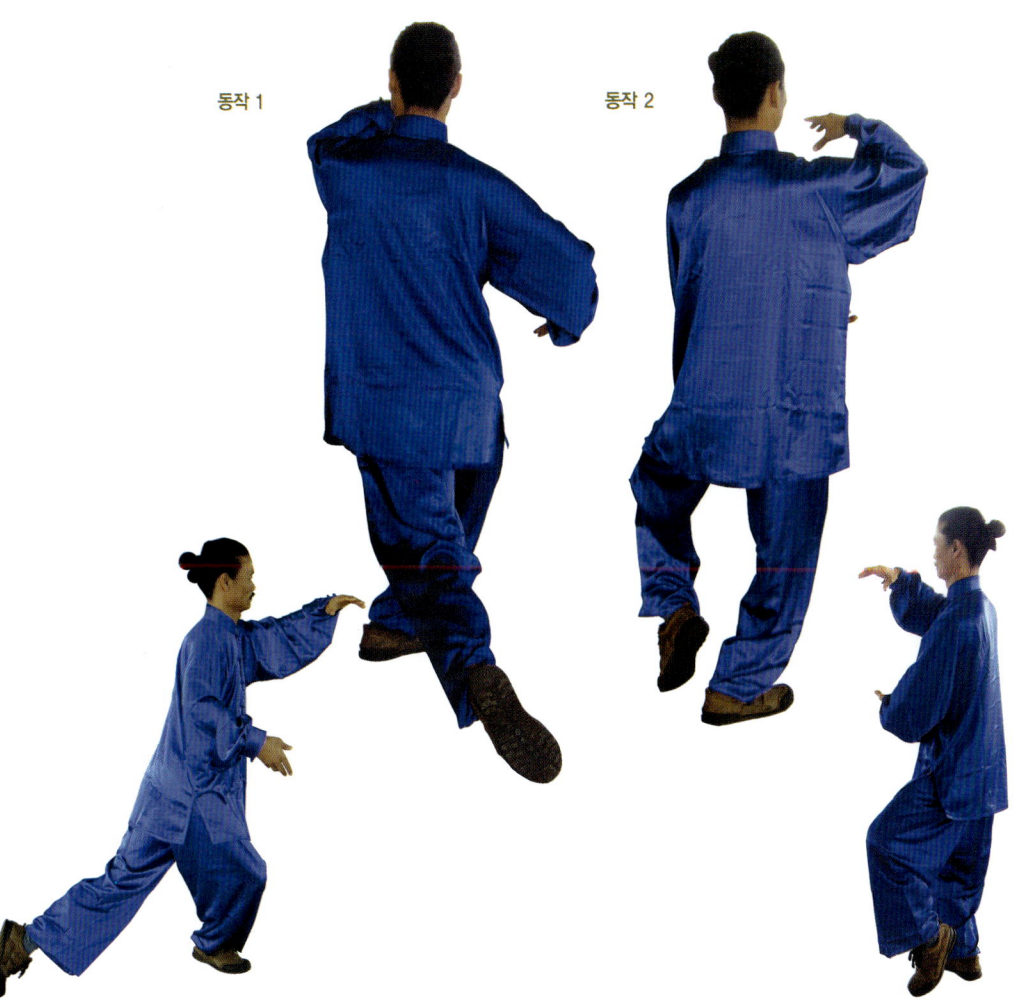

동작 1  동작 2

## 제9식 쓰-즈-파오-씨아오 (獅子咆哮: 사자포효)

○ 제6식과 같으나 손과 발의 방향은 대칭이다.

동작 1

## 제10식 쭈어-란-자-이 (左攬扎衣:좌람찰의)

○ 7식과 같으나 반대방향이다.

동작 1 동작 2

## 제11식 쭈어-빠오-치우(左抱球:좌포구)

○ 8식과 같으나 반대방향이다.

동작 1

동작 2

## 제12식 쓰—즈—파오—씨아오 (獅子·咆哮: 사자포효)

○ 제 6식과 완전히 같다

## 제3식 요우-란-자-이 (右攬扎衣: 우람찰의)

○ 제7식과 완전히 같다.

동작 1

동작 2

## 제14식 타이-콩-시-띠 (太空吸地:태공흡지)

- ○ 왼손가락끝이 오른손바닥에 형성되어있는 기운에 빨려서 오른손 새끼손가락과 10cm 되는 거리까지 당겨 올라 간다.
- − 시선은 변함없이 오른손 장심을 보고 있으나, 눈의 감각은 왼손의 변함에 둔다.
- ☐ 주의: 왼손의 모든 힘이 빠져있다.

# 제15식 후아-슈이-룬(滑水輪:활수륜)

#### 동작 1
○ 오른발 무릎을 앞으로 구부리면서 자세가 낮아지고 두 손바닥이 서로 뒤집어 진다.
- 시선이 왼손 장심에 있다.
□ 주의: 팔은 허리가 앞으로 이동함에 따라서 옮겨가는 것뿐이다. 손이 뒤집어진 것 외에는 다른 점이 없다.

#### 동작2
○ 허리가 뒤로 빠지면서 왼쪽으로 돈다. 손은 허리의 이동에 따라서 내려온다. 높이는 배꼽높이이며 손의 모양은 변함이 없다. 무게중심을 두발의 중간에 둔다.
- 시선은 서남남방향이다.

동작 1

동작 2

# 제16식 쭈어-짱-씨-리옌 (左掌洗瞼 : 좌장세검)

### 동작 1
○ 허리가 왼쪽으로 돌면서 오른발가락이 안쪽으로 돌려 남쪽을 향한다.
- 허리방향은 정남이고, 무게중심은 왼발에 3분의 2가 있다.

### 동작2
○ 허리가 왼쪽으로 더 돌면서 왼발가락이 동남쪽을 향한다. 동시에 오른발 뒷꿈치가 땅에서 떨어진다.

### 동작3
○ 오른쪽 발가락을 들어서 왼발 뒷꿈치와 나란하게 약 40cm 뒤에 놓는다. 두 손바닥이 얼굴을 향하고 오른손이 왼손 뒤에서 십(十)자를 이루고 있다.
- 허리의 방향은 동남향이고, 무게중심은 모두 왼발에 있다.
□ 주의: 몸이 앞으로 숙여지지 않게 수직을 유지한다.

동작 1

동작 2

동작 3

## 제17식 요우-쭈완-칸-꾸앙
### (右轉看光 : 우전간광)

○ 왼발가락이 오른쪽으로 돌아서 정서쪽을 향하고, 왼손이 뒤집히면서 장심이 바깥을 향한다. 두손은 여전히 십자를 이룬다.
- 허리방향은 정서이고, 무게중심은 왼발에 있으며, 시선은 정면을 바라본다.

## 제18식 스−즈−투이−꾸앙
### (十字推光:십자추광)

**동작 1**
○ 오른쪽 발가락을 땅에서 떼고 왼발무릎을 구부리며 몸을 더 낮추고, 오른발 발꿈치를 땅에 놓는다.
− 허리방향은 정서쪽이고, 시선은 정면을 바라본다.

**동작2**
○ 허리가 앞으로 향하면서 오른쪽 발가락이 땅에 닿고 두 손을 앞으로 밀어 간다.

동작 1   동작 2

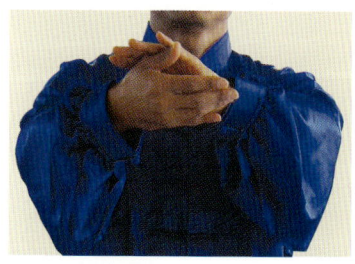

## 제19식 인-양-위(陰陽魚:음양어)

동작 1
○ 허리가 앞으로 조금더 밀려가면서 두손이 벌어진다. (물고기 머리부분부터 쓰다듬기 위한 자세)
– 시선은 두손의 중간에 있다.

동작2
○ 허리가 오른쪽으로 약간 돌면서 왼발이 정남쪽을 향한다. 손은 몸통 앞에서 허리 중심과 함께 서남쪽을 향한다.
– 두손이 대칭을 이루며 간격이 20~30cm 벌어진다.(물고기의 몸통을 안고 있듯이 한다.) 시선은 두손의 중간에 있다.
□ 주의: 무게중심이 왼발로 후퇴하지 않게 한다.

동작 1

동작 2

동작3
○ 허리가 오른쪽으로 돌면서 정서쪽을 향한다. (물고기의 꼬리를 안고 있듯이 한다.)
- 무게중심은 두발의 중간이고, 시선은 두손의 중간에 있다.
□ 주의: 무릎이 발가락과 직선이 되도록 한다.

동작 4
○ 허리중심이 뒤로 이동한다. 두 손가락이 서로 안쪽으로 맞물리며 돌아 장심이 배꼽을 향하며 손가락은 아래를 향한다. 아랫방향으로 손을 내려 장심이 하단전을 향한다.
- 장심과 하단전의 거리는 10cm정도이다. 엄지와 식지가 역삼각형을 이룬다. 무게중심이 3분의 2가 왼발로 이동한다.
□ 주의: 무릎과 발가락끝이 직선이고 겨드랑이를 뗀다.

# 제20식 티엔-롱-깐-루 (天龍甘露: 천룡감로)

동작 1
○ 두손을 안쪽으로 감아 가슴위로 끌어 올린다.

동작2
○ 오른발의 발가락을 들면서 허리가 약간 뒤로 젖혀진다.

동작3
○ 동시에 오른발을 앞으로 내딛는다. 이때 왼발은 자연스럽게 따라온다.
　　두 손의 장심을 앞쪽으로 향하게 하고 가슴높이로 밀어낸다.
- 허리방향은 정서쪽이고, 시선은 두손의 앞부분이다.

동작 1

## 제21식 쑤앙-장-라-꾸앙 (雙掌拉光:쌍장납광)

○ 허리가 뒤로 쭉 빠진다. 엄지를 제외한 손가락을 모두 붙여서 몸쪽으로 쭉 당긴다. 오른쪽 발가락은 정서쪽, 왼 발가락은 정남쪽이다.
- 무게중심은 왼발에 5분의 4가 있다.
- 시선은 정서쪽 앞을 바라본다.
- 자세는 가능한 낮춘다.
□ 주의: 몸이 앞으로 숙여지지 않게 한다.

## 제22식 하—마—스 (蛤式:합마식)

○ 허리가 돌아서 동남향을 향하며 왼발에 무게중심 5분의 4가 있다.
- 왼쪽 발가락과 시선은 동남향이다. 오른쪽 발끝이 남남서방향과 정남방향 사이에 있다.
□ 주의 : 하체의 힘이 부족할 경우 자세를 약간 높이면서 돈다.

# 제23식 차오-띠-총-후아 (草地種化:초지종화)

○ 무게중심이 오른발로 이동하면서 허리도 오른쪽으로 돈다. 손이 자연스럽게 펴지면서 장심이 땅을 향하며 스쳐 온다.
- 허리방향은 서남향이고, 무게중심은 오른발에 3분의 2가 있다. 시선은 두손의 중앙에 있다.

동작 1

동작 2

## 제24식 소우-징-칸-신 (手鏡看心:수경간심)

○ 허리가 왼쪽으로 돌면서 무게중심이 이동하고. 두 장심이 얼굴쪽을 향해 오른쪽으로 향한다.
- 무게중심은 왼발에 3분의 2가 있다. 시선은 두 장심의 중간을 보고 감각은 두 장심에 둔다.

## 제25식 티옌-뉘-싼-후아 (天女散化 : 천녀산화)

**동작 1**
○ 허리가 오른쪽으로 이동하면서 돈다. 두 손바닥이 바닥을 향하면서 따라온다.
– 시선은 두 손등에 있다.

**동작 2**
○ 허리가 오른쪽으로 돌면서 왼발 뒤꿈치를 들어올린다.
– 허리의 방향은 서남쪽이고, 무게중심은 오른발에 5분의 4가 있다.

동작 3
○ 왼발가락을 떼어서 오른발과 정삼각형을 이루는 꼭지점에 놓는다. 오른손 엄지를 중심으로 네손가락을 모아 꽃봉우리를 만들고 손목을 꺾어 손가락이 아래를 향한다. 오른손등에 왼손등을 놓는다.
- 무게중심은 모두 오른발에 있고, 왼손의 장심은 얼굴을 향한다.

동작 3

## 제 26식 쑤안-야-티옌-잉
### (懸崖天鷹:현애천응)

○ 왼발을 땅에서 떼어 오른발과 수직이 되는 방향으로 옮겨 발끝을 놓는다.

동작 1

## 제27식 쭈어-딴-삐엔(左單鞭:좌단편)

○ 허리가 왼쪽으로 돌면서 오른쪽 발가락이 안쪽으로 돌면서 동남동을 향하고, 왼쪽 발가락은 동북을 향한다. 왼손의 장심이 얼굴을 향해서 몸을 따라 이동하여 밖을 향한다.
- 허리의 방향은 정동이고, 무게중심은 왼발의 3분의 2이다. 시선은 왼손 등에 있다.

# 108식 동작습득

동작습득 : 28~47식

## 두 번째 노래

땅에서 나온 기운

발끝에 모아

한없이 올라간다.


오르고 또 오르니

수미의 감로

곤륜에서 흩어진다.


공성(空性)에서 나온 기운

옥반에 모아

천수를 기른다.


긴 명으로 이어지는

생은

생명으로 이어진다.

## 제28식 펑-후앙-빠이-웨이
### (風凰擺尾:풍황파미)

○ 허리가 오른쪽으로 돌며 허리방향이 정남을 향하고, 왼발가락이 따라서 안쪽으로 돌아 동남쪽을 향한다. 오른손이 안쪽으로 들어오면서 장심이 밖을 향한다. 동시에 오른쪽 손가락 중지부터 약지까지는 말고 식지는 바로 편상태에서 엄지를 식지에 붙인다. 장심의 방향은 밖을 향한다.
- 무게중심은 오른발에 3분의 2가 있고, 시선은 왼손등에 있다.
□ 주의: 오른손 팔꿈치가 아래를 향하며 어깨선 보다 낮다. 오른쪽 발가락 끝이 돌아가지 않게 한다.

## 제29식 띵-치옌-차-띠(頂挿地: 정천삽지)

**동작 1**
○ 허리가 왼쪽으로 돌면서 무게중심이 두발의 중심에 있다. 오른쪽 손팔목을 몸 안쪽으로 돌려 손바닥이 하늘을 향하게 한다. 왼손은 배꼽높이 까지 내려가고 장심이 땅을 향하고 왼쪽 허리선에 있다.
– 허리 방향과 시선은 동남쪽을 향한다.

**동작 2**
○ 허리가 계속 왼쪽으로 돌면서 정동쪽을 향한다.
○ 오른쪽 손팔목을 돌려 장심이 아래쪽을 향하게 하고 단전 높이까지 밀어 내린다. 왼손은 장심이 뒤집히면서 어깨선까지 점점 위를 향해 받쳐 올린다. 위치는 어깨선 앞쪽이다.
– 무게중심은 왼발에 3분의2가 있고 시선은 왼손 장심을 바라본다.
□ 주의 : 왼쪽 발가락끝이 돌아가지 않게 한다.

## 제30식 이-찌아오-창-티엔
### (一脚長天:일각장천)

○ 허리가 오른쪽으로 돌면서 오른발을 땅에서 떼고, 왼발 무릎이 펴지면서 오른발을 위로 들어 올린다. 오른발이 몸의 중앙에 있다. 오른손이 작게 원을 그리면서 장심을 위로 향해서 오른쪽 어깨높이로 받쳐올린다. 식지가 서남향을 가리킨다. 왼손은 장심이 몸 안쪽으로 돌면서 바닥을 향하게 하고 왼쪽 허리선 밖에 둔다. 안쪽 손목을 회전하고 장심이 바닥을 향한다. 손가락은 서남향이다.
- 허리방향이 서남이고, 시선은 오른손 장심에 있다.
□ 주의: 몸이 구부러지지 않게 한다. 왼발무릎은 편다.

## 제31식 션-시옌-루어-띠 (神仙落地 : 신선낙지)

○ 왼발무릎이 구부러지면서 자세가 낮아지고 오른발이 점점 아래로 내려와서 발날이 땅에 닿는다. 오른손은 그대로 있고, 왼손이 앞으로 전진하여 왼손 장심이 오른손 장심 위에 위치한다. 간격은 약 5cm이다.
- 허리방향은 서남이고, 시선은 왼손등에 있으나 의식은 장심에 있다.
- 무게중심은 모두 왼발에 있고 오른 발가락이 정서쪽을 향한다.

□ 주의 : 오른발 뒷꿈치가 왼발라인 안쪽에 있지 않게 한다.

# 제32식 슈앙-쏘우-위-리우
## (雙手玉流:쌍수옥류)

동작 1
○ 허리가 돌면서 두 손은 자연스럽게 교차하고 왼손은 그대로 앞을 향한다. 오른발가락이 오른쪽으로 돌아 발가락 방향이 서북향이 된다.
- 허리방향은 정서쪽이고 눈은 정서를 향하며 눈의 의식은 왼쪽 손등에 가 있다.
- 무게중심은 오른발에 3분의 2가 있다.
- 왼쪽 발등을 들지 않는다. 왼발을 그대로 둔다.

동작 1

### 동작2

○ 왼발이 들리면서 허리가 오른쪽으로 더 돌고 발이 이동하여 오른쪽 발뒷꿈치와 수평되는곳에 발가락을 놓는다. 오른손의 일지선 모양이 점점 풀리면서 위를 향하고 있던 장심이 허리를 향하면서 다시 아래쪽을 향하고 오른쪽 허리선 밖에 위치한다. 아래쪽을 향하고 있던 왼손이 점점 뒤집어지면서 장심이 위를 향하고 가슴높이에 있다.

- 허리방향은 서북쪽이고 시선은 왼쪽 장심을 본다.
- 무게중심은 모두 오른발에 있다.

동작 2

## 제33식 시-난-위-뉘-추완-수어
### (西南玉女穿梭 : 서남옥녀천사)

동작 1
○ 허리가 왼쪽으로 향하면서 왼발 뒷꿈치를 땅에 짚고 돈다. 오른손 장심이 위로 왼손 장심은 옆으로 돌아가고 눈의 의식은 왼쪽 장심에 있다.
– 허리방향은 정서방향이고, 무게중심은 가운데이다.

동작 1

동작 2
○ 허리가 왼쪽으로 돌면서 왼쪽 발가락이 왼쪽으로 돈다. 왼손은 얼굴 앞을 지나 손등을 뒤집어서 장심이 하늘을 향하게 머리 위쪽에 놓는다. 오른손은 장심이 위로 돌아 올라오면서 가슴앞에서 바깥쪽을 향하게 한다.
- 허리와 발가락 방향은 서남쪽이며 무게중심은 왼발에 3분의 2가 있다. 눈은 앞을 보고 있지만 감각은 윗손등에 있다.

동작 2

## 제34식 션-시옌-마-뿌(神仙馬步:신선마보)

○ 허리가 오른쪽으로 돌면서 왼손이 그대로 따라와서 왼손을 오른손위에 놓는다. 손등의 위치가 턱높이 이다. 왼발가락이 오른쪽으로 돌면서 발가락 방향이 서북서를 향한다. 이때 두 발꿈치의 거리보다 두 발가락사이의 거리가 더 좁다.
- 허리방향은 서북서 방향이고 무게중심은 두발의 중앙에 있으며, 시선은 겹쳐진 부위에 둔다.

## 제35식 처-시-피아오-뿌 (側膝飄步: 측슬표보)

- ○ 허리가 오른쪽으로 돌면서 무게가 오른쪽에 실린다. 그 작용에 의해서 오른쪽 발가락이 오른쪽으로 돌아서 동남쪽을 향한다. 손은 허리가 도는대로 둔다. 그 결과 왼쪽 손가락끝이 오른손 손목에 닿아있다.
- − 이때 허리의 방향은 동북이고, 무게중심은 오른발에 5분의 4가 있으며, 시선은 오른손등에 있다.
- □ 주의: 몸무게가 가능한 많이 오른발에 실리게 한다.

# 제36식 칭-팅-띠엔-수이 (蜻蜓点水:청정점수)

○ 왼발을 오른발 앞쪽으로 가져오면서 두손이 몸통과 함께 왼쪽으로 돌아 손과 발이 서로 교차하듯 지나간다. 왼발가락이 북쪽을 향해 땅에 닿는다. 왼쪽 허리선을 중앙으로 양쪽에 놓여있다.
- 무게중심은 두발의 중앙에 있다.
- 허리의 방향은 정동쪽이다
- 눈의 의식은 두 손등에 있으나 방향은 동쪽이다.
□ 주의 : 왼발을 이동할 때 가볍게 이동하고, 무게중심이 왼발에 쏠리지 않게 한다. 오른쪽 발뒷꿈치를 들지 않는다.

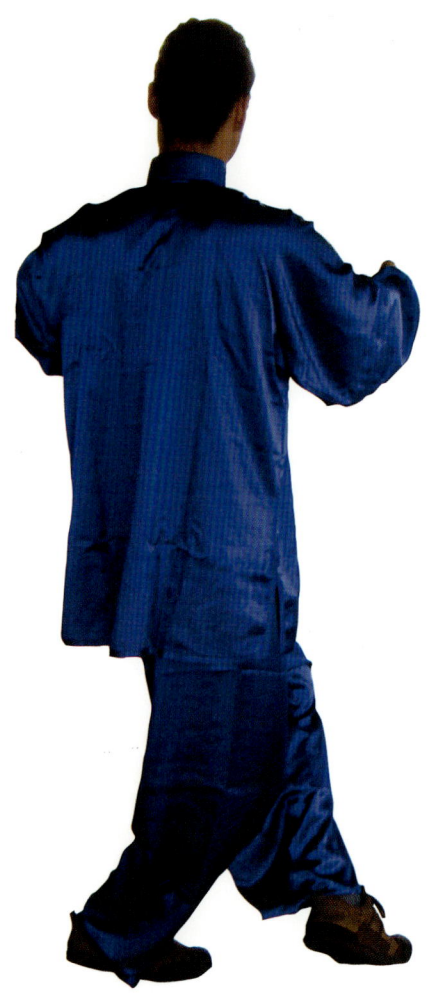

## 제37식 슈앙-쏘우-위-리우
### (雙手玉流:쌍수옥류)

○ 32식과 같으나, 서로 손발이 반대방향으로 교차된 상태이다.

## 제38식 동-난-위-뉘-추완-수어
### (東南玉女穿梭:동남옥녀천사)

○ 33식과 같다. 서로 교차된 상태다

## 제39식 시옌-뉘-루어-띠(仙女落地:선녀낙지)

○ 허리가 왼쪽으로 돌아 왼발로 무게가 이동한다. 두손이 어깨넓이를 유지하며 상복부 높이로 몸통과 함께 돌고 오른쪽 발가락이 왼쪽으로 돌아서 동북쪽을 향한다
- 허리방향 동북쪽이고, 무게중심은 왼발의 3분의 2가 있으며, 시선은 왼쪽 손등에 있다.

## 제40식 시옌-뉘-탄-친(仙女彈琴:선녀탄금)

○ 허리가 오른쪽으로 돌면서 오른쪽 발뒤꿈치가 땅에서 떨어지고 왼쪽 발가락이 떼어져서 왼발 엄지발가락 직선위치에 놓는다. 오른쪽 발가락이 동남을 향한다. 두손이 오른쪽 허리선을 중심으로 손바닥이 아래를 향하고 있다.

- 허리방향은 정동이고, 무게중심은 두발 중심에 있으며, 시선은 오른쪽 손등에 있다.

## 제41식 슈앙-쏘우-위-리우
### (雙手玉流 : 쌍수옥류)

○ 제 32식과 같다

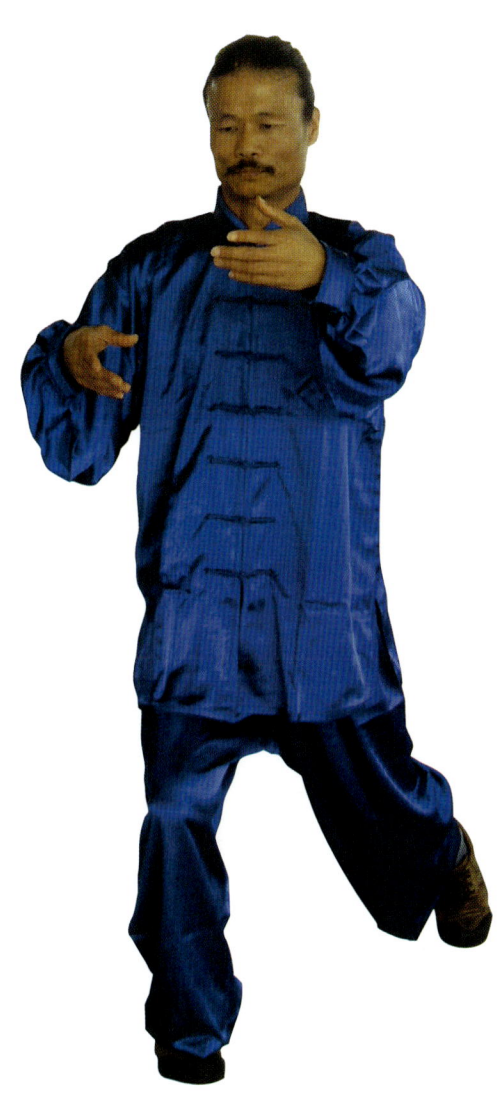

## 제42식 동-뻬이-위-뉘-추완-수어
### (東北玉女穿梭: 동북옥녀천사)

○ 제 33식과 같다.

제43식 션-시엔-마-뿌(神仙馬步: 신선마보)

○ 제 34식과 같다

## 제44식 처-시-피아오-뿌 (側膝飄步: 측슬표보)

○ 제 35식과 같다

# 제45식 칭-팅-띠엔-수이 (蜻蜓点水: 청정점수)

○ 제 36식과 같다

## 제46식 슈앙-쏘우-위-리우
### (雙手玉流·쌍수옥류)

○ 제 37식과 같다

## 제47식 시-뻬이-위-뉘-추완-수어
### (西北玉女穿梭:서북옥녀천사)

○ 제38식과 같다

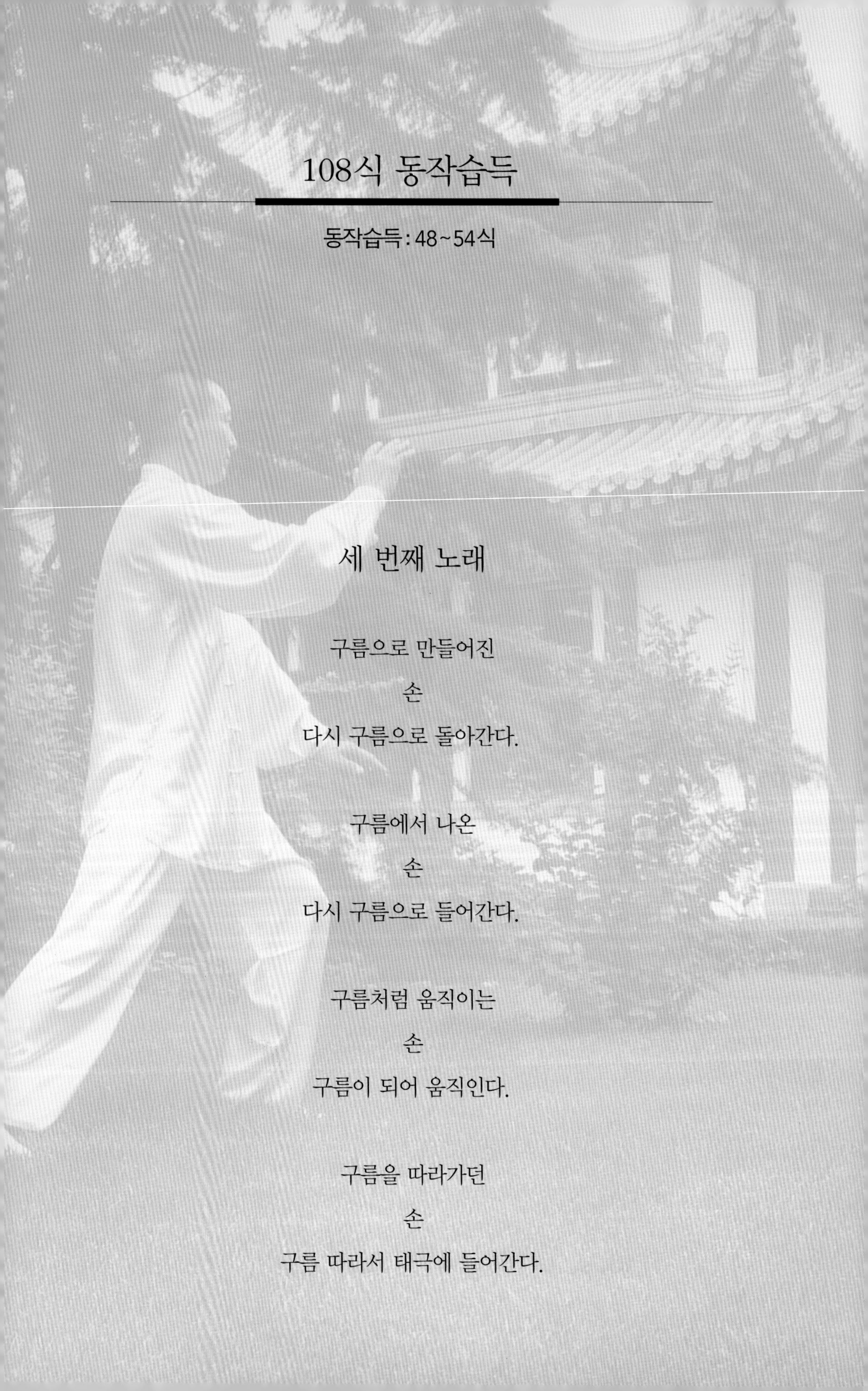

## 108식 동작습득

동작습득 : 48~54식

### 세 번째 노래

구름으로 만들어진

손

다시 구름으로 돌아간다.

구름에서 나온

손

다시 구름으로 들어간다.

구름처럼 움직이는

손

구름이 되어 움직인다.

구름을 따라가던

손

구름 따라서 태극에 들어간다.

## 제48식 슈왕-장-투이-펑(雙掌推風:쌍장추풍)

동작 1
- ○ 허리가 왼쪽으로 이동한다. 두손의 위치는 몸통 양쪽앞에 있다.
- – 허리방향은 서남향이고, 무게중심은 두발의 가운데 있으며, 시선은 서남향을 향하고 있으며 의식은 손등에 있다.

동작 2
- ○ 허리가 왼쪽으로 더 돌면서 몸무게중심이 왼발로 이동하고 오른쪽발뒤꿈치가 들어지고 이어서 발가락을 들어서 옮긴 다음 두 발을 나란히 붙인다. 두 장심이 밖으로 수평을 이루면서 동쪽을 향한다.
- – 허리방향은 정남이고, 무게중심은 가운데 있으며, 시선은 정남쪽을 보며 눈의 의식은 왼쪽 손등에 있다.

동작 1

동작 2

# 제49식 띠-이-원-쏘우(第一雲手:제일운수)

동작 1
○ 허리가 왼쪽으로 돌면서 왼쪽 발뒤꿈치를 든다. 손은 오른손 장심이 옆을 향하고 왼손은 상복부 높이에 둔다.
- 허리방향은 동남이고, 무게중심은 모두 오른발에 있으며, 시선은 오른손식지에 둔다.

동작 2
○ 허리가 오른쪽으로 돌면서 왼발을 들어 왼쪽으로 이동한다. 허리 서남향을 향했을 때 왼쪽 발가락을 오른발과 수평선에 놓는다.
- 허리방향은 서남향이고, 무게중심은 모두 오른발에 있으며, 눈은 오른손 장심에 둔다
□ 주의 : 오른쪽 발가락이 움직이지 않는다. 오른손이 먼저 지나가고 왼손이 뒤를 따라온다. 허리가 도는 동안 손이 위 아래로 움직였을뿐 어깨와 팔이 그대로 있다. 손은 어깨선의 45도 안쪽에 있다.

동작 3
- ○ 허리가 왼쪽으로 돌면서 오른쪽 발뒷꿈치를 들어올린다. 오른손은 장심이 하단을 향해 아래로 내려온다. 왼손은 장심이 목부위에 와 있다.
- – 허리방향은 동남향이고, 무게중심은 모두 왼발에 있으며, 눈은 왼손 장심에 둔다

동작 4
- ○ 허리가 왼쪽으로 돌면서 왼발을 들어 왼쪽으로 이동한다. 허리가 동남향을 향했을 때 오른쪽 발가락을 왼발과 나란한 위치에 놓는다.

## 제50식 띠-알-원-쏘우(第二雲手:제이운수)

○ 제49식과 같다

동작 1

동작 2

동작 3

동작 4

## 제51식 띠-산-윈-쏘우 (第三雲水: 제삼운수)

○ 제49식 동작 1과 같다

동작 1

동작 2

## 제52식 티엔-뉘-산-후아(天女散花 : 천녀산화)

○ 제25식과 같다.

## 제53식 쑤안-야-티옌-잉 (懸崖天鷹·현애천응)

○ 제26식과 같다

# 제54식 쭈어-딴-삐엔(左單鞭: 좌단편)

○ 제27식과 같다

# 108식 동작습득

**동작습득 : 55~67식**

## 네 번째 노래

흰 학이 되어 날던
나
다시 흰 학으로 돌아간다.

호랑이가 되어 포효하던
나
다시 호랑이 소리로 돌아간다.

원숭이 되어 뒤돌아보던
나
다시 원숭이 되어 뒤돌아본다.

물고기 되어 헤엄치던
나
다시 물고기 되어 헤엄친다.

## 제55식 위-뻬이-따오-니옌-호우
### (預備倒攆猴:예비도련후)

**동작 1**
○ 무게중심이 모두 왼발에 실리면서 오른쪽 발뒷꿈치를 위로 든다.

**동작 2**
○ 오른쪽 발가락을 땅에서 떼어 왼발무릎이 더 앞으로 구부러지면서 오른발이 반보 앞으로 온다.

**동작 1**　　　　　　**동작 2**

동작 3
○ 오른쪽 발가락을 땅위에 놓는다.
– 여기까지의 무게중심은 왼발에 있다

동작 4
○ 무게중심이 모두 오른발에 실리면서 왼발꿈치를 들어올린다. 오른손은 그대로 허리를 따라가고 장심이 귀를 향하고 왼손은 뒤집혀서 장심이 위를 향한다.
– 허리방향은 동남남쪽이다.
□ 주의: 왼쪽 발가락이 땅에서 떨어지지 않는다.

동작 3

동작 4

# 제56식 요우-따오-니옌-호우
## (右倒攆猴:우도련후)

**동작 1**

○ 왼쪽 발가락을 땅에서 떼어올린다. 오른손이 자신의 귀를 향해서 앞으로 밀어내고 왼손은 허리를 따라서 가슴쪽으로 옮겨 왼손의 장심위에 오른손이 위치한다. 이때 두손의 위치는 가슴앞에 있다. 오른손의 장심이 앞을 향해 있으며 왼손의 장심은 위를 향해있다.

동작 2
- ○ 허리가 왼쪽으로 돌면서 왼발을 들어서 뒤로 옮겨서 발가락을 땅 위에 놓는다. 이때 발가락이 오른쪽 뒷꿈치의 직선의 선상에 놓인다. 오른손은 허리가 돌면서 자연스럽게 앞을 향한다. 왼손은 손이 교차해 가슴부위로 오면서 장심이 대각선 위쪽을 향한다.
- 무게중심은 모두 오른발에 있다.

동작 3
- ○ 허리가 더 왼쪽으로 돌면서 왼발의 앞꿈치, 뒷꿈치 순으로 동북방향을 밟는다. 무게중심이 전부 왼발에 오면서 오른발 뒷꿈치를 땅에서 떼어서 오른쪽 발가락만 붙여둔다. 오른손은 장심이 위를 향하고 왼손은 장심이 귀를 향한다.
- 허리방향은 동북북을 향한다.

## 제57식 쭈어-따오-니옌-호우
(左倒攆猴:좌도련후)

○ 56식과 같으며 손발의 방향은 반대이다

동작 1

동작 2

동작 3

## 제58식 요우-따오-니엔-호우
### (右倒攆猴: 우도련후)

○ 제 56식과 완전히 같음

## 제59식 쭈어-따오-니옌-호우
### (左倒攆猴:좌도련후)

○ 제 57식과 완전히 같음

## 제60식 요우-따오-니엔-호우
(右倒攆猴: 우도련후)

○ 56식의 1~2 동작까지 같음

동작 1

동작 2

# 제61식 쭈완-선-찌아오 (轉身交: 전신교)

동작 1
○ 왼발을 오른발 뒤쪽으로 옮겨 놓는다. 오른손은 장심이 밖을 향해 뻗어있고 왼손의 장심은 오른손 팔꿈치를 향해있다.
- 허리의 방향은 동북북이고, 시선은 동북북이며 눈의 감각은 오른쪽 손등에 둔다.

동작 2
○ 왼쪽발 발가락이 동북쪽을 향하도록 앞꿈치 뒷꿈치 순으로 내려 놓고, 오른쪽 발뒷꿈치를 들어 올린다. 왼손장심이 옆을 향하고 어깨 높이로 올라가고 오른손 장심도 옆을 향한다.

동작 3
○ 오른발 뒷꿈치가 땅에서 떨어지면서 허리가 오른쪽으로 돈다. 오른쪽 발가락이 땅에 닿아있다. 오른손은 가슴앞에 있다. 왼손은 엄지손가락이 위를 향해있고 장심이 동남향을 향해있으며 허리선 높이에 위치한다.
- 허리의 방향은 정동쪽이고, 무게중심은 모두 왼발에 있으며, 시선은 오른쪽 손등에 있다.

동작 1　　　동작 2　　　동작 3

동작 4
- ○ 오른쪽 발가락이 동남쪽을 향하게 발바닥을 내려놓고 허리가 오른쪽으로 돌면서 왼쪽발 발가락이 동남쪽으로 돌고 무게가 오른발에 실린다. 오른손은 오른쪽 허리선 상복부 높이에서 장심이 아래를 향하고 왼손은 가슴높이에서 장심이 몸을 향하고 있다.
- – 허리방향은 동남쪽이고, 무게중심은 오른발에 3분의 2가 있으며, 시선은 동남쪽을 향하고 있으며 눈의 감각은 양손에 있다.

동작 5
- ○ 허리가 왼쪽으로 돌면서 오른발을 들어서 왼발 삼각형 꼭지점에 놓는다. 자세가 낮아지면서 두 손이 일지를 만들며 왼손은 오른쪽 어깨쪽에서 장심이 얼굴을 향하고 식지가 위를 향한다. 오른손은 하단높이로 왼쪽 허리선에 있으며 장심은 몸을 향하고 식지가 아래를 향한다.
- – 무게중심은 모두 왼발에 있다. 시선은 동남이며 감각은 두 식지에 있다.
- □ 주의 : 엉덩이가 나오지 않게 척추를 바르게 한다

동작 4

동작 5

# 제62식 시에-페이-스(斜飛式:사비식)

동작 1
○ 오른쪽 발가락 끝을 땅에서 뗀다. 오른발을 서남향으로 길게 이동한다. 발가락을 땅에 놓는다. 무게는 왼발에만 실려있다.

동작 2
○ 오른쪽 발뒷꿈치를 땅에 내려놓고 무게중심의 5분의 1정도싣는다.

동작 3
○ 허리가 오른발로 이동하면서 오른쪽 발가락이 서남향을 향한다. 두 손목이 만날 때 두손이 안팎으로 돌고 손바닥이 교차하며 지나갈 때 일지가 펴진다. 오른쪽으로 자세가 기울면서 대각선으로 손이 뻗는다. 오른손 장심이 자신의 얼굴을 향해있고 왼손의 장심은 바닥을 향해있다.
- 허리의 방향은 동남향이고, 시선은 정동을 바라보며 눈의 감각은 왼손등에 있다.
□ 주의: 오른발이 지렛대 역할을 하여 왼발뒷꿈치에서 몸통 머리까지 기울어진 모습이 일직선이 되게 한다.

## 제63식 티-쏘우-쌍-쓰(提手上勢:제수상세)

동작 1
○ 허리를 왼쪽으로 돌리면서 무게중심이 가운데로 이동한다. 오른쪽 발가락이 왼쪽으로 돈다.
- 눈의 의식은 왼쪽 손등에 있다.

동작 2
○ 무게중심이 왼쪽발로 5분의 4 이동하면서 오른쪽 발뒷꿈치가 땅에서 떨어진다.
- 허리방향은 동남동을 향하고 시선 또한 동남동이며 눈의 의식은 양손에 있다.

동작 3

○ 허리가 오른쪽으로 돌면서 무게중심이 모두 왼쪽으로 이동한다. 오른발을 들어서 왼발 뒷꿈치와 수직으로 일직선상의 정남향으로 뒷꿈치를 살짝 띄워놓는다. 왼발 무릎을 구부리면서 오른발 뒷꿈치를 땅에 내려놓는다. 두손은 오른손등이 왼손장심을 스치면서 위쪽을 향해 가슴높이까지 올리고 왼손은 오른손 아래 있다.
– 허리방향은 정남향이고, 무게중심은 모두 왼발에 있으며, 시선은 오른쪽 식지에 있다.

동작 3

## 제64식 리옌-치-흐어-이
### (斂氣合一: 렴기합일)

동작 1
- ○ 허리가 왼쪽으로 돌면서 오른쪽 발바닥을 따라 왼쪽으로 돌아서 발가락이 땅에 닿아서 정동을 향한다. 손의 모양은 변함없이 허리를 따라서 돌아온다. 손이 몸의 가운데 있다. 왼손의 장심은 아래로 향하고 오른쪽 장심은 옆을 향한다.
- – 허리방향은 정동쪽이고, 무게중심의 3분의2가 왼발에 있으며, 선은 오른손 식지에 있다.
- ○ 주의: 왼발이 풀리지 않게 한다.

동작 2
- ○ 허리가 왼쪽으로 돌면서 왼쪽 발가락이 따라돌아 정동쪽을 향해서 멈추고 허리는 동북을 향하여 멈춘다. 오른손은 아래로 내려오고 왼손은 위로 올라온다. 서로 교차하는 지점이 상복부에 위치한다.
- – 무게중심은 3분의 2가 왼발에 있다.
- □ 주의: 왼발과 오른발 안쪽이 평형을 유지한다.

동작 1   동작 2

동작 3
○ 허리가 오른쪽으로 돈다. 무게중심과 허리방향만 돌고 손의 모습은 변함이 없다.
- 허리가 동남 방향까지 같다. 무게중심이 3분의2가 오른발로 이동한다.
○ 주의 : 두발이 평행을 유지한다.

동작 4
○ 허리가 왼쪽으로 돈다. 왼손 장심이 위를 향한다.
- 허리방향은 정동쪽이고, 시선은 왼손 장심에 있다.

동작 5
○ 왼손목이 돌아 세워져 손가락 끝이 위를 향한다.
- 시선은 왼손 식지를 본다.

동작 3  동작 4  동작 5

## 제65식 찐-강-쭈(金剛柱:금강주)

○ 두 무릎을 똑같이 구부리면서 자세를 아래로 낮춘다.
- 제일 낮은 자세를 취할 때 허벅지 상단 부위가 직선 이하로 내려가지 않게 한다.
□ 주의: 엉덩이를 뒤로 빼지 않는다. 허리선이 바르게 한다.

# 제66식 하이-띠-라오-수이
## (海底撈水:해저로수)

**동작 1**
- ○ 오른쪽 손목을 오른쪽으로 돌려 손가락이 아래로 향하게 한다. 시선은 동쪽을 향하고 감각은 오른쪽 장심에 있다.
- □ 주의: 나머지는 변함이 없다

**동작 2**
- ○ 위로 무릎을 펴면서 일어나면서 두 손이 단전의 위치에서 두손의 장심이 마주한다.
- – 눈은 동쪽을 보되 감각은 두손의 장심에 있다.
- □ 주의: 몸이 절반쯤 일어나있는 상태이다.

동작 1    동작 2

## 제67식 빠이-허-량-츠 (白鶴亮翅: 백학량시)

동작 1
- ○ 허리가 오른쪽으로 돌면서 오른쪽 발가락이 돌아 동남향을 향한다. 오른손이 가슴높이로 왼손이 배꼽높이에 있다. 왼손의 장심은 대각선으로 아래를 향하고 오른손 장심은 대각선으로 위를 향해있다.
- – 허리의 방향은 동남쪽이고, 무게중심이 3분의2가 오른발에 있다.
- □ 주의: 이때 몸은 4분의 3쯤 일어나있다.

동작 1

동작 2

○ 왼쪽발 발가락을 땅에서 떼어서 오른쪽 발꿈치와 일직선이 되는 앞에 놓으며 허리가 왼쪽을 돈다. 오른손 엄지가 위로 향하고 장심이 얼굴쪽을 향한다. 왼손은 배꼽 높이로 허리 바깥쪽에 있다.
− 허리와 시선은 정동쪽이고, 왼발은 발끝만 살짝 대고 있다.
□ 주의 : 이때 눈의 감각은 두손에 가있다.

동작 2

# 108식 동작습득

동작습득 : 68~85식

### 다섯 번째 노래

둥근원
그 속에
태극이 있다.

음과 양
둘이 되어
태극의 선을 만든다.

춤을 추듯
태극선은
춤으로 사라진다.

선으로 만들어진
음과 양
태극마저 사라진다.

## 제68식 통-즈-츄이-시아오
### (童子吹簫:동자취소)

동작 1
- ○ 허리가 아래로 눌리면서 왼쪽으로 약간 돈다. 허리 방향은 동북이다. 손은 허리가 도는대로 자연스럽게 따라 돈다.
- – 무게중심은 모두 오른발에 있다

동작2
- ○ 허리가 오른쪽으로 돌아 정남쪽을 향하게 한다. 왼쪽 발가락을 떼어서 오른발과 삼각형을 이루는 위치에 놓는다. 오른손의 장심이 얼굴을 향하고 오른쪽 가슴을 향하고 올라가 위에서 얼굴을 향한다. 왼손은 왼쪽가슴과 목을 거쳐서 오른쪽 가슴 안쪽에 놓는다. 손바닥은 아래를 향한다.
- – 무게중심은 모두 오른발에 있고, 눈의 감각이 오른쪽 장심에 가 있다.

동작 1     동작 2

## 제69식 요우-로우-씨-아오-뿌
### (右摟膝拗步 : 우루슬요보)

**동작 1**
○ 자세를 약간 더 낮추면서 왼발을 오른쪽 발뒷꿈치와 평형이 되는 일직선 앞으로 이동한다. 이동하는 과정에서 몸이 오른쪽으로 허리가 약간 더 돌게 된다.

**동작 2**
○ 허리가 왼발로 이동하면서 뒷꿈치를 땅에 밟는다. 오른쪽 발끝은 정남쪽이다.
- 허리의 방향도 정남쪽이고, 무게중심은 3분의 2가 오른발에 있으며, 눈은 오른손 장심을 본다.

동작 1 　　　　동작 2

동작 3
○ 무게중심이 왼발로 이동하면서 허리가 왼쪽으로 돈다. 먼저 왼쪽 발가락이 왼쪽으로 돌기 시작하고 이어서 오른쪽 발가락이 왼쪽으로 돈다. 왼쪽 발가락 끝은 정동을 향하고 오른쪽 발가락 끝이 동남남을 향한다. 몸통은 약간 앞으로 향하는듯하며 무릎은 살짝 구부러져있다. 오른손이 귀를 향해 다가 오다 허리가 도는 관계로 귓가를 스쳐서 앞으로 향하게 된다. 손이 몸 가운데 가까이에 있고, 장심은 바깥쪽을 향해있다. 왼손은 오른쪽 가슴부터 상복부를 지나 왼쪽 허리 옆에 위치한다.
– 허리의 방향은 정동이고, 무게중심은 왼발에 3분의 2가 있으며, 눈은 오른쪽 손가락을 보고 있다. 감각은 오른손 장심에 있다.
□ 주의 : 전체 몸이 정면을 바라보고 있는 자세이며 오른무릎을 완전히 펴지지 않게 한다.

동작 3

## 제70식 쏘우-후이-피-파 (手揮琵琶: 수휘비파)

동작 1
○ 무게중심이 앞으로 향하면서 오른발을 들어 올려 앞으로 반보 가져온다.

동작 2
○ 오른쪽 발가락을 땅위에 살짝 내려놓는다. 허리가 오른쪽으로 돌아서 동남남까지 간다. 무게중심이 뒤로 이동하면서 오른쪽 발가락이 동남방향을 향하도록 뒷꿈치를 땅에 밟는다. 오른손이 몸을 따라서 뒤로 이동하고 왼손은 앞으로 나오면서 두손 식지와 엄지가 서로 교차한다. 두손 모두 장심이 아래를 향해있고 같은 높이이다.
- 시선은 동남남을 향하고 눈의 느낌은 두 손등에 놓여있다.

동작 1

동작 3
- ○ 허리가 왼쪽으로 돌면서 정동을 향한다. 왼쪽 발가락이 땅에서 떨어진 다음 발꿈치가 땅에 놓인다. 팔꿈치는 위아래로 움직이지 않게 그대로 있고 허리가 돌면서 손목만 꺾여서 두 장심이 바깥을 향하게 한다.
- – 무게중심은 모두 오른쪽에 있다.
- □ 주의: 이때 몸 자세가 낮아진다.

동작 2

동작 3

## 제71식 통—즈—츄이—시아오
### (童子吹簫:동자취소)

○ 제68식과 같다

## 제72식 요우-로우-씨-아오-뿌
### (右摟膝拗步: 우루슬요보)

○ 제69식과 같다

동작 1

동작 2

## 제73식 쭈어-빠오-치우(左抱球:좌포구)

○ 제5식과 같다

동작 1

동작 2

## 제74식 스-즈-파오-시아오
### (獅子咆哮: 사자포효)

○ 제6식과 같다

# 제75식 이-지-찬(一指禪:일지선)

동작 1
○ 오른쪽 발가락이 오른쪽으로 돌아서 정동을 향한다. 왼쪽 발가락이 오른쪽으로 돌아 동북북을 향한다. 왼손이 오른손 위로 두 손목이 위로 교차하며 일지선 모양이 만들어진다.
– 허리방향이 동북이다.

동작 2
○ 두손이 서로 뒤집히면서 오른손은 정동으로 향해가고 왼손은 정북으로 향한다. 두 손바닥이 마주 보듯 하고 있다.
– 무게중심이 오른발로 옮겨간다.

동작 3
○ 허리가 정동쪽을 향하고 오른손 장심이 아래를 향하고 일지가 정동쪽으로 뻗어있다. 왼손의 장심이 위를 향하고 일지는 정북쪽으로 뻗어있다.
– 무게중심의 3분의 2가 오른발에 있다.
□ 주의: 두손 팔꿈치를 쫙 편다.

동작 1

동작 2

동작 3

108식 동작습득

## 제76식 통-즈-츄이-시아오
### (童子吹簫:동자취소)

○ 68식과 같다

동작 1

동작 2

## 제77식 요우-로우-씨-아오-뿌
(右摟膝拗步 : 우루슬요보)

○ 69식과 같다

동작 1

동작 2

## 제78식 빠오-후-꾸이-샨
### (抱虎歸山:포호귀산)

**동작 1**
○ 허리가 오른쪽으로 돌아가며 오른손은 그대로 따라오고 왼손이 올라온다.

**동작 2**
○ 허리가 서남남까지 돌아 왼쪽 발가락이 따라 돌면서 정남을 향한다. 오른손은 상복부 위치까지 내려가고 왼손은 그대로 따라온다.

**동작 3**
○ 허리가 왼쪽으로 돌아 정남을 향하고 오른손은 허리가 도는 대로 자연스럽게 밑으로 내려와 하단전 중앙부위 앞에 위치하고 왼손은 장심이 가슴을 향해있다. 두 손은 마치 호랑이를 안고 있는 모습이다.
- 시선은 왼손 엄지손가락을 본다. 눈의 감각은 두 손바닥에 있다.

동작 1

동작 2

동작 3

## 제79식 통-즈-츄이-시아오
### (童子吹簫:동자취소)

○ 제68식과 같다

# 제80식 찐-뿌-즈-땅-추이
## (進步指襠捶: 진보지당추)

○ 80식은 69식과 같지만 다른 부분은 오른손이 얼굴을 스치면서부터 주먹으로 만들어 져서 몸이 더 앞으로 숙여지면서 주먹이 대각선 아래로 땅을 향하게 된다. 주먹의 모양이 꽉 움켜쥔 것이 아니라 엄지손가락에 네 손가락 끝을 붙인 모습으로 주먹안이 비어있는 모습이다. 이것을 공심장이라 한다. 손가락 마디마디 사이가 서로 벌어져있다. 손가락으로 때리는 모습이 된다.
□ 주의: 꼬리뼈부터 머리까지 일직선이 되도록 한다.

동작 1  동작 2  동작 3  동작 4

## 제81식 하이-띠-쩐 (海底針:해저침)

동작 1
○ 무게중심을 오른발로 이동하고 왼쪽 무릎이 펴진다. 공심장이 풀리기 시작한다.

동작2
○ 오른발 무릎이 펴지면서 왼발이 끌려와 오른발과 뒷꿈치가 서로 맞닿는다. 오른손 장심이 정북을 향하도록 손이 돌아가면서 손가락이 펴지고 땅에 금을 긋듯 몸 안쪽으로 끌려와 두 발사이를 향하게 한다. 왼손은 자연스럽게 따라서 왼다리 대퇴부에 장심이 아래를 향한 상태로 둔다. 상체는 힘을 뺀 다음 자연스럽게 거북이 등처럼 굽어져 있다.
- 허리 방향은 정동이고, 무게중심은 두발에 있으며, 시선은 오른손을 본다.

동작 1　　동작 2

## 제82식 취-시-스-즈-쏘우
### (曲膝十字手:곡슬십자수)

○ 펴져있던 무릎이 힘없이 순간 구부러지면서 그 반사 작용으로 팔꿈치가 안으로 굽으면서 두 손이 모여 십자(X) 모양이 된다. 오른손이 안쪽에 있다. 몸은 앞으로 숙여있던 몸이 반사작용으로 얼굴과 몸통이 정면을 향하게 된다.
- 눈의 느낌은 두 손에 있다.

## 제83식 장-신-모-치앙
### (掌心抹墻: 장심말장)

동작 1
○ 왼발을 들어 앞으로 이동해서 무릎을 펴 직선 앞에 뒷꿈치를 놓는다.

동작 2
○ 무게중심이 앞으로 이동하면서 허리가 오른쪽으로 돌아 동남향을 향한다. 왼쪽 발가락이 정동을 향한다. 오른발 무릎은 펴진다. 두손은 서로 두장심이 바깥쪽을 향하고 벽을 만지면서 쭉 벌리듯이 어깨너비로 벌어진다. 오른손이 왼손보다 약간 높은 상태이다.
- 몸통은 앞으로 기울어진 상태이고, 무게중심은 3분의 2가 왼발에 있으며 시선은 두손 사이이다. 눈의 감각은 양손에 있다.
□ 주의: 머리에서 골반까지 직선이 되도록 한다.

동작 1   동작 2

## 제84식 쭈완-선-따-티에
### (轉身打鐵 : 전신타철)

동작 1
- ○ 허리가 뒤로 이동하면서 오른쪽으로 돈다. 이때 왼쪽의 발이 발가락과 함께 따라 돌아서 남서를 향한다. 오른손은 장심은 아래로 내려간다. 왼손이 몸 가운데 앞쪽에 놓여있다.
- – 무게중심은 오른발에 3분의 2가 있다. 시선은 왼손 식지를 바라본다.
- □ 주의 : 오른발이 돌아가지 않게 유지한다.

동작 2
- ○ 허리가 왼쪽으로 돌면서 오른발이 땅에서 떨어져 오른손과 함께 위로 올라오면서 함께 안쪽에서 바깥쪽을 향한다. 오른손이 주먹을 쥐면서 몸 안쪽으로 들어와 있고 왼손은 그대로 허리를 따라 돈다.
- – 허리의 방향은 동남이고, 시선 오른손 주먹에 있다.
- □ 주의 : 오른발이 허공에 떠있는 상태이다. 발뒷꿈치가 위로 들려있는 상태이다.

동작 1

동작 2

동작 3
○ 허리가 오른쪽으로 돌아 정서를 향한다. 왼손은 왼쪽허리에 내려와 있고 다른 변화는 없다.

동작4
○ 그대로 몸을 낮추면서 앉는다. 오른발 뒷꿈치가 땅에 닿는다. 손의 변화는 없다.
- 시선은 여전히 오른손 주먹에 있다.

동작 3   동작 4

## 제85식 찐-뿌-빵-란-추이
### (進步搬攔捶 : 진보반란추)

동작 1
- ○ 허리가 오른쪽으로돈다. 허리방향은 서북이다. 오른발이 오른쪽으로 돌아 발가락이 동북방향이다. 오른손 주먹의 장심이 자신의 몸쪽을 향한다. 왼손이 허리를 따라 움직이면서 장심이 아래로 향하여 앞으로 뻗어있다.
- – 무게중심은 모두 오른발에 있다. 눈의 느낌은 두손에 있다.

동작 1

동작 2

○ 왼쪽발 발뒷꿈치를 떼면서 허리가 더 오른쪽으로 돌아가면서 허리가 동북을 향하게 되면 왼쪽 발가락을 오른발뒷꿈치와 일직선상 옆에 내려 놓는다. 오른손 주먹의 장심이 위를 향하고 상복부 위치에 있다. 왼손은 가슴 높이로 장심은 아래를 향하고 있다.

동작 2

동작 3
○ 무게중심이 왼쪽으로 이동하면서 왼쪽 발가락이 이동하여 정서를 향한다. 오른쪽 발가락은 왼쪽으로 돌려서 서북북을 향한다. 몸무게가 앞으로 나가면서 오른손은 자연스럽게 앞으로 나간다. 왼손은 오른손주먹 위를 스쳐서 오른쪽 손목위에 손가락 끝을 놓는다.
- 허리와 시선의 방향은 정서이고, 눈의 감각은 두손에 있다.

동작 3

## 108식 동작습득

동작습득 : 86~93식

### 여섯 번째 노래

도는 허리 붙잡는 손
도는 허리 따라가는 발
손과 발은 허리에서 나온다.

손이 들어오면
발은 나가니
손과 발은 하나이다.

발이 들어오면
손은 나가니
발과 손은 하나이다.

허리에서 만난
손과 발
없어진 허리 손발도 없네.

## 제86식 빠오-치우-따이-요우-시
### (抱球帶右膝:포구대우슬)

**동작 1**
○ 왼손 손가락이 오른손을 만지면서 주먹의 엄지손가락에 닿는다.

**동작 2**
○ 오른손 주먹이 펴지면서 두손의 장심이 아래를 향해 벌어진 상태이다. 손이 양쪽으로 둥그런 물체를 쓸어내리듯이 하고 몸의 자세가 낮아지면서 왼쪽발 발가락이 왼쪽으로 돌아서 서남을 향한다.

동작 1

동작 2

동작 3
○ 무게중심이 왼발로 이동하면서 오른쪽 발꿈치가 떨어진다. 손모양은 양손안에 둥그런 물체를 잡고 있는 듯하다.

동작 4
○ 오른발을 앞으로 가져와 무릎이 오른손등에 닿으면서 손과 발이 위로 향해 직선으로 올라온다. 오른손 위에 온손이 올라와있다.
- 허리의 방향과 시선은 정서이며 눈의 감각은 두손과 닿아있는 무릎에 있다.

## 제87식 요우-떵-지아오 (右蹬脚 : 우등각)

○ 다리를 앞쪽으로 드는데 무릎은 그대로 두고 발등이 바깥쪽으로 돌아 나간다. 손을 위로하여 장심이 밖을 향할때 두손을 벌려 하트 모양으로 둥글게 어깨선 높이까지 벌린다.
- 시선은 오른발과 손에 있다.

## 제88식 쭈어-취-시-워-슈왕-추안
### (左曲膝握雙拳:좌곡슬악쌍권)

○ 오른발을 접어 뒤로 빼서 발가락 끝을 땅에 놓는다. 두손은 주먹을 만들어 옆구리에 가져다 놓는다. 주먹의 상태는 네 개의 손톱 위에 엄지가 와 있다.
- 허리의 방향은 정서쪽이고 무게중심은 모두 왼발에 있다. 시선은 정서이고 눈의 감각은 두 손에 있다.
□ 주의: 팔꿈치가 어깨선을 넘지 않도록 한다.

## 제89식 슈왕-펑-꾸안-얼
### (雙風貫耳:쌍풍관이)

○ 무게중심이 뒤쪽으로 이동하면서 오른발 뒷꿈치가 땅에 닿고 허리가 오른쪽으로 돌면서 왼발이 오른쪽으로 돌고 이어서 오른발이 오른쪽으로 돌아서 정동을 향한다.(180도 돌아간다) 왼발은 동북북을 향한다. 손이 돌아서 안쪽으로 꺾이면서 허리위로 올라와 자신눈높이에 오고 두 주먹이 손등을 마주하고 있으며 얼굴만한 간격을 둔다.
- 허리방향은 정동쪽이고, 무게중심은 오른발에 3분의 2가 있으며, 시선은 정동이다. 눈의 감각은 두손에 있다.

## 제90식 빠오-치우-따이-쭈어-시
### (抱球帶左膝:포구대좌슬)

○ 제86식과 같고 방향은 반대이다

동작 1    동작 2

# 제91식 쭈어-떵-지아오(左蹬脚:좌등각)

○ 제87식과 같고 방향은 반대이다

## 제92식 요우-추-시-워-슈앙-추안
### (右曲膝握雙拳 : 우곡슬악쌍권)

○ 제88식과 같고 방향은 반대이다

## 제93식 슈왕-펑-꾸안-얼
### (雙風貫耳:쌍풍관이)

○ 제89식과 같고 방향은 반대이다.

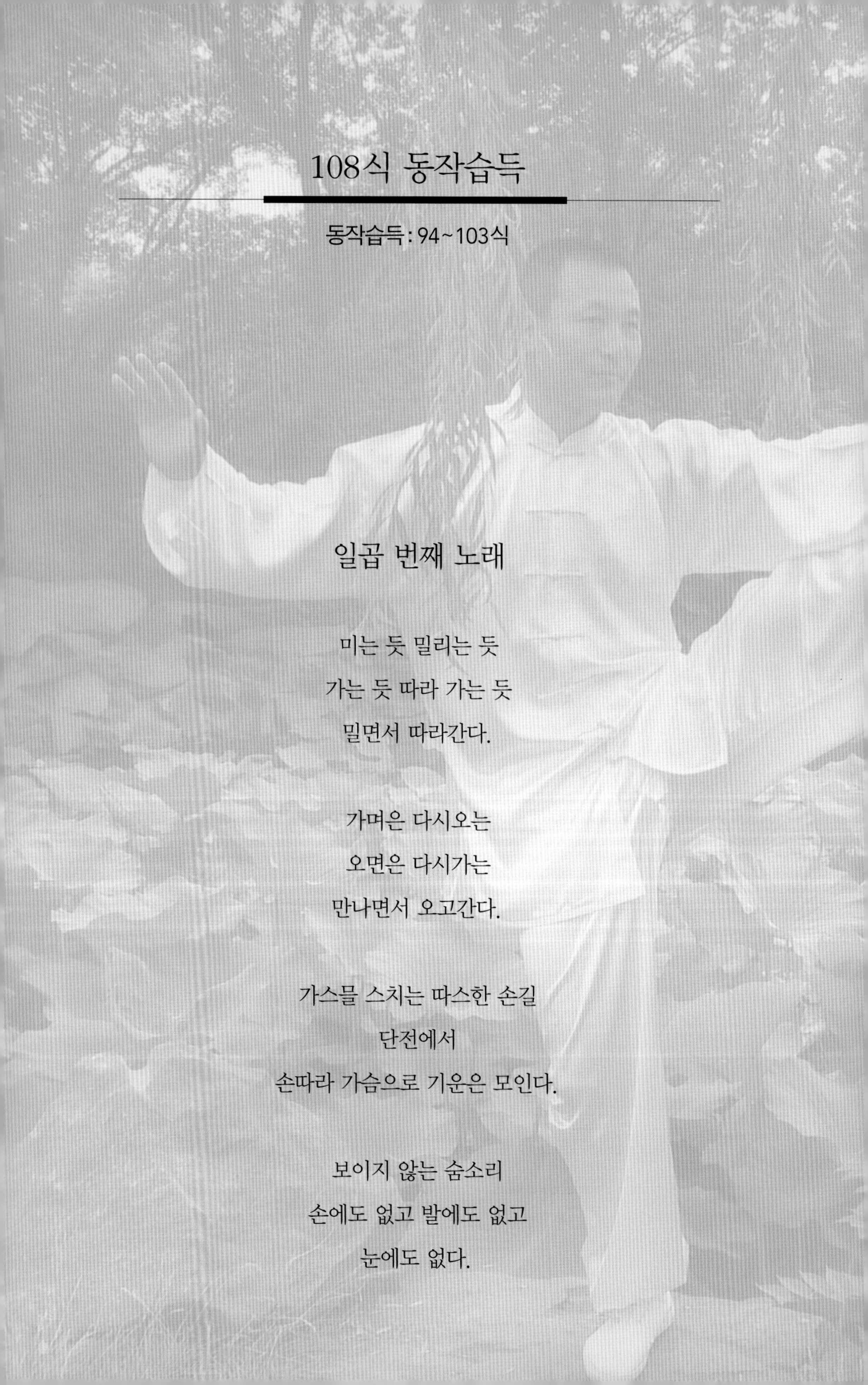

## 108식 동작습득

### 동작습득 : 94~103식

### 일곱 번째 노래

미는 듯 밀리는 듯

가는 듯 따라 가는 듯

밀면서 따라간다.


가며은 다시오는

오면은 다시가는

만나면서 오고간다.


가스믈 스치는 따스한 손길

단전에서

손따라 가슴으로 기운은 모인다.


보이지 않는 숨소리

손에도 없고 발에도 없고

눈에도 없다.

# 제94식 치-린-청-씨앙(麒麟呈祥:기린정상)

○ 허리가 오른쪽으로 이동하며 오른쪽 발가락이 오른쪽으로 돌고 발가락 방향이 동북쪽이 된다. 왼발은 무릎이 약간 굽어진 상태이다. 오른손은 오른발무릎위로 쭉 펴 올려서 꽃봉우리 모양을 하고 있다. 왼손의 장심은 오른쪽 가슴 앞쪽에 10cm정도에 위치한다
- 허리는 정북을 향해있고, 무게중심은 오른쪽으로 이동하여 5분의 4가 오른발에 있다. 시선은 오른손을 본다.

동작 1

동작 2

동작 3

## 제95식 쭈어-시아-쓰(左下勢:좌하세)

○ 오른쪽 발가락이 왼쪽으로 돌아서 서북쪽을 향한다. 왼손 장심이 대각선으로 몸통을 아래로 지나간다. 아랫배를 지날 때 손바닥이 뒤집히면서 손가락이 앞쪽을 향한다. 이때부터 몸 중심이 앞발로 이동하면서 손가락이 복부 높이에서 앞을 향한다. 왼손가락이 정면을 향하고 오른손가락은 그 모양을 그대로 유지한다.

동작 1

동작 2

# 제96식 진-지-뚜-리(金鷄獨立:금계독립)

○ 몸의 중심이 앞으로 가면서 오른발 뒷꿈치가 땅에서 떼어지고 이어서 발가락이 떼어진다. 무릎을 앞으로 쭉 들어올려서 허벅지와 직각이 되도록 올린다. 이때 발등이 앞을 향하게 한다. 오른손은 오른발 무릎 앞으로 와서 손이 무릎을 당겨오듯이 무릎이 직각이 될 때쯤이면 장심을 앞을 향하게 세워준다. 왼손은 서서히 내려가서 왼쪽 허리 옆에서 손바닥이 지면과 나란하게 한다.
- 허리의 방향은 정서쪽이고, 시선은 정면을 보고 눈의 감각은 양손에 있다.

동작 1

동작 2

# 제97식 치-린-청-씨앙 (麒麟呈祥:기린정상)

○ 제 94식과 같다

동작 1

동작 2

# 제98식 쭈어-시아-스(左下勢:좌하세)

○ 제 95식과 같다

## 제99식 쌍-뿌-치-씽(上步七星: 상보칠성)

- ○ 오른발을 앞으로 가져와 발가락만 땅에 놓는다. 주먹인 오른손이 몸통 중앙 앞으로 오고 팔목 위에 왼손 장심을 놓는다. 두 손이 아랫가슴 높이에 위치한다.
- – 허리방향과 시선은 정서쪽이며, 무게중심은 전부 왼발에 있다. 눈의 감각은 두손에 있다.

동작 1

동작 2

# 제100식 투이-뿌-쿠아-후
## (退步跨虎:퇴보과호)

**동작 1**
○ 오른발을 뒤로 반보 정도 옮겨 발가락만 땅에 내려 놓는다.

**동작 2**
○ 오른쪽 발끝이 서북쪽을 향하도록 뒷꿈치를 내려놓으면서 허리가 오른쪽으로 돌고 무게중심이 오른발로 옮겨간다. 두손이 아래로 내려가 상복부 위치에서 어깨너비만큼 벌어진다. 허리의 방향은 정북이다.

**동작 3**
○ 허리가 왼쪽으로 돌면서 왼발을 들어 오른발 뒷꿈치 앞에서 자세가 낮아지며 발가락만 땅에 닿게 한다. 무게는 모두 오른발에 있다. 두손이 가볍게 주먹을 쥐고 가슴앞에서 얼굴만한 간격으로 손등을 마주하고 있다.
- 허리방향은 정서쪽이고, 무게중심은 모두 오른발에 있으며, 시선은 정면을 향하고 눈의 감각은 두손에 있다.

동작 1

동작 2

동작 3

## 제101식 쏘우-주완-선(手轉身:수전신)

동작 1
○ 왼발을 떼어서 뒷꿈치로 포물선을 그리며 약간 안쪽으로 놓는다.

동작 2
○ 허리가 오른쪽으로 돌아 왼쪽 발가락이 오른쪽으로 돌고 오른쪽 발가락과 닿아 삼각형이 이루어지도록 한다.

동작 3
○ 오른쪽으로 돌면서 몸의 중심이 왼발로 이동한다. 오른발이 돌아 발가락이 정남쪽을 향할 때 오른발은 멈추고 왼발꿈치가 떨어진다.

동작 1 동작 2

동작 4
○ 몸이 남쪽을 지나갈 때 왼발 발가락을 떼어서 오른발 발가락선 한보 앞지점에 놓는다.

동작 5
○ 왼발 발가락이 정서쪽으로 향하게 하고 왼발이 완전히 땅을 짚을 때 오른발 뒷꿈치가 떨어져서 서쪽을 향해 발가락으로 서게 된다. 손은 주먹이 쥐어져 있는 상태로 왼손이 오른 손등위로 교차된 상태에서 계속 돌아간다. 왼쪽 손바닥이 오른손목을 거쳐서 완전히 돈 다음에서 왼손 손가락 끝이 오른쪽 팔둑에 걸쳐져 있다. 손은 가슴높이이다.
- 허리방향은 서북향이고, 몸의 중심이 모두 왼쪽에 있으며, 시선은 오른손 등을 보고있다.
□ 주의: 한발이 완전히 땅 위에 짚어서 멈춰진 상태가 되기 전에는 다른 한발이 뒷꿈치가 떨어지게 되면 몸이 도는데 속도의 균형이 깨지게 되고 몸의 균형이 흐트러지게 된다.

## 제102식 요우-지아오-빠이-리옌
### (右脚擺蓮:우각파련)

○ 가볍게 오른발 끝을 땅에서 뗀 다음 직선으로 들어올린다. 이어서 발을 들어서 손을 살짝 찬다. 그리고 그 전의 모습으로 다시 돌아온다. 이때 손은 그대로 유지한다.

동작 1 　　　　　　　　　　　동작 2

## 제103식 완-꽁-써-후(彎弓射虎:만궁사호)

동작 1
○ 왼발 무릎을 굽히면서 자세를 낮추면서 오른발은 뒤로 쭉 뻗어 발끝을 내려놓는다.

동작 2
○ 무게중심이 뒤로 이동하면서 오른발을 짚는다. 이때 발꿈치가 동남향이 된다. 허리가 오른쪽으로 돌면서 허리방향이 정북쪽으로 향한다. 오른발가락 방향도 정북으로 향한다. 손은 허리가 돌면서 따라온다. 왼손은 어깨높이로 오른손은 안쪽에 있고 가슴높이이다.
 - 시선은 손을 보고 있다.

동작 1

동작 2

동작 3
- ○ 허리가 왼쪽으로 가면서 무게중심이 왼발로 옮겨온다. 손은 허리가 왼쪽으로 돌면서 따라온다. 이때 손바닥이 안쪽을 향해서 돌면서 두손의 장심이 자신의 얼굴을 향해있다.
- – 허리방향은 정서쪽이다. 무게중심의 3분의 2가 왼발에 있다.

동작 4
- ○ 허리가 오른쪽으로 돌면서 무게중심이 뒤로 이동한다. 두손이 바깥쪽으로 돌면서 두주먹을 만들고 오른손이 활시위를 당기듯 뒤로 당겨져온다. 오른손은 어깨선 높이로 장심이 밖을 향해있다. 왼손은 그대로 있다.
- – 허리방향은 정북이고 무게중심 3분의 2가 오른발에 가 있다.
- □ 주의: 두 무릎이 발가락이 수직으로 놓인다.

## 108식 동작습득

### 동작습득 : 104~108식

### 여덟 번째 노래

발의 열기로 하늘을 식히고
손의 기운으로 땅을 녹인다.
가슴의 따스한 차가움 나의 모습이다.

보이지 않는 곳에서 시작된
나의 모습
보이는 곳에서 사라진다.

온곳이 없이 떠나가는데
다시 간곳이 없이 돌아오는데
나는 여기에 있다.

하늘의 문 정수리
땅의 문 용천 발
사방의 문 닫으니 눈에 들어오는 모든 것

## 제104식 찐-깡-슈앙-쏘우
### (金剛雙手:금강쌍수)

○ 먼저 허리가 오른쪽으로 돈다. 팔은 그대로 따라 온다. 이어서 왼쪽으로 허리가 돌면서 몸의 중심이 왼쪽으로 옮겨간다. 오른발이 왼쪽으로 돌아서 발가락이 서북쪽을 향해있다. 왼손은 구부러지고 오른손은 펴진다.
- 허리방향이 정서쪽. 무게는 오른발에 3분의 2가 있다. 시선은 정서쪽이고 눈의 감각은 두손에 있다.

동작 1

동작 2

동작 3

## 제105식 루-펑-쓰-뻬 (如封似閉 : 여봉사폐)

**동작1**
- 먼저 허리가 오른쪽으로 돌면서 무게중심이 오른쪽으로 옮겨온다. 왼쪽 발가락이 오른쪽으로 돌면서 서북을 향한다. 손이 밖으로 뒤집히면서 주먹이 펴지고 두손의 간격이 벌어지면서 장심이 아래를 향하여 양무릎을 덮듯이 상복부 높이에 위치한다.
- 허리의 방향은 동북북이고, 무게중심이 3분의2가 오른발에 있다.

**동작2**
- 허리가 왼쪽으로 돌면서 무게중심이 왼발로 이동한다. 허리가 왼쪽으로 돌았을 때에 왼발이 풀리지 않게 한다. 무게중심이 왼발로 간다.
- 허리의 방향은 서북이고, 무게중심은 모두 왼발에 있다.

**동작 3**
- 오른발을 옮겨와 어깨 너비옆에서 발가락을 짚는다. 왼발과 평행이 되는 지점이다. 두손은 오른손 안에 왼손이 올라와 겹친 상태로 장심이 얼굴을 향하고 있다.

동작 1

동작 2

동작 3

## 제106식 쓰-즈-쏘우(十字手:십자수)

○ 오른발로 몸무게가 이동하면서 오른발 뒤꿈치를 밟는다. 오른발이 정북을 향한다. 왼발의 발가락을 오른쪽으로 돌려서 정북을 향하게 한다. 손은 완전히 십자가 되어 장심은 얼굴을 향하고 있다.
- 무게중심은 가운데 있으며, 시선은 앞을 보고 눈의 감각은 손에 있다

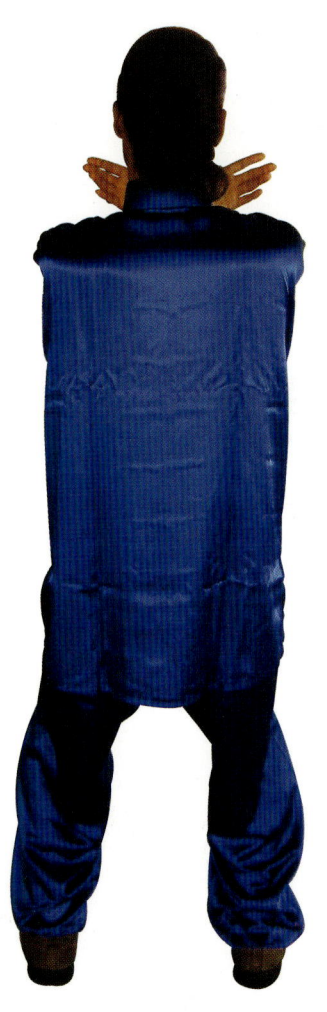

# 제107식 우-지-쭈앙 (無極椿 : 무극장)

○ 두 손이 서로 바깥쪽으로 돌고 왼손의 장심이 오른손등에 놓인다. 손을 아래로 누르듯이 내리고 무릎은 점점 편다. 손이 완전히 풀려서 원 자리로 가게 되면 무릎도 완전히 펴진다.
- 시선은 그대로 앞을 본다. 눈의 감각은 온몸의 텅빈 상태를 의식한다.

동작 1

동작 2

동작 3

## 제108식 쏘우-쓰(收勢:수세)

○ 제 2식과 반대이다.

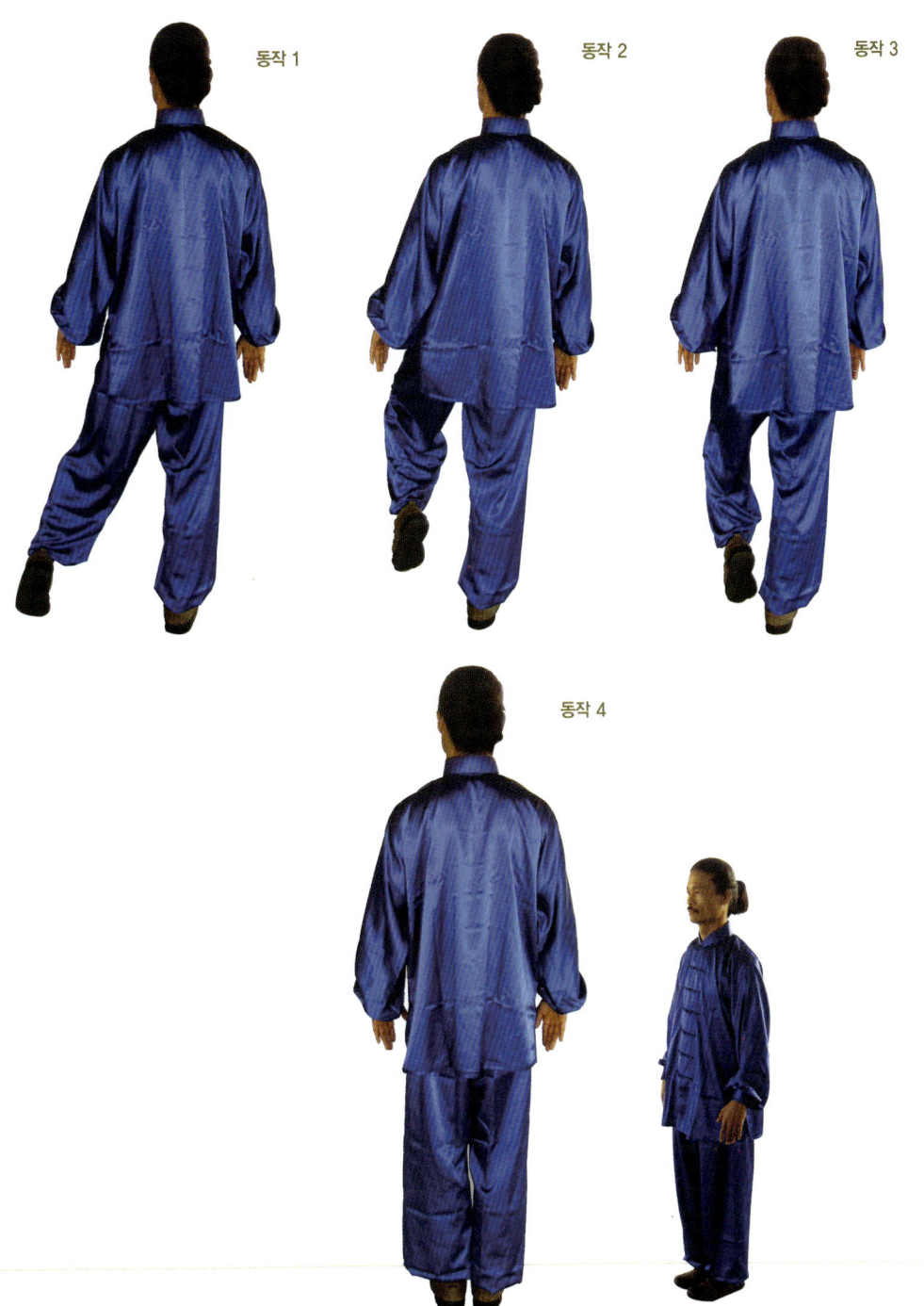

# ■ 108식 동작교정 (108式動作矯正)

## 교정1) 보법과 방향〔步法與方向〕

보법은 타오-루를 수련하는 동안 동작이 시작되는 지점이다. 발이 땅에서 어떤 모양으로 떨어지고 다시 땅위에 짚는 모양에 의해서 몸의 전체적인 방향이 정해진다. 발 짚는 모양에 따라 허리에 닿는 관절의 기운이 달라진다. 요추(腰椎)를 중심축으로 허리에 형성되어지는 기운에 의해서 동(動)과 정(靜)이 조화로운 부드러운 동작이 만들어진다.

태극수련에서 발모양을 정확하게 한다는 것은 이미 태극선인(太極仙人)이 되어가는 태극선경(太極仙境)에서 소요하는 태극수련자라고 부를 수 있다. 108식 태극수련에서 발모양은 발을 짚을 때 앞발가락 부위가 먼저 땅에 닿고 이어서 발의 중심 부위 그리고 마지막에 뒷꿈치가 땅에 닿는다. 이러한 발 짚는 법의 동작이 주류를 이루고 적은 경우의 뒷꿈치가 먼저 땅에 닿기도 한다.

발을 들어 올릴 때는 뒷꿈치가 먼저 땅에서 떨어지고 마지막에 발가락 끝을 들어 올린다. 발이 땅에서 완전히 떨어진 다음 무릎을 구부리면서 옮겨간다. 발을 들어서 옮길 때 같은 속도로 한다. 발이 땅에서 떨어지자마자 곧바로 옮겨가서는 안 된다. 발을 들어 옮겨서 땅에 짚을 때도 완전히 옮겨 간 다음 땅에 내려놓는다. 옮김과 동시에 땅을 짚어서는 안 된다.

이러한 보법의 기준은 전신을 균형 있는 운동과 순조로운 기혈의 통창을 통해서 심신건강의 양생효과와 성명쌍수의 천인합일을 성취하기 위한 목적에 있다. 쉬운 보법으로 태극수련을 해도 양생과 합일의 효과를 얻게 되지만 그 효과 면에서는 크게 차이가 있다.

타오-루의 순서대로 명칭과 함께 방향을 정리한다. 방향표시 방법은 타오-루를 시작할 때 정면을 정남으로 설정한다. 본래 정남인 방향에 맞추어 시작동작의 정면이 되게 하라는 것이 아니라, 어느 방향을 정해서 하더라도 시작할 때 정면으로 설정되는 방향을 정남으로 인정하는 것이다.

방향을 표시할 때 여덟 가지로 구분해서 기억한다. 정남(正南), 정북(正北), 정동(正東), 정서(正西), 동남(東南), 서남(西南), 동북(東北), 서북(西北)이다. 동남은 정동과 정남의 중간 지점이다.

이와 같이 전체 방향을 모두 8가지 방향으로 구분해서 타오-루 수련을 진행한다. 이때 너무 확실하고 자로 잰 것처럼 방향을 고집할 필요는 없다. 큰 범위에서 벗어나지 않으면 된다.

타오-루 수련을 하는 동안 처음부터 끝까지 방향을 의식하면서 진행해야 된다. 진행 중간에 방향에 대한 의식이 사라지게 되면 남은 동안의 수련이 방향에 있어서 혼란스럽기 쉽다. 오랜 기간 반복 수련으로 완전히 자리를 잡게 되면, 그때부터는 방향을 의식하지 않아도 자연스럽게 정해진 방향 따라 타오-루의 수련이 진행된다.

## 교정2) 수법과 허리〔手法腰椎〕

108식 타오-루 교정에서 보법과 방향이 잘 다듬어진 다음에, 허리에서 형성되어 척추와 어깨, 팔, 손목, 장심, 손가락으로 이어지는 기운이 순조롭게 운용될 수 있도록 손쓰는 방법과 허리 돌아가는 변화를 잘 익혀야 된다.

발 뒷꿈치에서 시작되는 기운이 허리에서 기운으로 만들어져 손에서 모양으로 나타난다. 손의 변화는 요추를 축으로 허리가 좌우로 돌면서 형성되어지는 기운에 의해서 피동적으로 나타나는 현상이다. 손이 독립적으로 의지력을 띠고 모양을 만들어내는 것이 아니다.

허리의 기운이 손끝까지 잘 전달될 수 있게 하려면 허리 위로의 모든 부위에 힘을 빼고 허리의 기운이 움직이는 대로 따라가야 된다. 만약에 조금이라도 어깨나 팔 또는 손목에 힘을 주게 되면 허리의 기운이 손으로 전달되어지는 것을 차단시키게 된다.

그것은 "기가 가는 곳에 혈이 따라 간다〔氣到血到〕"는 생명체의 기본현상이다. 때문에 근육에 힘이 들어가게 되면 기가 움직이지 않게 된다. 여기서 말하는 혈(血)은 근육, 관절, 뼈, 오장육부, 피부 등 전신을 구성하고 있는 물질요소의 모든 것을 다 포함한 개념에서의 혈이다.

108식 타오-루의 태극수련을 하는 동안 허리는 좌우로 45도 정도의 회전 폭을 형성하면서 타오-루가 시작되는 처음부터 마지막 제108식의 동작이 끝날 때까지 정체됨이 없이 변화한다. 이것 또한 태극수련의 중요한 특징 중 하나이다. 마치 호수 물위에 잔잔히 바람의 물결이 끊임없이 이어지는 것처럼, 바다에서 거친 파도가 끝임없이 큰 굴곡을 이루면서 출렁거리듯이 타오-루 수련을 하는 동안 허리의 변화는 그와 같이 끊임없이 이어져야 된다.

현재 유행하고 있는 태극문파 중에서 대체적으로 큰 파도와 같은 허리의 율동이 이루어지면서 진행되는 것을 진가태극권(陳家太極拳)이라 하고 호수 위의 물결처럼 같은 속도로 이어지는 것을 양가태극권(楊家太極拳)이라 한다. 오가(吳家), 손가(孫家), 병가(丙家) 등 기타 문파의 태극권도 양가의 모양에 가깝다. 이 둘의 차이는 한 동작 사이에서 속도가 만들어내는 변화폭의 현상이 다르며 내면에서는 호흡의 강유(剛柔)현상이 선명한 차이로 일어난다.

본 책은 주된 목적이 심신양생(心身養生)에 있기 때문에 누구나 쉽게 할 수 있으면서 태극세계에 소요할 수 있게 하는데 있기 때문에 본 책에서 소개하고 있는 108식 타오-루는 그 강유의 변화가 양가식에 가까운 태극권이다.

타오-루 입문수련을 하는 동안 가장 많이 틀리는 부분이 손 폭이다. 손 폭을 너무 크게 벌리다보니 허리의 변화에 미처 따라가지 못하게 된다. 그런 결과 손이 제자리에 올 때를 기다리는 시간의 공백 때문에 허리가 멈추어 있게 된다.

손 폭의 조절은 팔목과 팔꿈치로 한다. 타오-루를 하는 동안 팔목이 몸통선의 앞쪽에서 움직여야한다. 만약에 팔목이 몸통선의 뒤쪽으로 돌아가게 되면 허리의 회전에 맞추어 손이 제자리에 오기가 어렵게 된다. 이러한 뒤쪽으로 돌아가는 현상이 생기는 것은 어깨에 너무 힘이 들어가거나 아니면 허리의 기운이 팔목으로 이어지지 않는데서 비롯된다.

팔목이 제대로 되었어도 손의 모양이 허리의 회전보다 늦는 경우는 허리를 너무 빨리 회전하거나 아니면 팔꿈치의 모양이 잘못되어진 경우가 많다. 타오-루 수련을 하는 동안 대부분의 경우 팔꿈치 끝은 아래를 향하고 있어야 된다.

태극수련을 하는 동안 겨드랑이를 띄우는 것은 매우 중요하다. 그 이유는 다음과 같다.

첫째, 호흡기능을 돕기 위해서이다. 겨드랑이를 붙이면 옆구리를 압박하여 호흡을 방해한다.

둘째, 겨드랑이를 붙이면 허리와 척추를 중심축으로 손과 발을 움직여야 할 때 힘이 들어가 원활한 움직임을 방해한다.

셋째, 태극권을 하는 동안 기운이 발의 뒤꿈치에서부터 다리를 따라 위로 올라와 골반을 거쳐 허리에서 힘으로 만들어진다. 허리는 태극권의 힘이 나오는 발원지이다. 힘의 시작점은 발뒤꿈치이고 그 기운은 척추와 양쪽 등선을 따라서 위로 올라와 등, 어깨, 팔, 손목을 거쳐 손에서 힘으로 표현된다. 표현되는 중심점은 장심과 손등과 손가락 부위다. 겨드랑이를 붙이면 이러한 기운이 도는 것을 방해한다.

넷째, 몸 안에 있는 독소가 외부로 배출되어지는 부위 중에 한 곳이 겨드랑이이다. 겨드랑이를 붙이고 태극수련을 하면 탁기를 정화시키는데 방해가 된다.

## 교정3) 눈〔眼隨陽手 目光活現〕

눈은 마음이 밖으로 전달되는 통로와 같은 곳이다.
108식 타오-루를 수련하는 동안 눈빛은 살아서 빛나야 된다.
눈은 어디를 보는가!
양(陽)의 손을 보아라!
두 손이 한 식에 한 번씩 음과 양으로 교차한다.
밖을 향해 나가는 손은 양이고
안을 향해 들어오는 손은 음이다.
임맥(任脈)은 손이 음양으로 변화되어지는 기준선이다.
임맥은 수직으로 앞몸의 중앙선이다.
음인 손이 양인 손과 교차하는 지점에서 눈빛이 따라간다.
두 손이 교차하는 동안은 그 전체를 음으로 보아라!
두 손이 교차하는 동안은 그 전체를 양으로 보아라!
두 손이 교차하는 동안은 그 전체를 태극으로 보아라!
양의 손이 눈과 멀어질 때 그 손의 느낌을 본다.

양의 손이 어깨선 밖으로 향할 그 손의 느낌을 본다.

눈은 양의 손을 따라가되 목은 바른 자세로 있다.

눈은 양의 손의 검지 끝을 본다.

밝게 빛나는 눈

그러면서 만물을 포용하는 눈

그 눈빛은

손끝에서 태극을 이룬다.

### 교정4) 몸통〔尾閭正中 舍胸撥背〕

몸통을 태극수련에서는 골반부위와 등가슴부위로 나누어서 교정한다. 등가슴부위는 흉추를 중심으로 어깨선이 펼쳐져 있는 등과 가슴부위를 뜻한다.

골반부위는 위로는 요추와 연결되어 있고 아래로는 대퇴부와 연결되어 있는 부위로 태극수련에서 힘이 만들어지는 지점이다. 골반 끝에 붙어 있는 작은 뼈를 미여(尾閭)라 한다.

뾰쪽하게 아래로 나와 있는 미여의 끝부분이 회음(會陰)을 수축하면서 회음주위를 위로 받쳐서 빨아올리면서 아랫배는 안으로 들어가고 요추는 뒤쪽으로 펴지면서 아래를 향하고 있던 미여의 끝부분이 앞쪽을 향하게 되면서 척추가 모두 곧게 펴지게 된다.

제3식 타이-지-쭈앙의 자세가 시작되면서 만들어진 이와 같은 모양은 제107식 우-지-쭈앙에 이르기까지 지속적으로 유지하고 있어야 된다.

타오-루를 하면서 유지하고 있는 이러한 자세에서 단전에 기운이 형성되어 진다. 만약에 이처럼 자세를 유지하지 않고 요추가 안으로 들어간 상태로 회음에 힘의 받침이 없이 수련할 경우 단전에 기운을 얻기도 쉽지 않고, 많은 양의 반복수련을 할 경우 잘못하면 독맥의 기운으로 순조롭게 운행되는 것을 방해하게 되어 건강을 해칠 수도 있게 된다.

태극권의 타오-루 수련을 하는 동안 가슴을 약간 움츠리듯 하고 등을 편듯한 자세를 유지한다. 이러한 자세에서 태극의 기운이 수련자의 동작과 조화를 이루게 된다.

## 교정5) 균형과 속도〔五弓合一 連貫圓活〕

　　태극권의 타오-루 수련에서 전신을 다섯 부분으로 나눈다. 두 손, 두 발 그리고 허리이다. 태극권에서 허리를 말할 때는 하복부를 포함한다. 허리를 중심으로 아래로는 두 발이 위로는 두 손이 움직이면서 작게는 온 몸의 기운을 통창시키고 크게는 태극수련자와 우주가 운기(運氣)로 형성되어지는 기운(氣運)에 의해서 천일합일이 이루어진다.

　　타오-루 수련은 끊임없이 움직이고 있는 상태로 순간마다 온 몸이 다함께 움직이게 된다. 그래서 어느 순간을 포착해서 그 자세를 보더라도 균형이 잡혀있어야 된다. 균형이란 태극의 이치에 맞는 몸의 자세가 되어 있어야 한다는 뜻이다.

　　잘 균형이 잡힌 자세들로 이어지는 몸의 흐름에서 정기신(精氣神)이 조화를 이루면서 성명쌍수(性命雙修)가 되어진다.

　　진가권의 태극수련은 강의 빠름과 유의 완만함이 조화를 이루면서 진행된다. 양가권은 부드러움을 기본으로 지속되는 동작이라서 속도의 변화가 선명하게 드러나지 않는다. 불이태극권의 108식은 양가권의 속도변화와 비슷하다.

　　손, 발, 허리 등, 몸으로부터 만들어지는 태극권의 외형이 완숙되어지면 기운이 안으로 형성되면서 오장육부를 건강하고, 육체가 청정(淸淨)하여 동정(動靜)이 순일하고 음양(陰陽)이 조화를 이루면 마음이 정화되면서 생명(生命)의 본성(本性)이 일깨워진다.

---

**응제왕**

중국철학은 인간중심이다. 지인은 마음을 거울과 같이 쓴다. 장자 속에서 황제는 직위의 황제보다는 모든 사람을 말하는 것이다. 사람이 어떠한 마음을 가져야 하는 가? 거울과 같아야 한다. 거울은 자신이 인위적으로 사람을 불러오거나 하지 않는다. 그러나 사람이 스스로 찾아오는 것이다. 또 오는 사람을 다 받아주고 숨기는 바가 없다. 그 사람의 행위 자체를 그대로 보여주는 것이다. 사람이 오고 어떤 행위를 하도록 봐주는 것은 누구나 할 수 있는 것이다. 그러나 그 사람이 하는 행동을 있는 그대로 보여주지는 못한다. 사람들의 행동을 있는 그대로 보여주는 것은 그 사람의 본성을 깨우치는데 도움을 주는 것이다. 이렇게 하더라도 손상됨이 없다.

**음양수련 1**

# 음양수련 陰陽修煉

태극음양의 원리에서 만들어진 투이-쇼우 수련법은 한 사람은 양의 기운을 대표하고 또 한사람은 음의 기운을 대표하여 수련하게 된다. 현상의 모습으로 보았을 때는 두 사람이서 무술운동을 하고 있는 것처럼 보이지만 그 내면에서는 음과 양의 두 기운이 서로 밀고 당기고 돌리면서 발생하는 기운으로 하나의 원만한 태극이 만들어지게 된다.

## 투이-쇼우(推手)

    태극권에서 투이-쇼우 수련법은 다른 문파에 없는 태극을 연마하는 독특한 수련법으로 두 사람이 함께 운기의 조화를 이루면서 진행한다는 점이 특징이다.

    태극권은 태극도표에 드러난 모습처럼 둥근 원으로 구성되어 있는 태극 안에 춤을 출 때 두 손이 지나가는 모양으로 그어져 있는 한 줄의 선에 의해 태극은 양면으로 나뉘어진다. 한면을 음(陰)이라 하고 또 한면을 양(陽)이라 부르며 이 둘은 태극을 형성하는 중심 내용으로 음과 양이 서로 평형을 유지하면서 나타나는 태극의 모양은 균형이 잡힌 그러면서도 끊임없이 변화되어지는 체용(體用)의 관계성을 잘 표현하게 된다. 이러한 태극음양의 원리에서 만들어진 투이-쇼우 수련법은 한 사람은 양의 기운을 대표하고 또 한사람은 음의 기운을 대표하여 수련하게 된다. 현상의 모습으로 보았을 때는 두 사람이서 무술운동을 하고 있는 것처럼 보이지만 그 내면에서는 음과 양의 두 기운이 서로 밀고 당기고 돌리면서 발생하는 기운으로 하나의

원만한 태극이 만들어지게 된다.

　태극수련은 부드러움과 유연함을 입문의 기본으로 삼고 있어서 처음 태극수련을 할 때 온 몸에 힘을 빼게 되고 그로인해 밖으로 풍겨 나오는 기운은 차단하고 안으로 변화되어지는 기운을 모아서 정기신(精氣神)이 원만히 성취될 수 있도록 쓰인다. 태극수련의 일차 목적이 이처럼 내면의 기혈을 통창시키고 마음을 정화하여 심신건강의 양생효과와 성명쌍수의 천인합일을 성취하는데 있어서 그러한 수련의 효과를 극대화시키기 위해 투이-쇼우 수련법이 나온 것이다.

　먼저 108식 타오-루의 입문, 습득, 교정을 마친 다음 상당량의 반복된 수련으로 전신의 기운이 원활하고, 또 한편으론 정좌수련을 통해서 명상의 깊이가 어느 정도 경지에 올라있고, 경전연구를 통해 지혜가 이미 번뇌와 본성을 둘이 아닌 도리의 심지(心地)에 와 닿았을 때 투이-쇼우를 수련하게 되면, 둘이 함께 천인합일의 도에 계합되는 묘미를 얻게 된다. 투이-쇼우의 구체적인 수련법은 본 책의 다음 편인 ≪쉽게 운기하는 전통 108식 不二태극권≫에서 자세히 밝힌다.

　투이-쇼우 수련하는 장면의 사진은 저자(정암)가 1995년도에 진가태극권의 대가인 천-완-이(陳萬義)선생을 북경대학교에 초빙해서 함께 시연하던 모습이다. 태극수련자의 안목을 돕기 위해 실는다.

### 음양수련 2
# 음양수련의 응용

생명은 음과 양의 만남으로부터 탄생되어진다. 아버지의 정(精)과 어머니의 혈(血)이 기초가 되어 우주의 본체인 태극의 기운과 만나 새로운 생명이 시작된다. 성장하면서 신체 구조뿐만 아니라 정신의 의식분별 또한 남자와 여자 간에 성적인 차이를 보이는데, 이러한 현상을 우주와 자아가 둘이 아니라는 불이의 근본 도리에서 비추어보면 우리 인간은 뚜렷하고 상대적인 의식이 형성됨으로 인해 태어남에서 죽음으로 변화하여 간다고 볼 수 있다.

자연환경 속에서  거실에서  침실에서  의자에서

　　생명은 음과 양의 만남으로부터 탄생되어진다. 아버지의 정(精)과 어머니의 혈(血)이 기초가 되어 우주의 본체인 태극의 기운과 만나 새로운 생명이 시작된다.

　　성장하면서 신체 구조뿐만 아니라 정신의 의식분별 또한 남자와 여자 간에 성적인 차이를 보이는데, 이러한 현상을 우주와 자아가 둘이 아니라는 불이의 근본 도리에서 비추어보면 우리 인간은 뚜렷하고 상대적인 의식이 형성됨으로 인해 태어남에서 죽음으로 변화하여 간다고 볼 수 있다.

　　중국의 신선술이 발전하면서 다양한 장생의 비법들이 세상 곳곳에 드러나기 시작했는데 남녀가 함께 음양의 조화를 이루면서 불로장생하는 수련법은 세인의 지대한 관심 속에서 오늘날까지 전해 내려오고 있다. 그 중에 남녀가 함께 음양의 조화를 이루면서 태극권을 수련하는 태극음양수련이 있다.

　　이 장에서는 생활 속에서 연인들이 쉽게 태극의 기운을 모아 원기를 회복하고 애정을 고차원적으로 승화시킬 수 있는 몇 가지 수련법을 소개한다.

# 1. 자연환경 속에서

자연환경 속에서 사랑하는 연인이 함께 태극권을 통해 내기와 외기를 조화롭게 운기조식하면 몸 안의 탁기를 외부로 배출할 뿐만 아니라 자연 속에 형성되어 있는 좋은 기분을 호흡과 모공으로 받아드리게 되어 활력 있는 생명 생활을 하는데 큰 힘이 된다. 이러한 태극수련 과정에서 몸과 마음이 함께 건강하고 지혜롭게 되어 두 사람의 연정도 그 깊이를 더하게 된다.

동작1 두 사람의 앞 발 안쪽이 서로 마주 닿게 가까이 하고 중심 위치에서 두 손목이 서로 맞닿게 한다. 호흡과 의식을 가다듬은 다음 두 손을 위로 올리고, 다시 원을 그리면서 남자 쪽으로 밀며, 이어서 다시 여자 쪽으로 민다. 이렇게 천천히 자연호흡하면서 3회~8회를 반복한다.

음양수련

동작2 발을 어깨 넓이로 벌리고 무릎을 가볍게 구부리며 허리와 목을 수직으로 바르게 편다. 두 손바닥이 서로 마주하게 가슴 높이에 두고 눈은 손가락 끝을 바라본다. 먼저 호흡과 의식을 편안하게 한다. 두 장심에 기운이 교감되면 먼저 남자가 팔꿈치를 펴면서 장심을 여자 쪽으로 민다. 이때 남자와 여자는 손의 움직임만 있으며 몸의 수직 상태는 그대로 유지한다. 다시 여자가 장심의 기운을 느끼면서 앞으로 쭉 민다. 손 움직임의 속도 가능한 느리게 한다.

동작3 앞발의 안쪽과 무릎을 서로 맞닿게 하고 자신의 중지 손끝을 지그시 바라본다. 호흡은 자연스럽게 하고, 의식은 손목, 무릎, 발이 서로 닿아 있는 곳에 모은다. 1분~3분을 유지한다.

동작4 두 사람의 발끝이 서로 닿게 하고 서로 맞닿고 있는 발의 무릎을 편다. 시야는 앞에 뻗어있는 손의 엄지에 둔다. 호흡은 자연스럽게 하고 의식은 닿아 있는 발끝에 둔다. 1분~3분을 유지한다.

동작5 서로 마주 보면서 한 발을 들어 무릎이 서로 마주하도록 가깝게 두고 두 손의 장심을 마주한다. 눈은 앞 손끝을 본다. 호흡은 자연스럽게 하고 의식은 두 장심 사이에 형성되어지는 기운에 둔다.

# 2. 거실에서

거실은 정감이 깨어있는 장소로 음의 양의 기운을 향상할 수 있는 좋은 태극수련 장소이다. 먼저 창문을 열어 바깥 공기가 거실의 공기와 교류할 수 있게 한다. 날씨가 추울 때는 10분가량 환기한 다음 창문을 닫고 수련에 임하고, 평소에는 창문을 적당히 열어둔 채 태극수련을 하면 된다. 날씨가 더울 땐 에어컨을 켜두어도 좋다. 매 동작이 끝날 때마다 1분간 휴식하고 다음 동작의 수련에 들어간다. 아파트 생활을 하는 경우에는 거실에서의 태극수련으로 우주의 원기와 자아의 생명이 하나로 교감할 수 있게 되어 더 행복한 사랑의 선경세계에서 육체의 한계를 초월해서 몸과 의식이 기에 의해 하나가 된 고차원의 사랑의 공성(空性)을 체험하게 된다.

동작1 (같이 안아서) 새끼손가락부터 안쪽으로 가볍게 말아드린다. 서로 두 손의 모양을 보면서 대화한다. 남은 한 손은 장심이 위를 향하도록 한다.

동작2 (마주 앉아서) 두 손을 가슴 높이로 들어 장심이 자신의 가슴을 향하도록 한다. 눈은 손가락의 윗부분을 본다. 호흡은 자연스럽게 하고 의식은 장심의 기운이 모아지는 것에 둔다. 1분~3분.
서서히 손을 돌려 장 심심이 서로 마주하도록 둔다. 눈은 지그시 감거나 또는 가볍게 뜨고 호흡은 자연스럽게 하며 의식은 두 장심의 기운이 서로 교감하는 데에 둔다. 1분~3분.
그런 다음 서로 차를 마시면서 대화를 나눈다.

# 3. 침실에서

침실은 연인의 정감이 안으로 사유하는 공간으로 음의 음이 고요함 속에서 원기를 북돋아주는 좋은 태극수련 장소이다. 침대 위에서 하는 태극수련으로 불빛과 음악을 자신들의 취향에 맞게 선택한다. 일반적으로 불빛은 노랑에서 붉은색 사이의 빛이 좋다. 음악은 사람 목소리가 없는 명상 음악이 좋다.
목욕이나 샤워를 한 후에는 약 30분이 지난 다음에 침실의 태극수련에 임한다. 가벼운 옷차림으로 실크처럼 속살이 은은히 비추어지고 손이 옷에 닿았을 때 몸 안의 기운이 느껴질 수 있는 복장을 한다.

동작1 남자는 침대에 허리를 기대고 발바닥을 마주 붙이고 무릎을 좌우로 벌린다. 여자는 그 사이에 두 발을 넣고 엄지와 식지로 만들고 있는 원의 고리가 서로 연결되어 있게 한다. 눈은 뜨고 서로를 마주보고 있거나 또는 지그시 감는다.
　호흡은 자유롭게 하고 의식은 고리를 형성하고 있는 두 손에 둔다. 1분~10분.

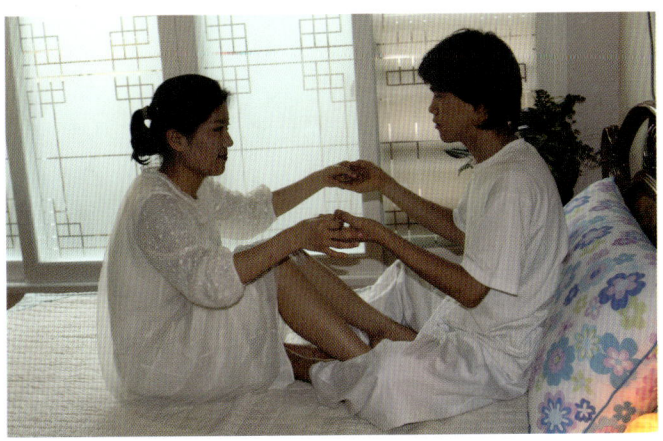

동작2 침대 위에 편안하게 앉아서 두 손을 상대방 가슴 앞에서 장심이 자신을 향하도록 둔다. 눈은 지그시 감거나 또는 자신의 모아진 손을 본다.

호흡은 자연스럽게 하고 의식은 두 손 장심에 모아지는 기운에 둔다.

1분~3분 후에 두 손을 서서히 뒤집어서 상대방의 가슴에 모아둔다. 이때 의식은 내 장심의 기운이 상대방의 몸 안으로 퍼져 들어가는 것을 느낀다. 1분~3분.

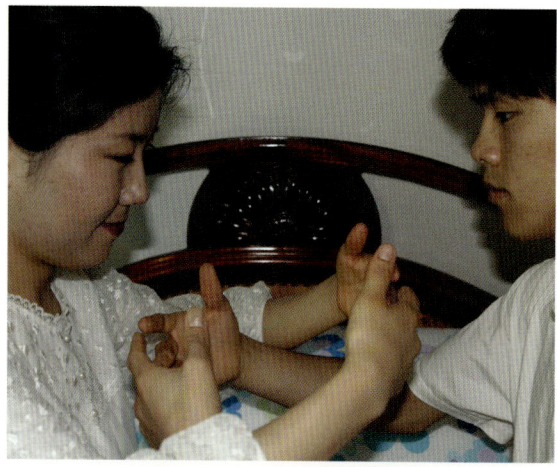
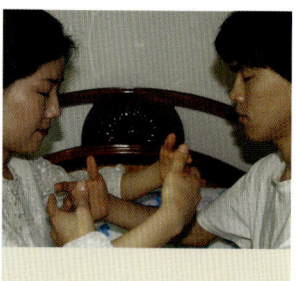
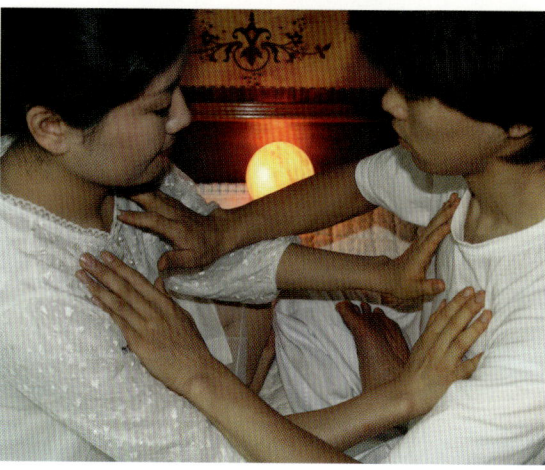
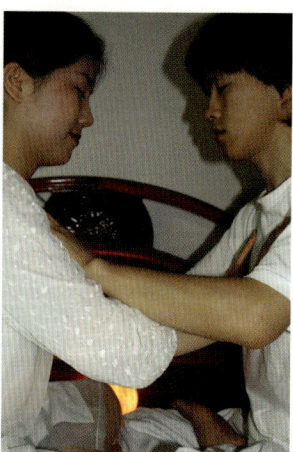

# 4. 의자에 앉아서

연인이 함께 여행하는 생활이 갈수록 많아지고 있다. 현대인은 자동차, 기차, 비행기, 선박, 극장 안에서 의자에 앉아 있는 시간이 많아지고 있다. 경우에 따라서는 10시간 이상을 비행기의 작은 의자에서 답답한 시간을 보내야하는 경우도 있다. 이때 연인 사이의 두 사람 간에 태극수련을 하게 되면 앉아있는 시간에도 심신을 돕는 원기가 왕성해질 뿐만 아니라 두 사람의 애정도 더욱 깊어지고 긴 시간의 무료함도 덜어진다.

동작1 마주 닿아 있는 두 사람의 손이 연결고리가 되게 하여 가볍게 발 위에 둔다. 서로 연결고리에서 형성 되어지는 기운을 의식한다. 눈은 지그시 감거나 또는 연결고리를 가볍게 응시한다.

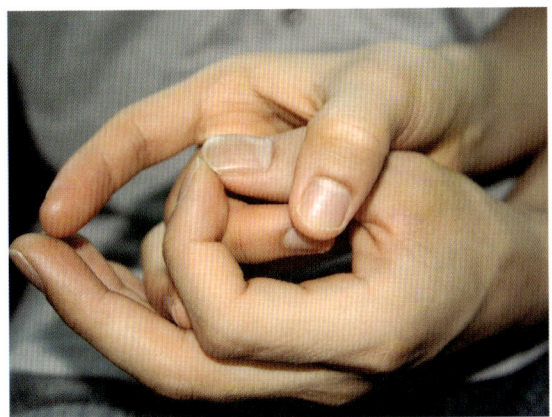 

동작2 맞닿아 있는 손바닥을 상대방의 무릎 위에 둔다.
이러한 상태로 가벼운 수면을 취하면 잠 속에서도 정의 기운을 함께 할 수 있다.

입 문 不 二 太 極 拳

# 부록편

**부록1**

# 태극수련을 돕는 차훈득기

굳어있는 몸으로 태극권 수련에 임했을 때 수련으로부터 얻어지는 건강효과도 크게 기대하기 힘들고 태극수련의 특징인 수련하면서 우주의 이치를 함께 깨우치어 광활한 우주를 무대로 이루어지는 소요자재의 인생의 묘미를 맛보기란 어렵게 된다.
굳어있는 몸으로 태극에 입문하는 사람들을 위해 여기에 전통 양생법 중에 하나인 차훈득기 수련법을 실는다. 차훈득기를 먼저 수련하고 이어서 태극권을 수련하면 건강한 몸과 지혜로운 마음을 성취하는데 큰 효과를 얻게 된다.

　　이미 나이가 중년에 접어들어서 태극권의 수련에 입문하는 사람들이 많아지고 있다. 21세기는 현재의 삶 속에서 인간의 최대의 행복을 성취하고자 하는 의식이 보편화된 사회여서 중·노년의 나이에도 가능한 건강한 몸과 깨어있는 의식으로 충만한 생활을 유지하려는 사람이 남녀 모두 많아지고 있다.
　　그러나 중년의 나이가 되면 몸의 많은 부분이 쇠약해지고 특히 손발의 사지는 무력함이 현저하게 들어난다. 대부분 유연하고 탄력 있는 관절과 인대가 딱딱하고 무기력해서 작은 부딪침에도 뼈가 부러지거나 뻣뻣해지는 경우가 많다.
　　이러한 굳어있는 몸으로 태극권 수련에 임했을 때 수련으로부터 얻어지는 건강 효과도 크게 기대하기 힘들고 태극수련의 특징인 수련하면서 우주의 이치를 함께 깨우치어 광활한 우주를 무대로 이루어지는 소요자재의 인생의 묘미를 맛보기란 어렵게 된다.
　　굳어있는 몸으로 태극에 입문하는 사람들을 위해 여기에 전통 양생법 중에 하나인 차훈득기 수련법을 실는다.
　　차훈득기를 먼저 수련하고 이어서 태극권을 수련하면 건강한 몸과 지혜로운 마음을 성취하는데 큰 효과를 얻게 된다.

차훈득기는 다음 네 가지의 탁월한 효과가 있다.

얼굴이 예뻐진다.
몸매가 아름답게 된다.
오장육부의 기능이 원활하게 된다.
깊은 명상에 몰입할 수 있다.

차훈득기는 차훈명상의 다섯 가지 가운데 첫 번째에 해당되는 수련법으로 원기를 회복하여 생명의 기운을 활성화시키는데 탁월한 효과가 있다.

# 1. 차훈득기의 삼대원리(三大原理)

차훈명상은 양생차훈법과 특별차훈법으로 구성되어 있다.

양생차훈법은 몸 전체의 기혈을 통창해서 심신건강을 돕는 수련법이고, 특별차훈법은 몸의 일정 부위 또는 특정 기능의 향상을 위한 수련법이다. 양생차훈법(養生茶熏法)은 모두 다섯 단계의 수련법으로 구성되어 있으며, 수련할 때마다 다섯 가지를 순서대로 모두 수련했을 때 가장 좋은 양생 효과를 얻게 된다.

다섯 가지의 명칭은 차훈득기(茶熏得氣), 도인호흡(導引呼吸), 선녀보기(仙女補氣), 정좌명상(靜坐冥想), 환귀원치(還歸原處)이다. 이 중에서 몸의 건강효과는 90% 이상이 차훈득기에서 얻어진다. 마음의 지혜를 향상하는 효과는 90% 이상이 정좌명상에서 얻어진다.

특별차훈법(特別茶熏法)은 다양한 방법이 있는데, 그 중에서 현대인이 필요로 한 얼굴을 예뻐지게 하는 미인차훈법(美人茶熏法), 불필요한 몸의 지방을 분해하는 통기차훈법(通氣茶熏法), 소화기능을 정화하는 단식차훈법(斷食茶熏法) 등 세 가지 수련법이다.

차훈명상 수련자가 기본적으로 알고 있어야 될 차훈득기에 대한 원리를 설명한다. 차훈득기는 몸의 건강에 탁월한 효과가 있을 뿐만 아니라 차훈명상의 중심수련법이다.

① 차기(茶氣)로 받아드림

차훈완의 뜨거운 물에서 차는 빠른 속도로 자신의 몸을 부풀린다. 뜨거운 물 기운이 찻잎에 스며들면서 찻잎 안에 내재하고 있는 영양요소들이 그 속에서 밖으로 뛰어 나온다. 그 중에서 차정(茶精)에 가까운 성분들은 수증기와 함께 물 위로 올라오고, 차육(茶肉)에 해당하는 성분들은 물속에 남게 된다.

차정(茶精)은 찻잎 속에 내재되어 있는 요소 중에서 가장 정밀한 것으로 비록 찻잎 속에 갇혀 있지만 항상 외부의 기운과 교감한다. 이것은 마치 사람의 마음이 몸에 갇혀 있지만 언제든지 밖의 사물과 통할 수 있는 것과 같다. 그래서 차정은 차(茶)의 정신(精神)에 해당된다. 동물, 식물이 모두 정신이 내재되어 있다. 돌이나 흙에도 나름대로의 정신이 깃들어 있게 된다. 식물 중에서도 차나무 '차수(茶樹)'는 우리 인간과 가장 잘 교감될 수 있는 차의 정신을 내재하고 있다.

선(禪)은 사람의 마음 중에서도 가장 핵심이 되는 본성을 일깨우는 수행이다. 자아 존재의 근원이 되는 생명의 뿌리를 찾기 위해 정진할 때 어느 사물보다 차(茶)는 선자(禪子)와 교감되고 있다.

이렇듯 차는 일개의 나무, 나뭇잎에 불과하지만 내 자신의 자성(自性)과 바로 계합되는 신령스러운 사물이다. 차훈을 할 때 바로 이러한 차의 정신을, 숨을 통해 몸 안으로 받아들이게 된다. 차훈을 할 때 차기(茶氣)를 코를 통해 몸 안으로 길게, 더 깊이, 가득 받아들인다.

몸 안으로 들어온 숨은 심장에서 공급되는 혈(血)과 함께 혈관을 따라 전신으로 공급된다. 내쉬는 숨은 이처럼 몸에 한 번 사용된 것을 밖으로 내 보내게 된다.

몸 안에서 발생하는 병은 대부분이 혈관의 기능약화와 불가분의 관계가 있다. 시간이 오래되면 하수도에 찌꺼기가 많아지면서 배수가 순조롭지 못하게 되듯, 사람의 혈관 또한 마찬가지이다.

나이가 중년에 도달하면 몸의 기능은 전반적으로 약화되기 시작한다. 그 중에서 하체관절과 모세혈관이 우선적으로 노약증세를 보인다. 하체관절의 노화현상도 모세혈관의 약화에 기인하고 있다. 신체의 노화란 세포의 팽창활동이 그만큼 작아지고 있다는 것이다. 당연히 혈의 공급이 부족하기 때문이다.

젊었을 때에 비해 먹는 음식양이 적어진 것도 아닌데, 영양섭취가 부족한 것도 아닌데, 영양이 필요로 하는 몸의 각 구석에는 필요한 만큼의 영양이 공급되질 않는다. 원인은 크게 두 가지이다.

하나는 위·소장·대장의 기능이 저하되어 있기 때문에 음식물에서 영양성분을 제대로 받아들이지 못한 것이다. 또 하나는 혈관의 약화이다. 비록 충분한 영양성분을 받아들일 수 있지만 전신으로 보내는 통로가 나빠서 충분한 양을 공급하지 못하게 되는 것이다.

혈관 안벽에 붙어 있는 찌꺼기를 차훈으로 받아드린 차기(茶氣)를 통해서 청소한다. 알고 보면 대청소에 해당된다. 재미있는 것은 수련 의식에서 차훈을 했을 때 차기(茶氣)가 혈관을 정화하는데 효과가 크다. 왜 그럴까?

의식이 강하게 차훈수련에 집중되어 있으면, 온 몸의 기혈이 함께 의식의 작용에 의해 차훈수련에 모아진다. 그리고 차훈하면서 혈관을 정화하겠다는 의식으로 형성되어 있기 때문에 그 의식을 따라 움직이는 기(氣)와 혈(血)은 모두 몸 안 구석구석에 분포되어 있는 혈관에 집중되어진다.

평소에는 의식이 산만한 상태로 그 중심점을 만들고 있지 않다. 다양한 일을 함께 진행하고 있을 때는 의식이 정신을 따라 긴밀하게 움직이지만 집중해야 될 곳이 많아서 한 힘으로 모이지는 않는다. 긴장하거나, 화내거나, 불쾌한 상태일 때는 의식이 기혈을 괴롭힌다.

먼저 머리 안에 담아 있는 모든 생각을 내려놓고 정·기·신(精氣神)을 조화롭게 안정시킨다. 그리고 차훈수련에 들어가면 혈(血)과 기(氣)는 신(神)과 함께 융합되어 의식하는 바에 따라 움직이게 된다. 의식이 가는 곳에 기가 모이고, 기가 가는 곳에 혈이 모인다. '의도기도, 기도혈도(意到氣到, 氣到血到)' 힘을 주는 곳에 근육이 강하게 작용하는 것도 같은 이치이다.

기혈이 정신을 따라 움직임이 순조로워지면 기(氣)수련에 입문했다고 할 수 있다. 정좌명상을 긴 시간 하지만 기의 움직임이 의식에 순응되지 않고 임의로 움직이게 되면 깊은 선정에 몰입되는데 방해되고, 건강에도 부작용이 생긴다.

이러한 생명이 지니고 있는 변화의 규율에 의해 수련 의식으로 들어간 후에 차훈을 수련했을 때 차기(茶氣)를 몸 안으로 받아들이는데 더욱 효과가 있다.

차훈득기의 수련으로 차기(茶氣)를 숨으로 받아들여 혈관청소를 하게 되는데, 이때 이미 몸 안에 내재되어 있는 기존의 탁기를 정화하고 호흡으로 발생할 수 있는 질환을 예방한다.

### ② 차열(茶熱)로 받아드림

차훈을 하는 동안 뜨거운 수중기와 함께 위로 올라오는 차열(茶熱)을 얼굴로 받아들인다. 얼굴은 오장육부와 연계된 경락이 많이 모여 있는 곳이다. 기(氣)의 경로인 경락은 혈(血)의 통로인 혈관처럼 전신에 분포되어 있고, 건강에 작용하는 기능 또한 혈관과 같은 비중이다.

경락과 혈관처럼 온 몸에 그물망처럼 퍼져 있는 것이 신경선이다. 신경선은 대뇌에서 뻗어 나온 큰 줄기가 척추를 따라 전신에 분포되어 있다.

경추(頸椎 : 목 부위)를 통해서 척추 밖으로 흘러나온 신경선은 머리·얼굴·어깨·팔·손 등 부위의 접촉과 반응을 대뇌에 알려주고, 다시 이곳에 의식을 전해주는 역할을 한다.

흉추(胸椎 : 등 부위)를 통해서 척추 밖으로 흘러나온 신경선은 폐·심장·간·위·소장·대장 등 몸통 부위의 접촉과 반응을 대뇌에 알려주고 다시 이곳에 의식을 전해주는 역할을 한다.

요추(腰椎 : 허리 부위)를 통해서 척추 밖으로 흘러나온 신경선은 골반·다리·발 등 하체부위의 접촉과 반응을 대뇌에 알려주고, 다시 이곳에 의식을 전해주는 역할을 한다.

이러한 신경선과 경락의 흐름은 서로 불가분의 관계를 맺고 있다. 기가 혈에 영양을 줄 때 먼저 신경선을 거쳐 전달된다. 신경선에 전달된 내용은 대뇌의식의 작용으로 나타난다. 강한 의식의 작용에 의해 기의 힘은 그만큼 크게 반응한다.

다시 말하면 기수련은 의식을 강하게 한 곳에 모으는 연습이기도 하다. 바로 정신이 한 곳에 모이면 무슨 일도 다 성취할 수 있다. '정신일도, 하사불성(精神一到, 何事不成)'는 의식을 말한다. 기공수련(氣功修煉)이 갖는 이러한 강한 의식작용 때문에 모든 것을 무분별(無分別)의 마음에서 선경(禪境)에 몰입해야 되는 선가(禪家)에서는 기공수련을 반대하는 이유이다.

건강에 효과적이고, 특별한 공능을 발휘할 수 있지만 기공은 유위(有爲)의 마음에서 만들어지는 작용이기 때문에 무위(無爲)를 기본으로 삼고 있는 선심(禪心)의 공부에는 방해될 수 있기 때문이다. 그래서 선(禪)·명상(冥想)으로 지혜를 일깨우고자 하는 수행자의 경우 기공수련으로 건강을 추구할 때, 그 수련법에 대한 이치를 잘 알고 받아드려야 된다. 그렇지 않으면 마음수행과 충돌될 수 있기 때문이다.

차열을 받아들일 때, 얼굴에 두는 의식을 무심(無心)으로 한다. 기공수련처럼 유위가 아닌 무위의 마음으로 수련한다. 즉 차훈 하는 동안 숨을 내쉴 때 차열이 얼굴에 와 닿는 것을 의식할 뿐 얼굴에 일어나는 각종 반응에 마음이 따라가지 않는다. 또한 차열을 얼굴 속으로 받아들인다는 의식도 두지 않는다.

차열로 인해 얼굴의 피부, 속살이 반응을 일으키면서 이곳에 분포되어 있는 경락을 자극하게 된다. 차훈을 하는 동안 마음과 몸이 이미 기수련의 상태에 진입되어 있는 상태여서 얼굴에 오는 차열의 기운은 전신의 경락으로 이어지며, 이러한 과정에서 경락의 운행이 순조로워지고 경혈(經穴)이 기운(氣運)으로 충만하게 된다.

차열수련은 먼저 생명의 원기(元氣)를 충만하게 하고, 그로부터 외형인 몸이 다스려지는 뿌리 깊은 수련 방법에 속한다. 차열수련은 몸의 기능을 원활하게 하는데, 가시적으로 보이는 가장 큰 효과는 얼굴이 예뻐진다.

### ③ 차수(茶水)로 받아드림

숨으로 차기를 받아들이고, 얼굴로 차열을 받아들인 다음 찻물을 마신다. 평소에 마시는 찻물에 비해 차훈수련을 한 찻물은 양생효과가 크다.

사물은 서로 교감한다. 사람은 사물과 교감을 하면서 그것을 받아들인다. 교감이 잘 되어진 사물은 나와 함께 접해 있으면서 내 생명에 좋은 영향을 미친다. 그러나 교감이 충분하게 이루어지지 않은 사물은 내 생명에 나쁜 영향을 미칠 수 있다.

옷·가방·이불·그릇·수저 등 일상생활에서 사용되는 용품도 나와의 교감은 중요하다. 특히 먹는 음식인 경우 더 말할 필요가 없다. 순반응의 교감이 일어난 음식을 먹으면, 소화가 잘 되고 영양성분으로 섭취도 잘된다. 반면 역반응의 교감이 일어난 음식을 복용하면 소화불량이 되고 흡수도 순조롭지 못하다.

무엇이 나에게 순반응을 일으키는 음식인가?
그것은 때와 장소와 사람에 따라 다르다. 음식이 고정화되어 있지는 않는다. 선천성의 원인으로 그에 맞는 음식이 있을 수 있지만, 살아오면서 변화되어진 후천성의 원인이 더 많이 작용하기 때문에, 이것은 내 체질에 맞는 음식이라 단정할 수 없다.
양생에 중요한 것은 사물을 어떻게 하면 내 몸에 순반응을 일어나게 하는 것이다. 원리적으로 말하면, 정신과 기혈이 안정되어 있을 때 나에게 다가오는 사물은 쉽게 순반응의 작용을 일으키게 된다. 또 하나는 교감이 쉽게 되는 물질일수록 순반응으로 작용할 수 있다.
물은 교감이 가장 잘 되는 물질에 속한다. 다른 음식물에 비해 물은 쉽게 나의 체질에 잘 부합되는 기운으로 전환된다. 의식을 물에 집중하고 있으면 그 물은 내면의 파장을 일으킨다.
의식을 많이 집중해준 화초가 더 잘 자란다는 것도 그 화초 속에 물의 성분이 의식의 영향을 받기 때문이다. 화초는 다른 식물에 비해 물의 영향을 민감하게 받아드린다. 갈증으로 고개를 숙이고 있는 화초들도 물을 주고 몇 분만 지나면 생생해진다.
음식이 내 몸과 동화될 수 있는 매개체로 향기가 큰 작용을 한다. 열로 인해 증발되어지는 수분에 음식의 향기가 함께 동반되어 내 코로 전달된다. 음식뿐만 아니라 사람의 체취·물건 등도 역시 코와 가까워지면서 교감이 이루어진다.
차훈을 하는 동안 찻물은 끊임없이 내 몸과 교감이 이루어진다. 교감 속에서 나의 몸과 찻물과의 교감, 나의 기와 차기와 교감, 나의 마음과 차신(茶神)과의 교감으로 찻물은 이미 내 몸 안의 물 성분으로 변화되어 있다. 그래서 빈속에 마셔도 위장이 편안하고, 저녁에 마셔도 깊은 잠을 이룬다.
찻물을 마시면서부터 입·식도·위장·소장을 거쳐 대장에 이르기까지 한 가족처럼 찻물은 자신의 집에 온 것처럼 몸과 찻물이 서로 조화를 이루면서 몸 안의 영양성분으로 만들어진다. 그리고 입에서 대장까지 소화기 계통을 청정하게 정화한다.

## 2. 차훈득기의 응용수련

평소 증상이 차훈득기의 단독수련으로 양생의 큰 효과를 얻을 수 있다. 외출했을 때 몸에 한기가 들었다고 느껴질 때 차훈득기를 한다. 귀가 후에 목욕 또는 세수한 다음 차훈득기를 수련한다.

가슴보뇌를 마치고, 운기개안하기 전에 다음 수련내용을 첨가한다. 손을 비벼서 열기가 있는 손바닥으로 목 아래 부위 '대추혈'을 1분간 문지른다. 다시 손을 비벼 열을 낸 다음 손바닥으로 무릎을 감싼다. 1분~3분간 유지한다.

이 밖에도 통풍이 안 되거나 불결한 환경에서 작업한 후에, 기후의 변화차가 심할 때, 얼굴에 여드름 등이 있을 때, 건조한 지역에 갔을 때, 화장을 자주하는 사람, 평소에 코 또는 목이 건조하다고 느낄 때, 추운 겨울 날씨 일 때 차훈득기의 수련을 통해서 건강을 지킨다.

**부록2**

# 차훈득기 수련방법

구결(口訣)을 통해서 태극권의 이치를 체득한다. 태극수련의 운용법을 담고 있는 내용으로, 많은 뜻이 짧막한 문구로 함축되어 있다. 그 이유는 글로써 알기 쉽게 풀이해 놓으면 수련자로 하여금 의욕을 상실케 하는 경우가 생길 수 있기 때문이다. 수련은 머리로만 하는 것이 아니다. 그 방법을 이해했어도 직접 수련을 했을 때 효과가 온다. 음식을 말로만 그 맛을 논해서는 안 되듯 태극수련 또한 한 동작씩 쌓아올려야 한다.

차훈명상의 전체적인 수련법에 관해서는 선해 선생이 저술한 《차훈명상》(하늘북출판사 刊)을 참고.

## 1. 차훈준비 (準備茶熏)

1. 장소 … 집안에서 가장 조용하고 안정된 방이 좋다. 방은 2~3평정도의 공간이 좋으며 방을 전문 차훈방으로 만든다. 그리고 방안에는 차훈명상 도구 이외의 것은 두지 않는것이 좋다. 물건들이 있을 경우나 방안이 클 경우에는 두세평정도의 공간으로 병풍 등으로 가리고 차훈명상을 한다.
2. 시간 … 아침에 일어나서 세수나 샤워후에 차훈명상을 하고 활동을 시작한다. 늦게자고 늦게일어나는 경우에도 일어나서 세안이나 샤워후에 차훈명상을 한다. 귀가한 다음에는 가벼이 얼굴과 몸을 씻고 차훈명상을 한다. 취침전에 차훈명상을 하면 숙면을 취하는데 도움이 된다. 단 차훈명상 후에 냉수를 마시는 것을 금한다.
3. 음악 … 차훈명상 장소가 자연환경일 경우에 따로 음악을 준비하지 않는다.

처음 차훈명상을 할 경우나 차훈명상이 습관화 되지 않는 경우에는 차훈명상을 인도하는 명상음악을 활용한다. 잡음이 많은 환경에서는 본인이 좋아하는 음악을 틀어놓고 차훈명상을 한다. 차훈명상중에는 소리로 방해받지 않도록 전화 등의 벨소리를 조절한다.

4. 불빛 … 불빛은 부드럽고 온화한 빛이 좋다.

5. 향기 … 방안에 냄새가 강할 경우에는 차훈명상 중의 찻잎에서 나오는 향을 맡는데 방해가 되기 때문에 먼저 방문을 열어 환풍을 시킨 다음에 차훈명상을 한다.

6. 차훈완 … 도자기로 만든 차훈완이 좋다. 그러나 여의치 않을 경우에 적당한 크기의 그릇으로도 가능하다. 차훈완의 크기는 입술밑과 턱의 움푹 파인 곳에서 이마의 중앙에서 머리카락이 난곳의 사이까지 닿는 크기의 차훈완이 좋다.

7. 찻잎 … 중국 복건성에서 생산되는 철관음이 좋다. 대만에서 생산되는 철관음이나 오룡차도 좋으며 반발효차나 발효차인 우리나라의 황차나 홍차도 괜찮다. 차훈에서 100℃의 끓는 물을 사용하기 때문에 일반 녹차인 경우에는 익어버릴수가 있어서 비타민 등 영양소가 파괴되는 경우가 있다. 그러나 찻잎에는 몸과 마음을 이롭게 하는 좋은 성분이 많아서 뜨거운 기운속에서 우러나오는 효과 또한 매우 크다.

8. 탁자 … 넓이는 세로40cm, 가로70cm, 높이30cm가 좋다. 준비가 안된 경우에는 세로가 팔꿈치에서 손가락끝까지 길이 이상, 그리고 가로가 두 팔꿈치를 펴서 탁자에 놓았을 경우에 가능한 길이면 된다. 재질은 목탁자가 좋으나 유리나 돌 등 차가운 성분으로 만든 차탁인 경우에는 두꺼운 보를 깔고 차훈명상을 한다.

9. 차훈보 … 가볍고 미끄럽지 않는 천으로 만든 1m이상의 길이에 세로 50cm이상의 보가 좋다. 통기차훈법 등 특별한 훈법을 할 경우에는 두꺼운 보나 대형수건, 모포 등을 이용한다.

10. 찻물 … 생수를 사용한다.

11. 복장 … 홈웨어나 잠옷 등 편안한 복장을 한다. 시계나 목걸이 등의 장식품

은 수련후에 한다.
12. 환기 … 실내공기가 청정한 상태에서 한다. 실내공기가 청정하지 않을 경우에는 공기청정기등을 사용하면 도움이 된다.
13. 온도 … 몸이 느끼는 가장 쾌적한 온도에서 한다. 방안 온도가 더울시에는 먼저 창문을 열어서 온도를 조절한 후에 하고 여름인 경우에는 에어컨 등을 틀어서 실내온도를 적정하게 한다. 또는 방안 온도가 추울경우는 스팀이나 온풍기를 이용하여 방안의 온도를 적정하게 한다. 그러나 편의상 방안의 온도가 추운상태에서 차훈명상을 해야할 경우에는 두꺼운 방석을 깔고 허리에서 발까지 이불을 감아서 몸을 따뜻하게 한다.

## 2. 심신이완(靜心放松)

**몸을 이완하는 과정**

들숨 : 먼저 숨을 가슴으로 크게 들이마신다. 가슴을 최대한 풍만하게 앞으로 내밀면서 아랫배를 등쪽으로 끌어당긴다. (2~3초간)

지식 : 3~8초간 호흡을 멈춘다. 지식상태에서 온 몸이 청량한 공기로 가득 차 있다고 의식한다.

날숨 : 멈춘 호흡에서 공기가 가득찬 풍선을 놓으면 안에 공기가 터져 나오듯이 순간적으로 호흡이 자연스럽게 터져 나오도록 한다. 날숨을 하는 동안 머리끝(백회)에서 발끝(용천)까지 전신의 변화를 느낀다.

**마음을 이완하는 과정**

○ 먼저 내 몸이 푸른 하늘의 흰 구름과 같다고 생각한다. (30초~1분간)
　들숨 : 들이마시는 숨에 의해서 흰 구름은 움직인다.
　날숨 : 내쉬는 숨에 의해서 흰 구름은 사라진다.
　이와 같이 호흡을 반복하는 동안 푸른 하늘만 남아 있게 된다.
● 마음이완의 중요성

○ 결가부좌나 반가부좌로 앉는다.
○ 허리를 바르게 펴고 엉덩이 밑에 수건을 접어서 높이를 조절한다.
○ 어깨에 힘을 빼고 손바닥을 무릎위에 놓는다.
○ 귀가 어깨선과 수직이 되게 한다.
○ 턱을 목 쪽으로 약간 당긴다.
○ 눈을 지그시 감는다.

이와 같이 자세를 취한 다음 심신이완에 들어간다. 먼저 몸을 이완하고 그 다음에 의식을 이완한다. 호흡의 조절로 몸과 마음을 이완한다.

여기서 말하는 마음이란 분별의식을 말한다. 분별의식은 두뇌활동에 의해 일어나는 마음작용이어서 이러한 의식이 너무 지나치게 사용되었거나, 혹은 짧은 시간이라도 큰 충격을 받게 되면 뇌의 기능이 손상되기 쉽다. 이러한 분별의식으로부터 오는 마음의 스트레스가 쌓이게 되면 신경성 질환을 얻게될 뿐만 아니라 여성의 경우 아름다운 피부는 손상되고, 날씬한 몸은 균형이 깨져서 젊은 시절의 활기차던 모습은 무력함으로 변한다.

    차훈명상수련은 마음의 이완을 통해서 뇌의 기능을 활성화시키고 마음의 스트레스를 제거해서 안으로는 오장육부가 건강하고 밖으로는 피부와 몸매가 다시 생기를 얻게되어 활력있고 지혜롭게 인생을 보내는데 큰 도움을 준다.

## 3. 청량찻물(放茶倒水)

○ 왼손으로 찻통을 들어서 오른손으로 뚜껑을 연 다음, 차훈을 할 적당량의 찻잎을 오른손바닥에 붓는다.
○ 오른손을 목 높이로 들어서 찻잎을 바라본다. 그때 녹색의 찻잎에서 나오는 생명의 원동력을 눈과 손바닥(노궁혈)을 통해서 몸 안으로 받아 들인다. (3~8초간)

○ 손의 찻잎을 손바닥에 물을 흘리듯이 손가를 통해서 차훈완에 붓는다.

○ 오른손으로 물 주전자를 들어서 차훈완에 100°의 끓는 물을 붓는다. 물은 차훈완의 절반까지만 붓는다. 물을 붓는 동안 찻잎이 차훈완 속에서 뒹구는 모양을 바라본다.

# 4. 조식훈기(調息熏氣)

- **조식훈기 준비과정**

○ 타월을 펴서 어깨에 두른다.
○ 팔꿈치를 탁자 위에 올린 다음 손바닥을 바닥에 놓는다. 이때 두 손을 수평으로 놓고 가슴 넓이로 벌리며, 차훈완이 가슴의 중심부위에 그리고 두 팔목의 직선거리에 놓이게 한다.
○ 위의 상태로 1~3초간 차훈완 안을 들여다 본다.
○ 등과 허리를 일직선으로 유지하면서 몸을 차훈완을 향해 서서히 숙인다.
○ 뜨거운 기운을 받아가면서 턱(아랫입술과 턱 중간)을 차훈완 위에 얹는다.
○ 팔꿈치로 몸무게를 받친 상태에서 두 손의 식지와 엄지로 타월을 잡아서 머리 위에 씌운다.
○ 두 손바닥으로 차훈완을 감싸고 이마를 차훈완 위에 놓는다. 이때 이마와 턱은 차훈완 위에 가볍게 닿게 한다.
○ 피부에 느낌이 너무 뜨겁게 느껴질때에는 차훈완에서 얼굴을 약간 뗀다.
○ 이러한 상태를 유지하면서 조식훈기수련에 들어간다.

- **조식훈기 제1단계 수련**
  - 뜨거운 물에서 증발되어 올라오는 차향을 코로 깊게 들이마신다.
  - 완전하게 다 들어마신 후에는 그 상태를 1~3초간 유지한다.
  - 다시 코로 숨을 내쉰다. 이때 숨은 자연호흡 상태에 둔다.
    (호흡을 3~8회)

- **조식훈기 제2단계 수련**
  - 차훈완에서 형성되는 뜨거운 기운이 손바닥을 통해서 팔목, 팔꿈치, 어깨, 등, 허리를 거쳐 하복부(단전)로 전이되는 기운을 관찰한다. (30초~1분)

- **조식훈기 제3단계 수련**

  들숨 : 숨을 들이 마시면서 들어오는 차향이 폐를 거쳐서 위로는 뇌로 아래로는 신장에까지 전해지는 것을 느낀다.

  날숨 : 숨을 내쉬는 동안 차훈완에서 증발되어 올라오는 뜨거운 기운이 얼굴 표피에 닿는 것을 느낀다. (호흡을 3~8회)

- **조식훈기 마무리과정**
  - 손바닥을 탁자 위에 놓는다.
  - 차훈완에서 먼저 이마를 떼고 그 다음 턱을 떼면서 팔을 쭉 뻗는다.
  - 머리와 가슴을 들어 올린다.
  - 머리와 등과 허리를 바르게 한다.
  - 심호흡 3회.

## 5. 가슴보뇌 (挺胸補腦)

○ 눈을 감은 상태에서 허리를 펴고 손가락을 붙여서 손바닥을 문지른다. 손가락 끝이 45° 바깥 방향으로 향하게 하여 손바닥에 열감이 느껴질 때까지 문지른다.
○ 손가락을 껴서 두 엄지를 맞닿게 한 다음 손을 들어 이마의 머리선 중앙에 두 엄지손가락을 놓는다.
○ 손바닥으로 머리카락을 쓸어 넘기면서 손바닥이 정수리를 지나면서 부터 가슴을 펴기 시작한다. 손바닥이 뒷통수에 와 닿았을 때는 가슴을 완전히 들어서 앞으로 내민 상태이다.
○ 손바닥은 의자처럼 고정되어 있고 그곳에 뒷머리를 갖다 기댄다. 이때 손바닥이 머리를 앞으로 미는 현상이 일어나지 않게 한다. 머리와 목은 완전히 이완되어진 상태로 손바닥에 기대고 있을 뿐이다. 호흡은 자연스럽게 하고 의식은 가슴에 둔다. (1~3분간)

부록-차훈독기

# 6. 운기개안(運氣開眼)

○ 눈을 감은 채로 손깍지를 풀면서 손가락이 뒷목을 스쳐 내려온다.
○ 다시 손가락이 옆목을 거쳐서 앞목을 쓰다듬으며 내려온다.
○ 손가락이 젖가슴을 스치면서부터 손가락 끝이 맞물리는 상태로 내려온다. 이때부터 손가락과 손바닥의 모든 부분이 전신의 몸에 닿는 상태로 내려온다.
○ 가슴을 스쳐서 윗배를 지나 배꼽을 거쳐 아랫배로 내려온다. 이와 같이 하는 동안 호흡은 자연스럽게 하고 의식은 손에 와 닿는 피부의 느낌에 둔다.
○ 왼손을 안으로 오른손을 밖으로 장심을 포개서 하복부(단전)에 대고 크게 심호흡을 3회 한다. 마지막 숨을 내쉬면서 서서히 눈을 뜬다.

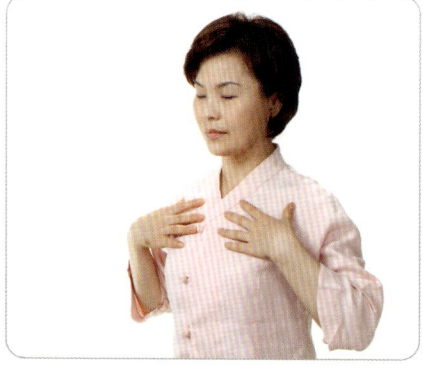 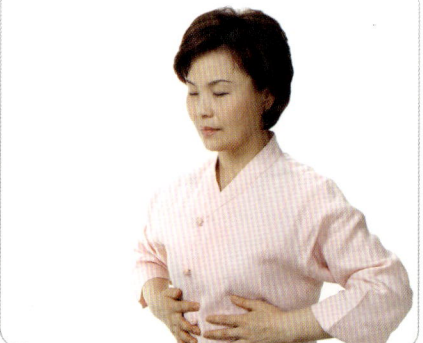

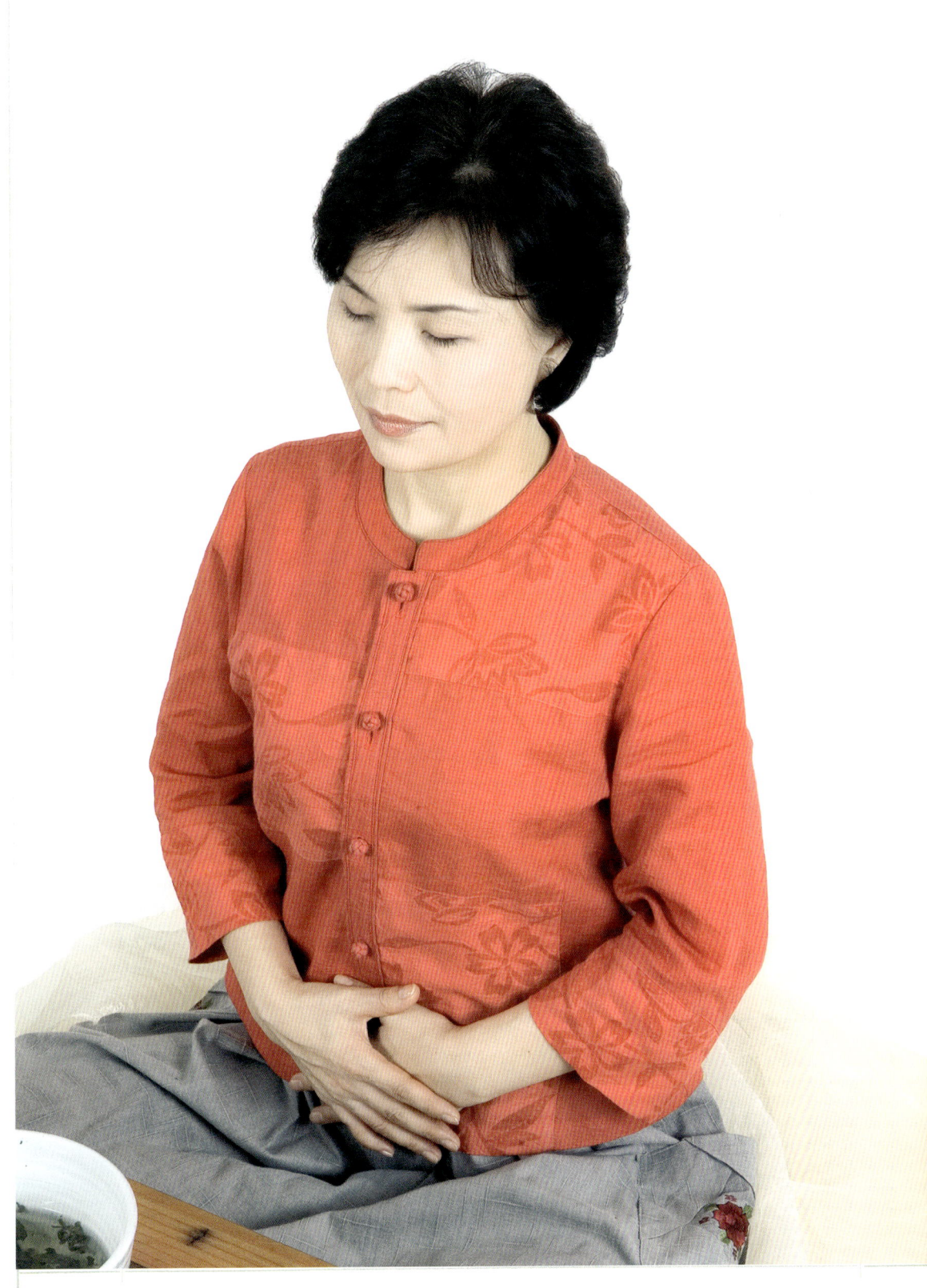

# 후 기

　세상에 많은 사람이 不二太極拳 수련을 통해서 몸과 마음이 건강하여 힘 있고 지혜로운 자재(自在)의 삶 실현하기를 기원합니다!
　불이(不二)태극권이 탄생하기까지 지도해 주신 진인(眞人)·선인(仙人)·지인(至人)의 스승님들께 큰 예를 올리며, 특히 불이태극권의 종지(宗旨)를 써주신 석·박사의 은사이신 로우-위-레(樓宇烈) 교수님께 불이(不二)의 태극선향(太極仙香)을 올립니다!
　≪입문 不二태극권≫이 세상에 나올 수 있도록 도와주신 불이태극권 한국대표 보리 선생님과 그의 고족 청성 대협, 그리고 서연·즈나·주연 세 선녀에게 진심으로 감사드립니다.
　항상 사람·땅·하늘을 이롭게 하시는 하늘북출판사 김현회 사장님께 태극의 기운 두 손에 모아 불이의 문으로 보내드립니다.
　항상 같이 해주시고 함께 배우시는 모든 분들께 감사드립니다!

정암 정례

## 불이태극권 수련상담

불이태극권은 도가(道家)의 태극(太極)과
불가(佛家)의 불이(不二)의 이치를 함께 원용하여
21세기 인류의 심신건강을 위한 수련법으로 새로운 탄생했습니다.
불이태극권 수련으로 심신건강의
자재인생(自在人生) 실현하시기를 기원합니다!

**불이태극권 한국수련본부** : 본부장 김 한 중  **주소**) 전남 화순군 이서면 인계리 674번지  **연락처** : 016-626-1187
**수련상담** : 유마선문화원  www.weimochan.org  **보리선생님**(불이태극권 한국대표) 011-621-9835
**청성선생님**(불이태극권 상임지도자) 019-605-3559

# 유마선 양생三書 법보시로
## 신심건강을 지킵시다!

### 차훈명상

**차훈명상과 아름다운 삶**

뜨거운 물에서 발생하는 찻잎의 훈기를 호흡을 통해 들여 마시며, 귀·얼굴 등에 쏘여서 전신기혈을 조절하고 몸 안의 차고 탁한 기운을 정화시킴으로써 양생효과를 얻게 되며, 고대의 양생방법을 현대 양생학에 적용, 동방전통문화를 융합하여 만든 독특한 차훈명상양생법으로, 이 양생법은 몸에서부터 마음에 이르기까지 안과 밖이 함께 정화되어 현대인들이 분주한 사회현상으로부터 편안함을 얻을 수 있는 아주 귀중한 몸과 마음의 건강법입니다.

- 북경대학교 체육학 교수 리-차오-빈(李朝斌)

감수 정암, 저자 선해/ 크라운판 변형/ 168면/ 무선제본 / 값 12,000원

### 不二태극권

**21세기 인류의 건강을 위해서**

불이(不二)는 불문(佛門)의 궁극적인 이치이고, 태극(太極)은 도가(道家)의 현묘한 뜻입니다. 정암 선생과 리-차오-빈 교수 두 분의 어진 선생은 불문과 도가의 정수(精髓)를 모아 서로 협력해서 불이태극권을 창시했으며 이것을 세상 사람들에게 바친다 하니, 이 수련법은 21세기 인류의 몸과 마음을 건강하게 하고 평화롭고 행복한 사회가 되는데 크게 이익 될 것입니다.

- 북경대학교 철학과 종신교수 로우-위-례(樓宇烈)

靜岩·李朝斌 공저/ 4·6배판/ 무선제본/ 값 33,000원

### 유마禪不二

**유마처럼 살자!**

선사(禪師)의 선기(禪機)는 방장실(方丈室)에서 나온다.
방장실은 유마거사(維摩居士)의 불이도량(不二道場)이다.
불이도량에서 우리는 선경(禪境)에 들어간다.
21세기 우리에게 필요한 평상심(平常心), 본분사(本分事), 자재인생(自在人生)은 유마처럼 살아가는 모습에서 실현된다!

- 유마禪문화원장 정암

정암 지음/ 신국판/ 양장제본/ 480면/ 값 22,000원

---

유마禪은 자재인생을 목적으로 합니다.
차훈명상과 불이태극권은 유마禪의 실천방법입니다.
《유마경》은 유마禪의 사상이론입니다.
《유마禪不二》《차훈명상》《입문不二太極拳》의 법보시를 통해서 세상 사람들의 건강한 몸과 지혜로운 마음을 일깨워 준 공덕으로 다 함께 자재인생을 실현합시다!
세상 사람의 건강수련을 돕는 인연은 자신이 건강해 지는 뿌리가 됩니다.
세상 사람의 안심수행을 돕는 인연은 자신이 청정해 지는 뿌리가 됩니다.

---

법보시 문의처 : 유마禪문화원
050) 5277-3788    www.weimochan.org
법보시 계좌:131501-04-123673(국민은행, 예금주 김요현)